改訂新版

概説ラテンアメリカ史

HISTORIA GENERAL DE AMÉRICA LATINA

国本伊代

新評論

はしがき

本書の初版は、コロンブスのアメリカ大陸「発見」五〇〇年が世界の各地で多様な形で記念された一九九二年に出版され、幸い多くの読者に読んでいただくことができた。またいくつかの大学で教科書としても使用され、著者自身も担当している「ラテンアメリカ史」の授業で使用し続けた。その過程で初版本の分かりにくい個所や欠点に気づき、機会があればそれらを修正し、また読者の関心をより掻き立てるような写真と図版の挿入を考えていた。そこで新世紀を迎える好機を利用して、それらの個所を修正した改訂新版の出版を新評論に希望したところ、快く引き受けて下さった。改訂版の作業は予定通りには進まなかったが、やっと完成したのが本書である。

本書は、コロンブスの「発見」から五〇〇年をかけて形成されたラテンアメリカと総称される地域の歴史発展過程の概略を紹介する概説書という旧版の枠組みを守り、読みやすさとわかりやすさに気を配って加筆修正されている。当初予定していた多数の写真と図版の追加挿入は頁数の大幅な増加を避けるために制限することになったが、読者のラテンアメリカ史理解の一助となるような写真と図版を数点ずつ追加することができた。また登場するラテンアメリカの人物名は日本の読者に馴染みのないものが多いことから、旧版で使用していた姓名の表記法を変えて姓だけの表記とし、日本語表記は著者も監修者の一人として関わった『ラテン・アメリカを知る事典』（平凡社）に準じた。また世界史の教科書などに登場する人物名は、できるだけそれに合わせた。その代わり、巻末の人名索引に姓名の原名を記載した。

二〇世紀最後の一〇年間に、日本においてもラテンアメリカに関する多様な本が出版された。しかし本書ではこれらすべての出版物を参考文献に挙げることはせず、本書を補ってくれるもので、しかも入手が容易であるものに限定し、巻末にまとめて掲載した。古代史については本書で取り上げていない分だけ、できるだけ多くの書物を取り上げてある。

最後に、旧版の出版にあたってはブラジル関係の個所を原稿の段階で読んでいただき、その後も著者の疑問や質問に快く応えていただいた京都外国語大学の住田育法先生に改めて感謝の意を表したい。また改訂版の作成に担当編集者として協力していただいた新評論の山田洋氏に心からお礼を申し述べたいと思う。

国本伊代

二〇〇〇年一二月

改訂新版　概説ラテンアメリカ史／目次

第9章　現代ラテンアメリカと二一世紀の展望　245

改訂新版　概説ラテンアメリカ史

序章

ラテンアメリカ史入門のために

西半球を占める南北アメリカ大陸

1　地域としてのラテンアメリカ

地域と名称

一般にラテンアメリカと呼ばれる地域は、わが国においては、長年にわたって中南米と呼び慣らわされてきた。この場合、中米はメキシコから中央アメリカとカリブ海域を含み、南米は南アメリカ大陸を意味している。しかしメキシコの扱いは、わが国では必ずしも統一されていない。地理的にはメキシコは北アメリカ大陸に位置しており、実務的には郵政省のようにメキシコを北米に入れているところもある。この郵政省に対して、外務省はメキシコから以南を中南米と総称している。

わが国で使う中南米という用語は、一般的には日本の視点でラテンアメリカを眺めたり扱う場合に、よく使われる。一方、この地域そのものを客観的にとりあげようとする場合、だいたいラテンアメリカの名称が使われている。そしてこの地域を研究している人々の著わす著作などでは、ラテンアメリカが今日ではより一般的な名称となっている。

しかしながらラテンアメリカという呼称も、現在では必ずしも対象とする地域全体を十分に代表した名称ではなくなっている。なぜなら一九六〇年代から一九八〇年代はじめにかけて、合計一三ヵ国がカリブ海域で新たに独立したため、カリブ海域の比重が増し、ラテンアメリカとカリブ海域という呼び名がより適切になっているからである。国連関係機関ではすでに「ラテンアメリカとカリブ海域」という名称が使われている。ラテンアメリカという名称がラテン系ヨーロッパ（スペイン・ポルトガル・フランス）の文化遺産を受け継ぐ国々を指し、これらの国々がラテン系ヨーロッパの伝統文化を共有し、ロマンス語系言語（スペイン語・ポルトガル語・フランス語）を公用語としているのに対して、一九六〇年代以降に独立した国々では、オランダから独立したスリナムでオランダ語が、スリナムを除くイギリス植民地から独立した一二ヵ国では英語が公用語となっている。

ラテンアメリカ地域の名称を歴史的にみると、この地域はコロンブスによってはじめインディアスと名づけられた。インディアスとは、一五世紀のヨーロッパ世界においてインドを含むアジア方面を漠然と指した名称である。今日使われているアメリカという名称は、コロンブスがアジアの一部であると信じていたインディアスがヨーロッパにとっては全く未知の新世界であることを証明したアメリゴ＝ヴェスプッチの名前からとられている。スペインは植民地時代を通じて新大陸の植民地をインディアスと呼び、ポルトガルはその植民地をブラジルと呼んだ。南アメリカ大陸のポルトガル領が初期からブラジルと呼ばれたのは、沿岸地帯に大量のブラジルボク（ブラジル木）が成育していて一六世紀前半には専らブラジルボクの開発が行なわれたため、ヨーロッパで一般にそう呼ばれたことからきている。はじめポルトガル王室は「サンタ・クルスの地」と名づけたが、一六世紀半ばにはブラジルが公式の名称となっていた。

ラテンアメリカ地域はまた、イベロアメリカとも呼ばれている。ラテンアメリカもイベロアメリカも、アングロアメリカに対比した、文化的概念を表わした名称である。名称として使われ出したのは、イベロアメリカの方が早い。植民地時代末期になると、この地域の人々の間では本国とは異なる独自性が意識されるようになり、アメリカ人意識が芽生えた。しかし北アメリカのイギリス植民地が独立してアメリカ合衆国となると、それと区別するために、イスパノアメリカあるいはイベロアメリカという言葉が使われるようになった。イスパノもイベロも狭義にはスペインを意味するが、広義にはローマ人がイベリア半島を占領していた時代にポルトガルを含めた占領地をイスパーニャと呼び、またイベリア半島を意味していたことから、ブラジルとインディアス両地域を含めた名称として受け入れられた。

ラテンアメリカという名称は、一九世紀後半になって使われるようになった比較的新しい呼び方である。ナポレオン三世時代のフランスがメキシコを支配した一八六〇年代に、フランスはイスパノアメリカ全体をラメリーク・ラティーヌと呼んで、スペイン・ポルトガル・フランスに共通するラテン性を強調した。フランス語のラメリーク・ラティーヌはスペイン語ではアメリカ・ラティーナとなり、英語ではラテン・アメリカとなる。こうしてラテンアメリカという呼び方はアメリカ大陸のラテン系文化圏を意味することになり、日本で使われてきた中南米という名称が地理的概念からきているのに対して、ラテンアメリカは文化的概念から生まれている。本書ではラテンアメリカという用語を統一して使用しているが、カリブ海域も含めている。

地域区分

広大なラテンアメリカは、一般にいくつかの地域に分けて扱われることが多い。地質構造と地形からみた地理学的呼称として、南北両アメリカ大陸を二分する中間地域を、メキシコ・中央アメリカ・カリブ海域を含めて「中部アメリカ」と呼ぶ場合がある。一方中米地域、メソアメリカ地域、アンデス地域、ラプラタ地域、カリブ海域などのように、文化領域や共同市場と経済協力体制づくりにしばしば使われる亜地域がある。

中米または中央アメリカと呼ばれる地域は、一般にグアテマラ、ベリーズ、エルサルバドル、ホンジュラス、ニカラグア、コスタリカおよびパナマの七カ国から成る地域を指している。独立の歴史からみてきわめて異なる過程を経たベリーズとパナマを除いて、中米五ヵ国という表現が使われることもある。中米地域は地理学的にも植民地時代の発展過程からみても、カリブ海に浮かぶ島国と共通する特徴を有しており、中米・カリブ海域としてとりあげられることも多い。

メソアメリカという地域区分は、古代文明圏を示す文化領域である。地理的には、メキシコ中央高原の北端から南は中央アメリカ南部に位置するコスタリカの北端までを含んでいる。紀元前一〇〇〇年頃からこの地域では共通点をもつ諸文化が各地に出現したため、メソアメリカ文化圏という一つのまとまりのある地域として捉えられている。

アンデス地域は、文字通りアンデス山脈地帯に位置する国々を含んでいるが、北は南アメリカ大陸の北端に位置するベネズエラとコロンビアから南はチリにいたる南北に長く広がる地域を占め、エクアドル、ペルー、ボリビアを含めた六ヵ国を一般的には指している。チリを除くこれらの国々は、アンデス・グループという経済を中心とする統合体を形成している。先住民人口の割合が総人口の二%ほどにすぎないチリを除くと、アンデス地域は先住民と混血人口が多い。その中でもエクアドル、ペルー、ボリビアは、人口の五〇%前後を現在でも先住民人口が占める国である。これらの三ヵ国は中米のグアテマラとともにインド・アメリカと呼ばれることがある。

ラプラタ地域は、ラプラタ川流域に位置するアルゼンチン、ウルグアイおよびパラグアイの三ヵ国から成っている。しかし一九世紀後半から二〇世紀初期にかけて多数のヨーロッパ移民を受け入れたアルゼンチンとウルグアイでは人口の九五%以上が白人となっているのに対して、パラグアイでは人口の九五%以上が混血である。アルゼンチン、ウルグアイ、チリおよびブラジル南部を含めて一九世紀後半から二〇世紀初期にかけてヨーロッパ移民を大量に受け入れた地域を、ユーロ・アメリカと呼ぶこともある。

南アメリカ大陸の約半分を占める広大なブラジルは、本書ではしばしば地域ごとに扱われるので、とくに地域区分をここで示しておきたい。ブラジルは行政上、北部、北東部、南東部、南部、中西部という五つの地域に分けられているが、その区分はブラジル開発の歴史に沿っている。北部はアマゾン流域を含む広大な領域で、ブラジルの国土面積の約四二%を占めている。海岸に沿って北東部、南東部と南に下り、さらにウルグアイと国境を接する地

図1　ラテンアメリカの独立国

方が南部となっている。これら四つの地域に囲まれた内陸部が中西部である。

カリブ海域は、アメリカ合衆国のフロリダ半島から南アメリカ大陸に向かって広がるカリブ海に点在する島国と周辺の大陸部から成っている。カリブ海域には大小さまざまな数多くの島が浮かんでいるが、それらは大アンティル諸島と小アンティル諸島およびバハマ諸島の三つに大きく分けられている。大アンティル諸島はキューバ島、イスパニョーラ島、プエルトリコ島を含み、小アンティル諸島はウィンドワード諸島、リーワード諸島を含んでいる。これら三つのブロックを含めた全体がカリブ海域であるが、西インド諸島とも呼ばれる。カリブという名称は、一五世紀末にヨーロッパ人がこの地域にはじめて到達した時期にこの地域の島々を南から北へ移動の過程にあったカリブ族に由来している。

西インド諸島という呼び名は、イギリス人によってつけられた名称である。すでに述べたようにスペイン植民地時代にスペイン人は新大陸をインディアスと呼んだ。イギリス人もはじめこのスペイン語をそのまま英語読みにしてインド諸島と呼んだが、イギリスのアジア大陸のインド半島への進出以降に西インド諸島として区別されるようになった。アンティル諸島の呼び名は、フランス人やオランダ人が一五世紀のポルトガルの海図に記されたアンテイーリャからとった呼称である。カリブ海域では植民地時代にアフリカから輸入した黒人奴隷を労働力とする砂糖プランテーションが栄え、絶滅に瀕した先住民に代わってアフリカの黒人人口が住民の圧倒的多数を占めるにいたったことから、同じく砂糖プランテーションに多数の黒人奴隷を導入したブラジル北東部とカリブ海域を合わせて、アフロ・アメリカと呼ぶことがある。

2　時代区分と言語文化の諸相

時代区分

ラテンアメリカ史の場合、その時代区分については一般的に、先コロンブス時代、植民地時代、独立国家の時代の三つに、大区分されて扱われる。しかしそうすると、一九六〇年代以降に独立したカリブ海域の一三ヵ国にはこの時代区分があてはまらないことになる。したがって普通はこれらの新興独立国一三ヵ国を別扱いにし、二〇世紀初頭に独立したキューバとパナマまでを含めた、いわゆる旧来のラテンアメリカ二〇ヵ国を対象とした時代区分を使っている。

先コロンブス時代とは、いうまでもなく一四九二年にカリブ海域にコロンブスが到達した年を起点にして、これ以前をコロンブス以前の時代とした名称である。先コロンブス時代に含まれる数千年にわたる長い期間を通じて、この地域ではメソアメリカ地域とアンデス地域に高度で多様な文化が花開いたが、それらをまとめて古代文明と呼んでいる。文明の発祥から一五世紀にいたる長いアメリカ大陸の古代史は、さらに先古典期、古典期、後古典期に便宜的に分けられ、さらに各時期が細分されているが、それについてはここでは省略する。アメリカ大陸の古代文明の特徴は、一五世紀の最後の段階においてすら文字をもたず（正確にはメソアメリカには絵文字が存在した）、鉄や車輪を知らず、半ば新石器時代の技術段階にとどまっていながら、他方で建築や灌漑に関しては高度な技術を有し、天文学などを発達させていたことである。

植民地時代は、コロンブスの新大陸「発見」にはじまるスペインとポルトガル両国の絶対王権によって統治された時代である。その領有権の正当性はローマ教皇による認可にあったが、それを無視する他のヨーロッパ諸国の略奪行動によって、カリブ海域の多くの島々と大陸部の一部がイギリス、フランス、オランダ、デンマークなどの領有するところとなった。その結果、植民地時代の終結は、地域によって時代的にかなりのずれが生じている。最も早くフランスから独立したハイチの場合一八〇四年であったが、スペイン植民地の各地とブラジルはほぼ一八一〇年から二〇年代までの間に独立を達成した。しかしキューバとパナマの独立は二〇世紀初頭であったし、すでに述べたようにカリブ海域の多くの島々の独立は一九六〇年代に入ってからであった。このように植民地時代をラテンアメリカ全体で統一して区切ることは難しいが、一般に植民地時代と呼ぶ場合、一九世紀初頭までの約三〇〇年間を指している。

この三〇〇年間にわたる植民地時代についても、スペイン植民地に関しては、一六世紀を「征服の世紀」、一七世紀を「停滞の世紀」、一八世紀を「ブルボン時代」あるいは「反乱の世紀」という三つの時代に大きく分けることがある。一方、ポルトガル植民地に関しては、一六世紀半ばから一七世紀半ばまでの約一世紀を「砂糖の時代」、一七世紀半ばから一八世紀半ばまでの一世紀を「金の時代」、そして一九世紀を「コーヒーの時代」とも呼ぶように、各時代を特色づけてきた経済活動で区分することがある。

独立国家の時代は、独立以降現在までを扱う。しかし「近代」と同時代という意味を含めた「現代」の二つの時代に区分をする場合が多い。「近代」は一般的に一九世紀初頭の独立から一九三〇年前後までを指すが、それはあくまで便宜的であって、各国の現代史のはじまりを統一することはできない。一般に近代と現代を区分する時期となっている一九三〇年前後は、世界の他の地域と同様に、ラテンアメリカにおいても大きな転換期であった。とくにそれまでほとんど無視され、抑圧されてきた大衆と呼ばれる圧倒的多数の住民がはじめて国民として扱われはじめる時代のスタートであった。さらにラテンアメリカ諸国の独立国家の時代の中で、独立直後からほぼ一八六〇年頃までを「カウディーリョの時代」と呼ぶ場合がある。それは独立直後のスペイン系アメリカ諸国が近代国家形成期に経験した政治と経済の混乱期で、カウディーリョと呼ばれた地域のボスたちが数多く排出した時代である。

言語文化の諸相

ラテンアメリカ地域が地理的にも多様な世界であり、計三三ヵ国から成る世界であることを考えると、この地域が非常に強い共通性を有していることの方がむしろ驚きであろう。この共通性については、本書の各章で適宜述べていくことにして、ここでは言語についてだけとりあげてみよう。表1にまとめたように、ラテンアメリカ三三ヵ国中、スペインを旧宗主国とするのは一八ヵ国で、これらの国の公用語はスペイン語である。次いでイギリスを旧宗主国とするのは一二ヵ国で、その他にフランス、ポルトガル、オランダを旧宗主国とする国がそれぞれ一ヵ国ずつある。それぞれの国の公用語は旧宗主国の言語となっており、ハイチではフランス語が、ブラジルではポルトガル語が、スリナムではオランダ語が公用語である。ただしカリブ海域で使用されている英語およびフランス語はクレオール語とも呼ばれ、旧宗主国の英語およびフランス語からは相当変形したものとなっている。スペイン語とポルトガル語の場合もある程度の変形はあるが、その差はクレオール語ほど大きくない。

これらの言語を使用する人口についてみると、ラテンアメリカの総人口五億六〇〇〇万（一九九九年）のうちスペイン語を公用語とする国々の人口総数は約三億二三五〇万であり、ポルトガル語を公用語とするブラジル一ヵ国で約一億六八〇〇万となっている。一二ヵ国から成る英語圏は合計で六〇〇万人ほどにすぎない。その中でも人口二六〇万のジャマイカと一三〇万のトリニダード・トバゴおよび八〇万のガイアナを除けば、残る九ヵ国はいずれも人口三〇万以下の小国である。

ラテンアメリカ諸国では一九六〇年代以降、識字率の向上と公用語の普及が計られ、教育の普及が著しい。その

表1　ラテンアメリカ地域別独立国群

地域	国名	独立年	国土面積（千km²）	人口 1999年（100万人）	首都	旧宗主国
北・中央アメリカ	メキシコ	1821	1,973	97.4	メキシコ市	スペイン
	ベリーズ	1981	23	0.2	ベルモパン	イギリス
	グアテマラ	1821	109	11.1	グアテマラ市	スペイン
	ホンジュラス	1821	112	6.3	テグシガルパ	〃
	エルサルバドル	1821	21	6.2	サンサルバドル	〃
	ニカラグア	1821	130	4.9	マナグア	〃
	コスタリカ	1821	51	3.9	サンホセ	〃
	パナマ	1903	77	2.8	パナマ市	〃
カリブ海域	バハマ	1973	14	0.3	ナッソー	イギリス
	キューバ	1902	111	11.2	ハバナ	スペイン
	ハイチ	1804	28	8.1	ポルトープランス	フランス
	ドミニカ共和国	1844	49	8.4	サントドミンゴ	スペイン
	ジャマイカ	1962	11	2.6	キングストン	イギリス
	セントクリストファー(1)	1983	0.3	0.04*	バセテール	〃
	アンティグアバーブーダ	1981	0.4	0.1*	セントジョンズ	〃
	ドミニカ	1978	0.8	0.1*	ロゾー	〃
	セントルシア	1979	0.6	0.1*	カストリーズ	〃
	セントヴィンセント(2)	1979	0.4	0.1*	キングスタウン	〃
	バルバドス	1966	0.4	0.3*	ブリッジタウン	〃
	グレナダ	1974	0.3	0.1*	セントジョーンズ	〃
	トリニダード・トバゴ	1962	5.1	1.3	ポートオブスペイン	〃
南アメリカ	ベネズエラ	1811	912	23.7	カラカス	スペイン
	ガイアナ	1966	215	0.8*	ジョージタウン	イギリス
	スリナム	1975	163	0.4*	パラマリボ	オランダ
	コロンビア	1813	1,142	41.6	サンタフェデボゴタ	スペイン
	エクアドル	1822	271	12.4	キト	〃
	ペルー	1821	1,285	25.2	リマ	〃
	ボリビア	1825	1,099	8.1	ラパス	〃
	ブラジル	1822	8,512	168.0	ブラジリア	ポルトガル
	パラグアイ	1811	407	5.4	アスンシオン	スペイン
	チリ	1818	757	15.0	サンチアゴ	〃
	ウルグアイ	1828	176	3.3	モンテビデオ	〃
	アルゼンチン	1816	2,767	36.6	ブエノスアイレス	〃

[注]（1）セントクリストファー・ネービスの略
（2）セントヴィンセント・グレナディンの略
＊ 1997年
[出所] 国連統計

結果、公用語を全く話せない人口はどの国でも非常に少なく、先住民人口の多いメキシコ、グアテマラおよびアンデス諸国で独自の言語を日常生活で使用している人口の総数は数百万人ほどと推定されている。それら先住民族の主要な言語には、ペルー、エクアドル、ボリビアにまたがるアンデス地域の先住民ケチュア族の間で話されているケチュア語、ボリビアとペルーにわたって住むアイマラ族の言語（アイマラ語）、パラグアイのグアラニー語などがある。ケチュア語はペルーの第二公用語となっている。グアラニー語はパラグアイの第二の公用語で、義務教育過程で教育されている。

言語・文化においては旧宗主国の影響が圧倒的に強いとはいえ、現在のラテンアメリカは一九世紀以降に受け入れた多様な移民の影響もかなり強い。とくに経済の分野においてはそれが著しく、一九世紀になってから移住してきたイタリア、イギリス、ドイツ、フランスからの移民のほかに、中近東とアジアから移住した相当数の人口から成る移民社会が大きな経済力を築き上げている。これらの移民社会はすでに数世代を経ており、基本的には受け入れ社会に溶け込んで、その構成員となっている。しかしカリブ海域の一部の国では、西アジア、東アジア、中近東からの移住者を多数受け入れ、現在においても独自の言語文化を保持する社会が存在するところもある。

一方、スペイン語圏は現在ラテンアメリカ地域にとどまらず、アメリカ合衆国に広がっている。一八九八年の米西戦争の結果、スペインからアメリカ合衆国へ割譲されたプエルトリコからの人口移動は、スペイン語系人口をアメリカ国内、とくにニューヨークに集中させたが、第二次世界大戦後メキシコから多数の出稼ぎ労働者が合法および非合法手段でアメリカに入国し、今日にいたっている。さらに近年アメリカが受け入れたキューバからの亡命者、中米内戦の戦禍から逃れた難民など多数のスペイン語を日常語とする人々が、カリフォルニア州、テキサス州、フロリダ州のマイアミ、ニューヨークなどに集中し、アメリカの黒人人口を追い抜く勢いで増えている。ヒスパニック系人口と呼ばれるこの集団の拡大は、アメリカ合衆国の文化と伝統を変えようとすらしている。

3　日本とラテンアメリカ

日本とラテンアメリカの関係史

日本とラテンアメリカ地域の交流の歴史は、一六世紀まで遡ることができる。一四九二年のコロンブスによる新大陸「発見」後、スペイン人は一五二一年にメキシコ中央高原に栄えていたアステカ王国を征服し、一六世紀半ばにフィリピン諸島にスペイン植民地を建設した。やがて太平洋を挟んでメキシコ（当時のヌエバ・エスパーニャ）のアカプルコとフィリピンのマニラを結ぶガレオン貿易航路が確立し、メキシコはマニラ・ガレオン船が太平洋を横断して運ぶ東洋物産の新大陸における集散地となった。こうしてメキシコを経由して日本とスペインの交流がはじまり、日本の物産もわずかではあるが新大陸へもち込まれた。当時、対外貿易に強い関心を抱いていた徳川家康はメキシコ経由で行なうスペイン貿易を構想し、またメキシコの鉱山開発技術の導入を計画した。一六〇九年にマニラ・ガレオン貿易船が台風にあって現在の千葉県御宿の沖に漂着した事件を契機として、一六一一年にヌエバ・エスパーニャから副王使節が日本に派遣されてきた。一六一三年には仙台藩主伊達政宗によってローマへ派遣された支倉常長の一行がアカプルコとメキシコ市を経由してスペインとローマに向かい、日本と新大陸との初期交流史に大きな足跡を残した。しかしその後、日本が鎖国政策をとり海外への門戸を閉ざしたため、ラテンアメリカ地域との交流が再びはじまるのは一九世紀後半になってからである。

黒船の来航により開国を迫られ、明治維新を迎えた日本が、最初に国交を結んだラテンアメリカの国はペルーであった。一八七二年に中国の労働移民を移送していたペルー船が嵐を避けて横浜港に入港した際に脱走した中国人を日本側が保護したことから発展した事件（マリア・ルス号事件）を契機として、日本とペルーとの間に国交が樹立された。やがて一八八八年には、当時、不平等条約の改正交渉で苦境にあった日本にとって最初の平等条約となった「日本・メキシコ通商修好条約」が締結された。その後メキシコやペルーおよびブラジルなど労働力の不足に悩む国々で日本人労働者の受け入れ希望が強まり、日本人のラテンアメリカ移住がはじまった。

フジモリ

この一九世紀末にはじまった日本人のラテンアメリカ移住は日米が開戦する一九四一年まで続き、その総数は約二四万四〇〇〇人に達した。そのうちブラジルへ約一八万九〇〇〇人、ペルーへ約三万三〇〇〇人、メキシコへ約一万四〇〇〇人が渡航し、これら三ヵ国だけでラテンアメリカへ移住した日本人の約九七%を占めた。第二次世界大戦で中断したとはいえ、ラテンアメリカ地域は一九六〇年代半ばまで、過剰人口に悩む日本にとっては主要な移民送り出し先であった。しかし日本の高度経済成長の進展とともにラテンアメリカへの移住者は激減し、日本にとってラテンアメリカは資源の輸入相手先として、また工業製品の輸出先として重視される地域となった。このように日本とラテンアメリカの関係は一九六〇年代以降大きくその性格を変えたが、多数の日本人が移住した地域としてラテンアメリカがもつ意味は現在でも大きい。

二〇世紀末のラテンアメリカ地域に永住している日本人は約一〇万人で、この数は世界各地に移住している日本人の三六%にあたる。日本人のラテンアメリカ移住の歴史は、最も多数の移住者が渡航したブラジルで九二年、最も古い歴史をもつアルゼンチンで一一二年になり、多くの国に形成された日系社会はすでに三世と四世を社会に送り出している。したがって先に挙げた移住者人口の背後には、その何十倍もの人口から成る日系社会の存在が推測されよう。もっともその場合、何をもって日系人とするかという難しい問題がある。しかしその定義をさしあたり無視しても、各受入れ国の人口総数からすれば、想定される日系社会は非常に小規模である。それにもかかわらず、ブラジル、パラグアイ、ボリビアでは、それぞれの国の農業開発に日本人移住者が果たした役割は高く評価されている。また一九九〇年のペルーで、日本人が移住してから九一年目に二世のフジモリが最初の日系大統領として選出された。このようなラテンアメリカに形成された日系社会はかつて排斥された経験をもっているが、現在ではそれぞれの受入れ国において比較的高い評価を受けている。

現代日本とラテンアメリカ

一九六〇年代にわが国では、海外移住の時代が終り、高度経済成長時代の日本とラテンアメリカの関係は、専ら貿易を中心とする経済関係が中心となった。とくに一九五〇年代から六〇年代にかけてはラテンアメリカから工業原料・飼料・食糧などの輸入が中心となり、日本側の輸入超過が続いた。しかし一九七〇年代に入ると、日本の工業製品の輸出が増大して日本側の輸出超過へと逆転した。一九六〇年代と七〇年代を通じて、日本とラテンアメリカの貿易は一五～一九％という高い伸び率で拡大した。しかし日本の対外貿易全体からみると、ラテンアメリカ貿易が輸出入とも日本の輸出入総額の一〇％を超えたことはない。

一方、日本企業のこの地域への進出は一九五〇年代後半にはじまった。天然資源に恵まれたラテンアメリカが日本にとって重要な資源供給地域であるとの認識が強まった一九六〇年代後半から七〇年代はじめにかけて、とくにブラジル政府との経済開発協力プロジェクトが推進され、多数の日本企業がブラジルへ進出して「ブラジル・ブーム」現象を起こした。また一九七三年の第一次石油危機を契機として石油資源の豊かなメキシコが日本で注目され、

「メキシコ・ブーム」が起こった。しかし一九八〇年代に入ってラテンアメリカ諸国が深刻な対外累積債務問題を抱え、また急激なインフレと経済不況に陥り、他方で日本が世界の経済大国としての地位を確立すると、日本とラテンアメリカとの関係は著しく変化した。

ラテンアメリカにとって「失われた一〇年」と呼ばれる一九八〇年代においても、日本の対ラテンアメリカ貿易は相対的にあまり変化しなかった。しかし日本はラテンアメリカ諸国の累積債務の債権国となり、主要な経済・技術援助協力国の一つとなった。ラテンアメリカ地域と特別な関係にあるアメリカ合衆国を別格とすれば、日本は現在ラテンアメリカにおいて西ヨーロッパ先進諸国とほぼ肩を並べている。ボリビアやパラグアイのような一部の国では、日本が最大の経済援助国となっている。このような経済関係の緊密化に伴い、文化交流もさまざまな分野で拡大している。とくにメキシコは、日本との間に規模の大きい交換留学生制度をもち、ラテンアメリカにおける日本研究センターの役割をもつ教育研究機関を擁し、ラテンアメリカの日本理解に重要な役割を果たしている。

さらに注目すべき新たな関係は、一九八〇年代後半に顕著となった、ラテンアメリカの日系社会から日本への出稼ぎ現象である。かつて貧しい日本から相対的に豊かであったラテンアメリカに出稼ぎに行き、その多くが定住して形成された日系社会から、決して少なくない日系人が日本へ出稼ぎに来るという現象が起こったのである。一九九二年はじめに日本で働いていた日系ラテンアメリカ人の出稼ぎ労働者数は、約一五万人に達した。このような現象が起こった原因は単純で明快である。ラテンアメリカ諸国の多くが深刻な経済不況とインフレに苦しみ、失業と低賃金が国民生活を直撃しているのに対して、日本では好景気の中で労働力不足が続いたからである。しかも一九九〇年には出入国管理法を改正して日系人は三世までの長期滞在を認める措置がとられ、日系人の出稼ぎ来日に拍車をかけた。一九九〇年代になって日本経済の不況が続く中でも日本で生活する日系人の数は減少せず、二〇世紀末における在日日系人数は三〇万に達し、定住化しつつある。

第1章

旧世界と新世界の出会い

——ヨーロッパ人によるアメリカ大陸の「発見」と「征服」

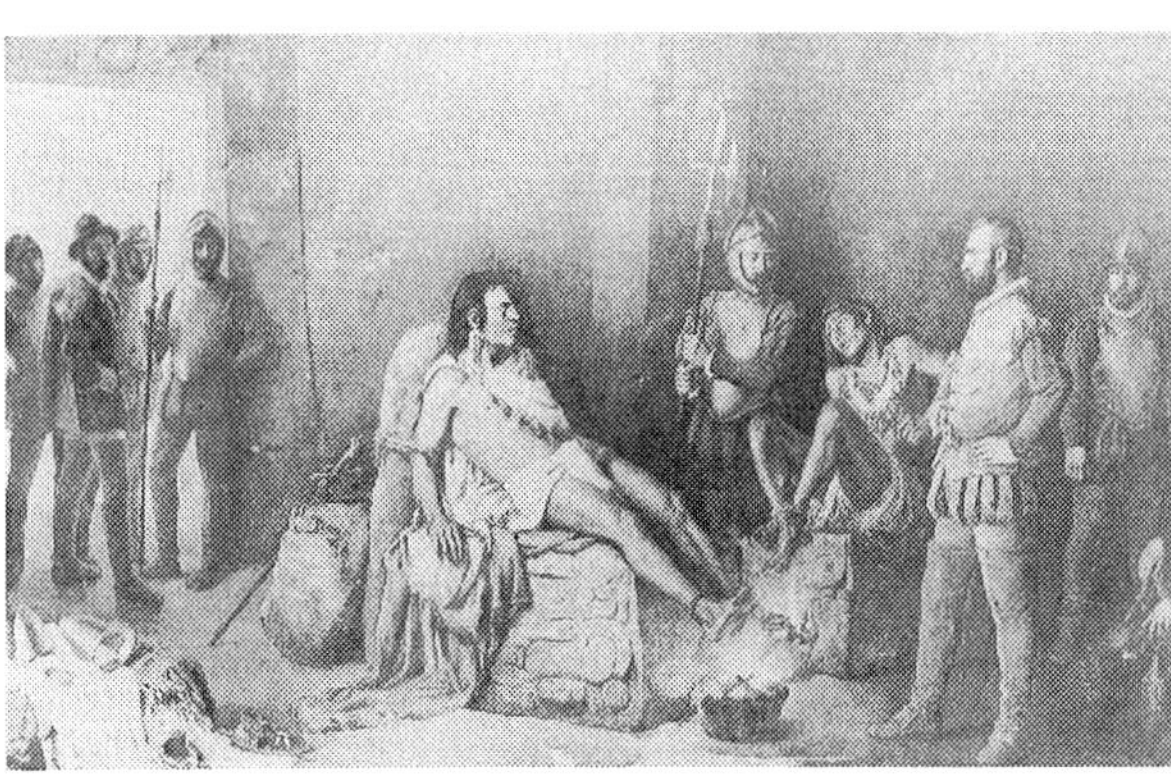

捕らわれたアステカ国王モンテスマ二世とコルテスの絵図

1　イベリア世界の拡大

地理上の「発見」とイベリア国家

世界史で大航海時代と呼ばれる一五世紀から一六世紀にかけて、人類ははじめて地球規模での活動を開始した。その先駆的役割を果たしたのが、イベリア半島のポルトガルとスペインである。この二つの国家の海外発展によって、それまで直接交流することのなかったヨーロッパと東アジアおよびアメリカ大陸という三つの世界をつなぐ航路が開拓されたからである。

ヨーロッパ人にとってそれまでの世界は、地中海とアラビア海を中心にした西アジアと北アフリカに限られていた。一三世紀に書かれたマルコ＝ポーロの『東方見聞録』によって紹介された日本も、ヨーロッパ人にとっては未知の世界であり、ましてやアメリカ大陸の存在は全く知られていなかった。しかし一五世紀になると、イベリア国家を主役とした一連の探検によって、ヨーロッパ世界は新たな世界へと拡大していった。

イベリア国家のうち、最初に国内統一を果たし、大西洋に挑戦したのはポルトガルである。ポルトガルは一三世紀半ばにイスラム教徒の追放に成功し、数十年にわたる王位継承戦争を経たのち、ジョアン一世（在位一三八三―一四三三）が一三八五年に他のヨーロッパ諸国に先駆けて絶対王政を確立した。このジョアン一世の時代にポルトガルは海事大国へと発展し、大西洋に開いたその地理的条件を生かして、いち早く大西洋沿岸貿易にのり出した。航海親王として知られるエンリケ王子は、当時、世界の果てとして恐れられていたアフリカ西海岸の探検を進め、一四一五年にはジブラルタル海峡に面した北アフリカの貿易港セウタを占領した。一四一九年には中央アフリカ西岸のマデイラ諸島に到着し、一四二七年にはアゾーレス諸島を発見、さらに一四四五年にはアフリカ西端のベルデ

図2　世界を二分したスペインとポルトガルの境界線

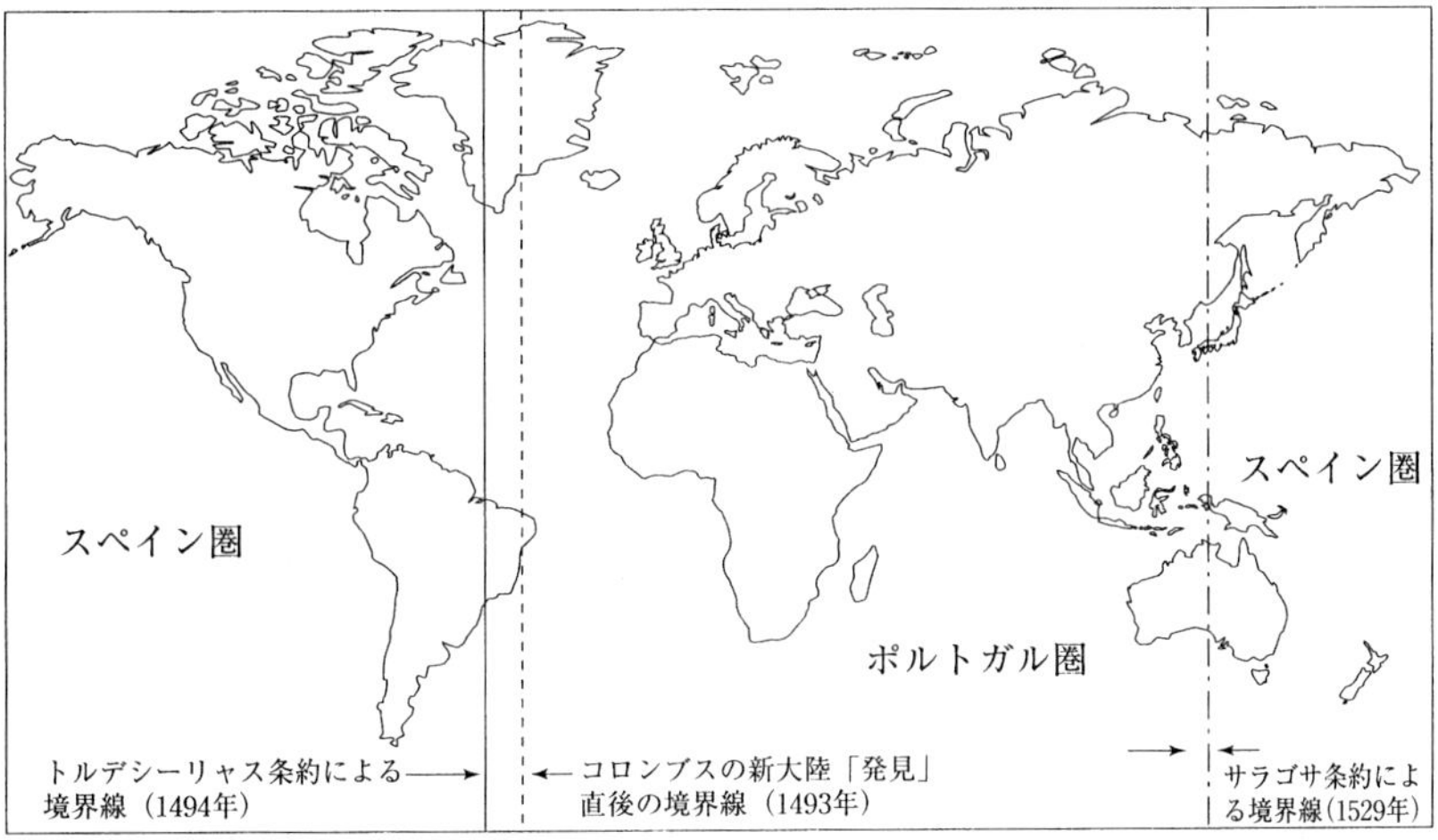

岬諸島に到着した。一四五三年にオスマン・トルコがコンスタンチノープルを占領してアジア貿易の通商路を切断すると、ポルトガル人の海上航路はいっそう活発となった。

一五世紀のリスボンは、地中海と北海に面したハンザを結ぶ中継貿易港として、また新たに開拓されたアフリカのギニア方面の物産（象牙・砂金・黒人奴隷・砂糖など）の集散港として栄え、ポルトガルは地中海世界と北大西洋世界をつなぐ一大海事国となっていた。一五世紀半ばまでに、ギニア海岸のポルトガル植民地化が完了した。一四八二年には黄金海岸にエルミナの砦が建設され、奴隷貿易の基地となった。一四八七年にはバルトロメウ＝ディアスがアフリカ南端に到着して、そこを「嵐の岬」（のちの喜望岬）と名づけた。この発見によって、それまで内海と信じられていたアラビア海が大西洋と続いていることが明らかになった。こうしてアジアの香料や絹を独自の貿易ルートで運べることがわかると、ポルトガルは東回りによるアジアへの航路開拓に力を注いだ。ヴァスコ＝ダ＝ガマが喜望岬を経由してインド洋を横断し、インドのカルカッタに到着したのは一四九八年である。

このような一五世紀のポルトガルの目覚ましい活躍に対して、スペインの海外発展は著しく遅れた。スペインが国内統一を果たしたのは、カスティーリャ王国のイサベル女王とアラゴン王国のフェルナンド国王が結婚した一四七九年である。イスラム教徒の駆逐でもポルトガルに二世紀半遅れた一四九二年一月に、スペインはイスラム教徒の最後の拠点となったグラナダ城攻略に成功した。そしてその直後に、新航路開拓の探検への支援を求めてきたコロンブスの航海計画に賛同したのである。

一四九二年八月にスペイン南部のパロス港を出帆したコロンブスが率いる三隻の帆船は、三ヵ月後の一〇月にカリブ海域に到着した。スペインの要請を受けたローマ教皇アレクサンデル六世は、図2でみるように、新しく発見されるであろう土地が帰属するスペインとポルトガルの領有区分線を一四九三年に明らかにした。しかし探検活動を拡大したポルトガルの強い要請で、スペインとポルトガル両国はスペインのトルデシーリャスで協議し、一四九四年六月にポルトガルの主張を受け入れたトルデシーリャス条約を締結して領有区分を確定した。この結果、アフリカ大陸西岸のベルデ岬諸島から西へ三七〇レグアの地点を走る子午線を境として、その東側はポルトガルの勢力圏に、西側はスペインの勢力圏となった。これはほぼ西経五〇度に位置した。しかしポルトガルがアメリカ大陸に到着するのは、カブラルがブラジルの北東部に到着した一五〇〇年のことである。その後、東南アジアに到達した両国は、一五二九年にサラゴサ条約で東アジアにおける両国の境界線を取り決めた。

コロンブスのアメリカ大陸「発見」

コロンブスはイタリアのジェノバで生まれ、船乗りとして働いていた二〇歳の頃、海難事故でポルトガルに漂着した。商船や探検隊がつぎつぎと海洋へ出ていく活気溢れるリスボンで地図作成の仕事に就いたコロンブスは、西回りの航路でアジアに到着できると信じた。はじめ彼は、ポルトガル王ジョアン二世（在位一四八一―九五）にインド航路発見の航海計画を提案した。しかし拒絶されるとスペインに移り、フランシスコ会の修道士の紹介でイサベル女王とフェルナンド国王に拝謁し、西回りによるアジアへの新航路発見の探検計画を提案した。当時スペインは、まだ国土回復運動の最中にあり、コロンブスの事業計画に出資する余裕がなかった。コロンブスは、再び、ポルトガル国王に援助を求めた。しかしちょうどバルトロメウ＝ディアスが喜望岬に到着した直後で、ポルトガル国王はコロンブスの計画に賛同しなかった。それでも西回りのインド航路発見に確信をもつコロンブスは、再びイサベル女王に計画を提案し、一四九二年一月のグラナダ城陥落直後にコロンブスの提案は受け入れられた。こうしてコロンブスは、イサベル女王と「サンタフェ協約」と呼ばれる契約書を交わして、新航路発見の旅に出たのである。サンタフェ協約によれば、コロンブスは提督の称号を与えられ、発見された領土を副王として管理する権限を認められていた。またそこから得られる富の一〇分の一も、コロンブスの取り分となるはずであった。

コロンブスの率いる探検隊が三隻の帆船でパロス港を出たのは、一四九二年八月三日のことである。彼らはカナリア諸島を経て西へと向かい、一〇月一二日に現在のバハマ諸島の一つサンサルバドル島に到着した。これが一般に知られているコロンブスによるアメリカ大陸の「発見」である。しかしコロンブスは、大西洋の西回り航路でアジア（インディアス）に到着するため航海し、ついにアジアの一隅に到着したと考えた。その結果、コロンブスは自分が到着した土地をインディアス（インド諸島）と呼び、そこに住む人々をインディオ（インド人）と名づけた。コロンブスは一五〇六年に病死するまで、自分がアジア大陸の一隅に到着したと信じていた。

コロンブス

新航路発見のニュースは、またたくまにヨーロッパ各地に広まった。翌一四九三年三月にリスボンに戻ったコロンブスの一行は、四月にカトリック両王の待つバルセロナに到着して大歓迎を受けた。

図3　コロンブスの4回の航海

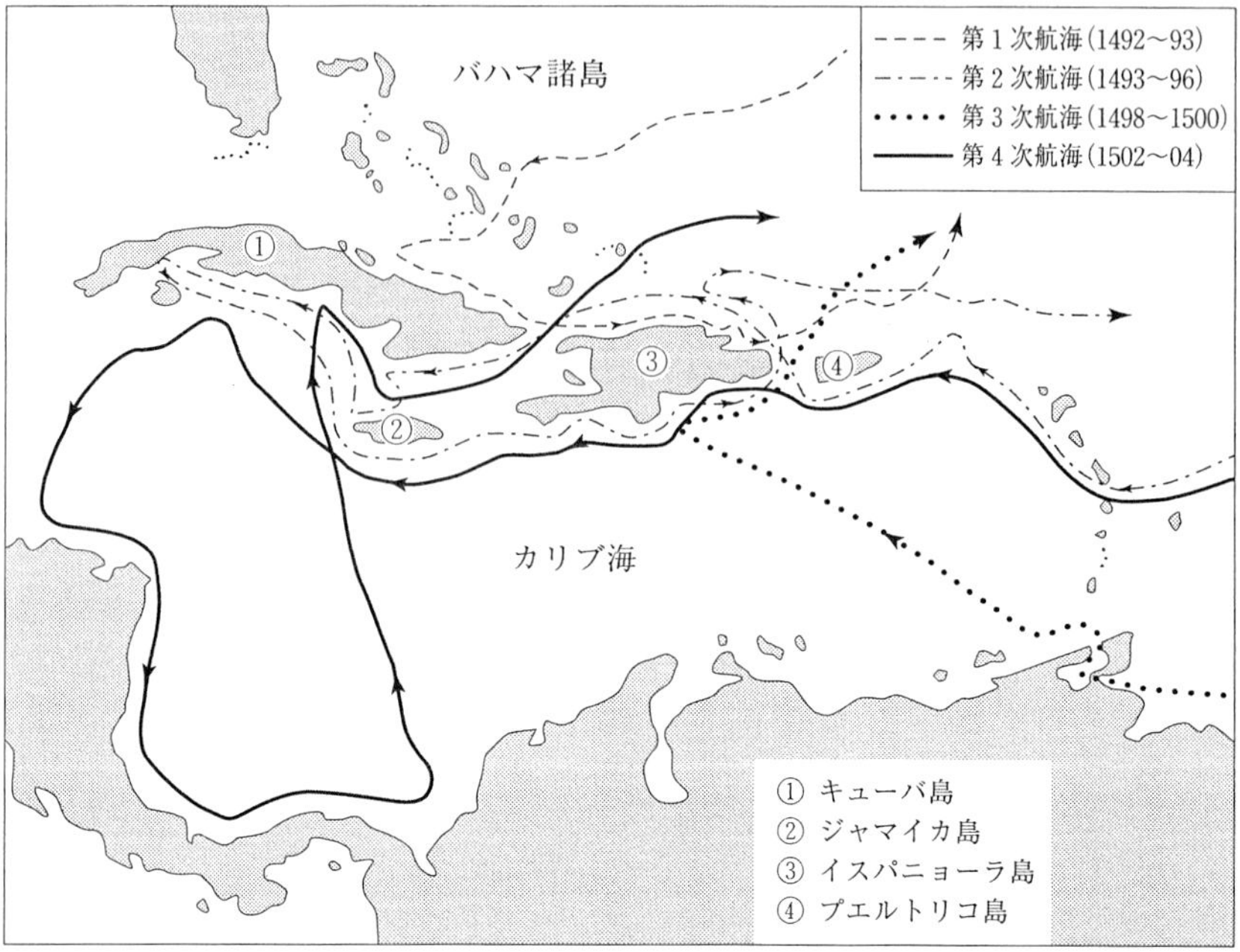

コロンブスがもち帰った色彩鮮やかなオウムや金塊、また連れ帰った先住民たちの姿をみて、人々はアジアへの新しい航路が発見されたと信じたのである。その結果、コロンブスの第二次航海には多くの出資者や探検家が集まった。同年九月に千数百人を乗せた一七隻の大船団が、コロンブスを指揮官としてカディス港を出発した。その後コロンブスは一五〇四年までに計四回の探検隊を指揮して、キューバ島を発見し、中央アメリカのコスタリカの海岸や南アメリカ大陸北部のオリノコ川河口まで到着した。しかし二回目以降の探検はコロンブスにとって失望の連続であった。アジアであることの確証を得ることができず、また「サンタフェ協約」を破って新たな領土の統治にのり出した王権とも抗争しなければならなかったからである。

　このようにしてアメリカ大陸は「インディアス」として、ヨーロッパ中心の世界にはじめて登場することになった。コロンブスがアジアの一部だと信じた土地が新しい大陸であることが明らかになったのちも、スペイン人はこの新大陸に築いた植民地を「インディアス」と呼び、そこの先住民たちを「インディオ」と呼び続けた。コロンブスによって「インディオ」と名づけられた新大陸の住民たちは、いうまでもなくさまざまな民族と部族から成り、多様な文明を発達させていた。ヨーロッパ人がはじめてこの新大陸に到着した時、メキシコ中央高原と中央アンデス地域にはヨーロッパ文明とは異質の、高度な文明が栄えていた。またその頃にはすでに衰退し密林に埋もれていたが、壮大なマヤ文明がメキシコ南部と中央アメリカ北部で栄えていた。コロンブスがアメリカ大陸に到着する少なくとも二五〇〇年前から、ヨーロッパ世界と隔絶したこの大陸に、文明の歴史が刻み込まれていたのである。

旧世界と新世界の「出会い」の歴史的意義

コロンブスによって新大陸が「発見」された時にはじまったヨーロッパ世界と新世界との「出会い」は、双方に大きな衝撃と変化を与えた。エル・ドラード（黄金郷）を求めてつぎつぎに渡来してきたイベリア半島出身の征服者たちは、山脈を横断し、熱帯雨林を踏破し、荒涼とした砂漠を越え、危険な未知の世界の探検にひるむことなく挑んだ。その結果、コロンブスの到来から一世紀も経たぬうちに、北は現在のアメリカ合衆国の南西部から南はチリにいたる広大な地域が、スペインとポルトガルの植民地となった。

ヨーロッパ人の到来は、新大陸の住民にとって文明の破壊を意味した。ヨーロッパ人は先住民の文化を徹底的に破壊しただけでなく、新大陸の住民を奴隷のように酷使し、その人口を激減させた。カリブ海域では、コロンブスがはじめて到来した一四九二年頃、約三〇〇万人が生活していたが、約三〇年間でその数は一〇数万人にまで激減したと推計されている。アステカ王国が支配していたメキシコ中央部は、スペイン人到来直前には約二五〇〇万の人口を有していたと推定されている。しかし征服から一〇〇年後の一六二五年頃には、その人口はわずか一〇〇万にまで激減した。一方、インカ帝国が栄えていた中央アンデス地域は約一二〇〇万の人口を擁していたと推定されているが、スペイン人による征服から約半世紀後には五分の一にまで減少していた。

これらの人口推定値には、研究者によって実際にかなりの幅がある。しかしいずれにしても、先住民の人口が激減したのは確かであった。その結果、征服者たちに続いて新大陸に移住してきたイベリア半島人たちは比較的自由に都市を建設することができ、また一部を除いた広大な土地を大きな抵抗を受けることなく占拠することができた。そしてヨーロッパから動植物を移植し、新大陸にイベリア世界の風土と景観に似せたラテンアメリカ世界を出現させたのである。

新大陸は、ヨーロッパの文化と技術の移植によって大きく変化した。新大陸文明が知らなかった車輪、実用金属としての青銅と鉄、新大陸に生息していなかった牛・馬・山羊・羊・ロバ・豚などの家畜がもち込まれた。また小麦・ライ麦・コメ・サトウキビ・コーヒーなどが移植された。やがて植民地統治体制が確立して、王権の支配する植民地時代が約三〇〇年にわたって続くことになり、新大陸は拡大したヨーロッパ世界の一隅に位置することになった。メキシコの著名な歴史学者オゴルマンはその著書『アメリカの発明』（邦訳あり）の中で、アメリカ世界はコロンブスによって「発見」された新世界ではなく、ヨーロッパ人によって「発明された世界」であると述べたが、今日ラテンアメリカと呼ばれる地域は、まさにコロンブスの到来後スペイン人とポルトガル人を中心とするヨーロッパ人が創りあげた新しい世界となったのである。

しかし旧世界と新世界の「出会い」は、新世界にのみ衝撃を与え、変化させたわけではない。ヨーロッパ世界もまた、新世界から多くの影響を受けた。まず物資的面からみると、それまでヨーロッパ世界が知らなかったトウモロコシ・ジャガイモ・サツマイモ・トマト・ヒョウタン・トウガラシ・カボチャ・パイナップル・パパイヤ・ピーナツ・タバコなどの栽培植物が新世界からもち込まれた。なかでもジャガイモは、ヨーロッパの食糧危機を救ったことで有名である。タバコとココアやチョコレートの原料となるカカオがヨーロッパに紹介され、新しい嗜好品として広がった。アメリカ大陸からヨーロッパへ流出した金・銀の影響については、一六世紀のヨーロッパで引き起こされた「価格革命」がよく知られている。スペインに送られた莫大な銀はヨーロッパ諸国に流出し、各国の貨幣価値を下落させ、物価を三倍から五倍にも上昇させた。またアメリカ大陸での需要がヨーロッパのさまざまな産業を成長させ、イギリスの産業革命を引き起こす一つの刺激ともなった。

新大陸がヨーロッパに与えた影響は物資的なものだけではなかった。未知の大陸が発見され、地球球体説が実証されると、キリスト教世界で描かれていた地球観や宇宙観を動揺させ、科学的かつ合理的にものごとを理解しようとする考え方が現われた。ルネッサンスの科学的精神の発達ともあいまって、精神界もまた中世からの離脱を遂げる契機となったのである。未知の人間集団との接触は、人間の本性に関する思想的衝撃として一大論争を引き起こした。またヨーロッパの将来に不安をもつ知識人の中には、新大陸にユートピア社会の建設を夢見る人々も現われ、人類のあり方を思索する大きな契機を与えた。

2　一六世紀初頭の新世界とヨーロッパ人による征服

一六世紀初頭のアメリカ大陸

コロンブスがカリブ海域に到着した一五世紀末の新大陸は、広大な領域を占めていただけでなく、非常に多様な地域からなる世界であった。熱帯雨林地帯から乾燥した砂漠地帯や万年雪をいただく山岳地帯まで、地理的変化は非常に大きく、また先住民も狩猟採集の生活をするレベルからアステカ王国やインカ帝国のような高度な文明社会までが存在していた。

図4　新大陸の文化領域区分（15世紀末）

この広大な新大陸を文化人類学の分野で使われる文化領域で分けると、図4のようになる。文化領域とは特定の文化・伝統が形成された地理的範囲を指すが、一五世紀末の新世界ではメソアメリカ地域と中央アンデス地域に、高度に発達した古代文明が存在していた。カリブ海域をはじめとするその他の地域では、焼畑農業を基盤とした農耕社会および魚介類の採集と鳥獣類の狩りに依存する狩猟採集の段階の社会が中心であった。

アメリカ大陸の先住民は、今から数万年前にアジア大陸からベーリング海峡を渡って北アメリカ大陸に入り、各方向に分かれて散らばり、一万年前までに南アメリカ大陸の南端にまで到着したと考えられている。このアジア大陸から到来した人々は、広大な南北アメリカ大陸の多様な環境の中で生活していくうちに独自の生活様式をつくり出し、一五世紀末には図4で示されているような多様な世界をすでに形成していた。しかし一六世紀はじめにヨーロッパ人が新大陸で接触した文化領域は、カリブ海域、メソアメリカ地域および中間地域に限られていた。

一五世紀末の新大陸の人口は、四二〇〇万から七二〇〇万という幅で推計されている。そのうちアステカ王国が栄えていたメキシコ中央部の人口は二五〇〇万、中央アンデスに栄えていたインカ帝国の人口は一二〇〇万、また一番はじめにヨーロッパ人に征服されたカリブ海域の人口は三〇〇万と推定されている。

コロンブスが到来した一四九二年から一五五〇年頃までを、ラテンアメリカの歴史区分ではとくに「征服の時代」とも呼んでいるが、その中でもコルテスによるアステカ王国征服にいたる一五一九年までの時期を「カリブ海時代」と特別に区分することができる。続々と新世界に渡来したヨーロッパ人がカリブ海域の島々を探検し、カリブ海に面した大陸部の沿岸に到着した時期である。

カリブ海時代の征服と植民

ヨーロッパ人が最初に活躍したのは、カリブ海域であった。カリブ海には、アンティル諸島と呼ばれる島々がフロリダ半島からベネズエラの海岸線に向かって大きく弧を描いて点在しており、北方にかたまっている島々は大アンティル諸島、南方に集まっている島々は小アンティル諸島と呼ばれている。カリブ海に面した大陸部の海岸地帯もまたカリブ海域に含めるのが一般的である。

このカリブ海域には、シボネイ族、アラワク族、カリブ族が居住していた。一五世紀末には、大アンティル諸島に住んでいたアラワク族が小アンティル諸島に住むカリブ族の脅威を受けていた。一四九二年にコロンブスがはじめてサンサルバドル島に到着した時に出会った住民は、このアラワク族である。彼らは石の農具をもち、トウモロコシやマニオク（キャッサバ、マンジョーカ、ユカなど、地域によって呼び名が異なる）を栽培して生活していた。コロンブスが最初の植民基地を建設したイスパニョーラ島には、首長に率いられた部族集団が複数存在していた。この島の南部のオサマ川の河口に最初の植民都市サントドミンゴが建設されたのは一四九六年である。小アンティル諸島はスペイン人が求めた黄金を産出しなかったので、開発にはほとんど手がつけられなかった。しかし大アンティル諸島ではイスパニョーラ島をはじめキューバ島でも金鉱脈が発見されたため、スペイン人と先住民の接触が急速に進展した。そして金・銀の採掘に狩り出されたアラワク族は、過酷な労働とヨーロッパ人がもち込んだ疫病によって死亡していき、人口を激減させた。

やがてカリブ海域の金鉱脈を掘り尽くしたスペイン人は、グループをつくってつぎつぎと新たな黄金郷を求めて

図5　カリブ海時代の主な探検ルート

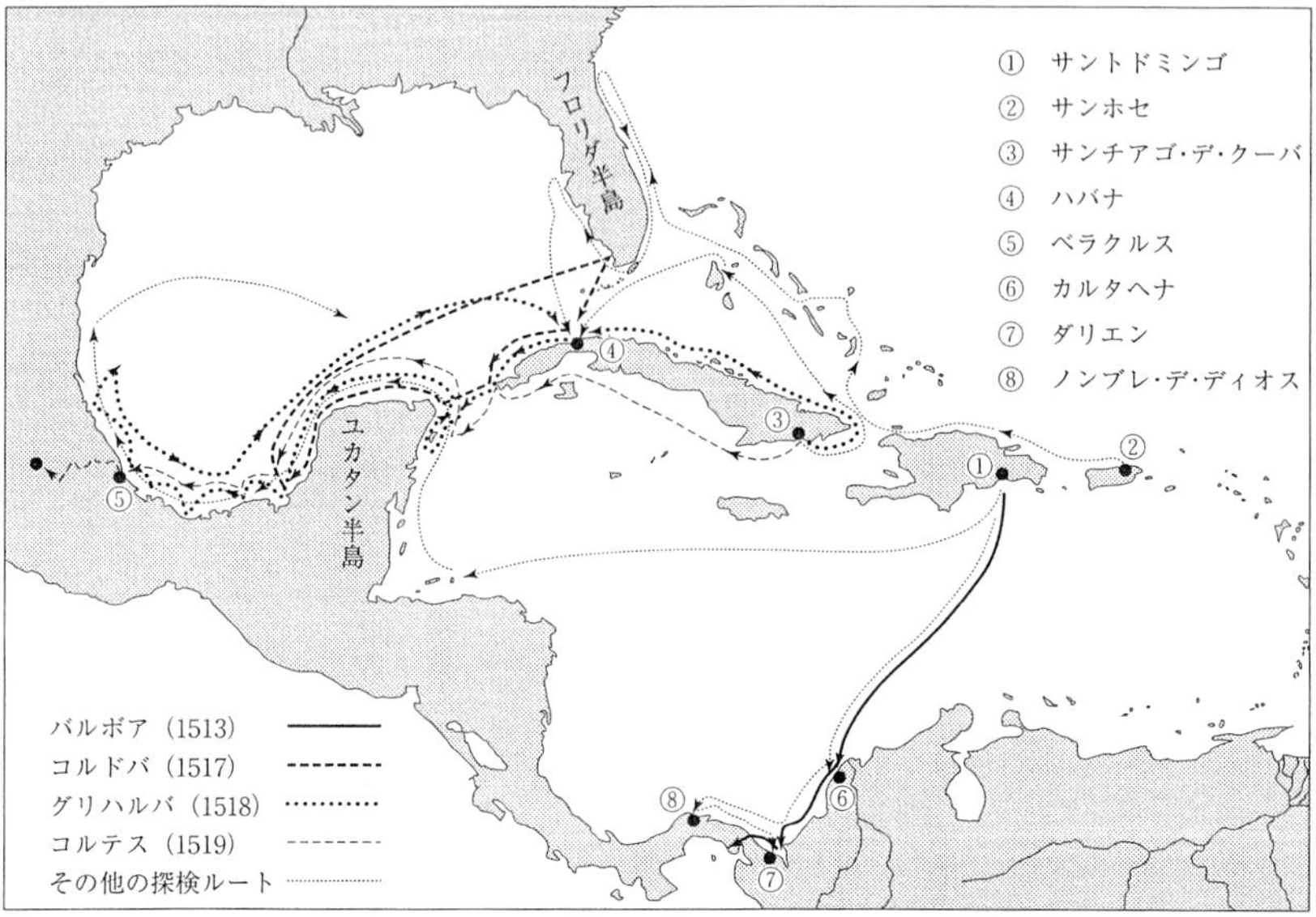

各地へ拡散していった。一五〇九年に南アメリカ大陸の北部に到着し、パナマ地峡にカルタヘナの探検基地を建設した。同じ年にコロンブスが最初の航海で発見していたキューバ島の探検がはじまり、その二年後に入植がはじまっている。やがてキューバは、ユカタン半島、フロリダ半島、メキシコ湾岸に向かう遠征の本拠地となった。一方、一五一三年にイスパニョーラ島を出発してパナマ地峡を探検したバルボアは、大陸部で最初の植民都市となるダリエンを建設し、同年九月には太平洋側に到着してそれを「南の海」と名づけた。一五一七年にはコルドバがキューバからユカタン半島沿岸を探検し、翌一五一八年にはグリハルバがメキシコ湾岸一帯を航行した。

エンコミエンダ制の導入

このように数々の探検が行なわれたカリブ海時代に、植民地時代初期の経済と社会の発展に大きな影響を与えたエンコミエンダ制が確立した。エンコミエンダとは、スペイン語で「寄託」を意味し、一定地域に住む先住民の労働力を使用する権利と彼らを保護しキリスト教徒に改宗させる義務を王権が私人に寄託した制度である。

コロンブスにはじまる「発見」と「征服」の事業は資金を工面し命をかけて探検に出かけた私人の行動であったが、スペイン王権は一五〇三年に早くも征服者たちのエネルギーを活用しながらその行動に枠をはめる植民地統治体制の確立に着手した。エンコミエンダは国王から征服者に与えられた論功行賞であり、エンコミエンダを得た征服者はエンコメンデーロと呼ばれ、征服した一定の土地に住む住民を管理する権利を与えられた。しかしエンコミエンダ制の実態は、はじめから征服者による先住民の労働力の収奪と虐待であった。スペイン人は発見した金・銀の鉱山で先住民を働かせ、建築作業などの労働力として酷使した。また征服の時代に新大陸に渡米したスペイン人たちは一定の土地に定着するよりも、より安易な手段による富の獲得を求めて広大な地域を移動したが、そのような遠征にもエンコメンデーロたちは先住民をしばしば従軍させた。カリブ海時代に征服者たちの間で定着したエンコミエンダ制は、やがて大陸部における征服の時代に全盛を極めた。

エンコミエンダ制が確立したカリブ時代に、カリブ海域では劇的な変化が生じた。すでに述べたようにコロンブスが到来した当時カリブ海域には約三〇〇万の先住民が生活していたと推定されているが、カリブ海時代が終った一五三〇年頃までには約三〇万ほどに人口が激減してしまった。人口を減少させた原因はいくつかあり、それらが同時に作用した結果であると考えられている。征服時の戦闘でも多くの先住民が死んだ。また征服者たちは先住民を奴隷に等しい扱いで酷使したから、そのために死亡したものも多かったはずである。征服がもたらした過酷な状況に絶望して命を絶った事例も報告されている。しかし先住民の人口を激減させたのは、必ずしも過酷な労働や虐待だけが原因ではなかった。恐らく最大の原因はスペイン人がもち込んだ新しい病気だったであろうと考えられている。新世界の住民たちは、インフルエンザ・天然痘・麻疹・チフス・結核などの免疫をもっていなかったため、これらの病気にかかると容易に死んでいったからである。酷使され体力的にも衰弱していたことが、免疫のなかった新しい病気にかかると簡単に死んでいく原因になったのである。

アステカ王国の崩壊

コロンブスが新大陸に到着した時、メキシコ中央部ではアステカ王国が栄えていた。アステカ王国を築きあげたアステカ族は、本来メシカ族と呼ばれる北方の狩猟部族であった。一三世紀後半にメキシコ盆地に到着し、テスココ湖中の小島に定住した。やがて一五世紀には独自の王国を築きあげて、メキシコ中央部の広大な地域を支配下に治めた。アステカ王国の首都テノチティトランは人口一〇万を数える湖上の都市として、はじめてそこを訪れたコルテスたちを驚嘆させたほど繁栄した都市であった。アステカ社会は王を頂点として貴族・神官・平民・農奴から成る階層社会であり、武力で異部族を征服し支配する軍事国家でもあった。また太陽を生命の根源として崇め、人身御供を行なう独特の宗教をもち、宗教が政治・経済・社会・軍事活動に大きく介入していただけでなく、個人の生活をも広く支配していた。このアステカ王国をわずか数百名のスペイン人を率いて侵略し、征服に成功したのがコルテスである。

アステカ王国を征服し、広大なアメリカ大陸にスペイン領を築く先駆者の一人となったコルテスは、スペイン西部のエストレマドゥーラ県で生まれた。サラマンカ大学で法律を学んだことがあり、バリャドリドの公証人事務所で働いたが、一九歳の時に志をたてて新大陸に渡り、一五〇四年にイスパニョーラ島に到着した。やがてキューバの植民活動に従事し、キューバ総督ベラスケスの秘書となった。十数年間におよぶキューバ島での生活ののち、一五一九年二月に遠征軍を率いて出発した時、コルテスはすでに三四歳になっていた。

キューバ島を出帆したコルテス遠征隊は五〇八人の兵士と一〇〇人の水夫から成り、一六頭の馬と大砲、フリント銃、火縄銃などを所持していた。ユカタン半島沿いに航海して先住民と接触したのち、四月に今日のベラクルスに到着した。コルテスはここにメキシコ最初の植民都市を建設し、ここからアステカ王国の首都テノチティトランへの進軍を開始した。同年秋、テノチティトランに到着したコルテス遠征隊は、途中で同盟関係を結んだアステカ王国の支配に抵抗する部族の兵士数万人を率いていた。コルテスらはアステカ国王モクテスマ二世にはじめ歓迎されたが、その後、策をめぐらした攻略に失敗して敗走した。しかし再び軍を建て直したコルテスは、激しい攻防戦の末、一五二一年八月にアステカ王国を滅ぼした。最後の二ヵ月にわたる攻防戦で、湖上に浮かぶテノチティトランの多くの建物が破壊され、市街地を縦横に走っていた運河の多くも埋め立てられた。

同盟軍の援助があったとはいえ、少数のスペイン人が軍事国家であり強力な支配体制を確立していたアステカ王国をこのように征服しえたのはなぜだろうか。この問いに対してさまざまな理由を挙げることができるが、スペイン軍が新大陸に存在しなかった大砲や鉄砲などの火器を所有していたことが勝利の大きな原動力となったことは確かである。また大型の役畜がいなかった新大陸文明に対して、スペイン人が連れてきた馬が機動力を発揮したことも知られている。一方、アステカ王国内部にも、征服されるべき要因が存在していた。アステカ王国の支配下に置かれた他の部族の不満と離反、成熟したアステカ文明の脆さなどが、それである。アステカの神話に基づく「白い肌をし、髭をはやした英雄ケツァルコアトル再来」をコルテス軍に重ね合わせて信じたアステカ王国の崩壊寸前の権力者の迷いも、重要な敗因となった。こうしてアステカ王国は、コルテスの率いるわずかなスペイン人集団の前に崩壊してしまったのである。

コルテス

スペイン人たちは、アステカ文明を破壊し、その富を略奪した。その徹底した破壊活動は、黄金などの財宝を略奪するため

図6　メキシコ中央部とアステカ王国の領域

のものだったが、同時に全く異質の宗教をもつアステカ文明に対するスペイン人たちの恐怖と嫌悪の念からくるものでもあった。テノチティトランの神殿はことごとく焼き払われ、運河は埋められた。そして徹底的に破壊されたアステカの都の残骸の上に、スペイン人の新しい都市が建てられた。もちろんそれを決断したのは征服軍を率いていたコルテスである。コルテスは、アステカ人たちを服従させるためにも、彼らに畏敬を感じさせるほど立派なスペイン人の都市を廃墟と化したアステカの都の上に建設することが重要だと考えた。そしてコルテスがこの地をヌエバ・エスパーニャ（新スペイン）と名づけたことから、植民地時代を通じてメキシコはヌエバ・エスパーニャと呼ばれ続けた。

　メソアメリカ地域におけるスペイン人による征服と支配は、想像を絶する早さで進められた。コルテス軍がベラクルスに上陸してからアステカ王国を征服した一五二一年までの間に、先住民の案内人を連れた数人から成るスペイン人の小さなグループが、すでにアステカ王国の支配圏内を探検しはじめていた。さらに首都テノチティトランを征服すると、コルテスは部下たちを各地へ派遣した。そして一五二四年頃までに、アステカ王国に支配されていたほとんどの部族がスペイン人の支配下に入ったのである。しかしアステカ王国の支配下に置かれていなかった地域では、先住民はスペイン人に激しく抵抗した。それでもスペイン人たちはひるむことなく、噂のエル・ドラード（黄金郷）を求めてメキシコ北部から太平洋岸へ探検の旅に出た。ヌニェス＝デ＝バーカとその仲間たちは数年にわたって現在のアメリカ南部を探検した。一方、モンテホ父子は一五二七年から二〇年の歳月をかけてユカタン半島を征服した。

インカ帝国の崩壊

コルテスによるアステカ王国の征服は、新世界に黄金郷を求めてやってきていたヨーロッパ人たちに、強い刺激を与えた。それまでカリブ海を中心に活動し、パナマ地峡にまで進出していた人々が、第二のアステカ王国を求めて活発に動きまわった。すでにパナマ地峡にダリエンを建設したバルボアにより「南の海」と名づけられた太平洋が「発見」されており、パナマ市が一五一九年に建設されていた。

スペイン人がカリブ海域で活動をはじめた一六世紀はじめの南アメリカ大陸では、アンデス山脈を南北に縦断する形でインカ帝国が栄えていた。北は現在のコロンビア南部から南はチリ中部にいたる、約五二〇〇キロにも及ぶ広大な地域が、インカ帝国の支配領域であった。インカ帝国は一五世紀に広大なアンデス地域に統一国家を形成したが、もともとはクスコ地方の小国にすぎなかった。アンデス地域の数多くの小国をつぎつぎと軍事力で征服したインカ帝国は、各小国の伝統と組織を温存し、巧みにそれを活用する手法で統合していった。多様な自然と複雑な地形のアンデス山岳地帯に孤立した各地を結ぶために、インカ帝国は道路を建設し、通信と輸送網をみごとに整備したことで知られている。スペイン人が到来した頃、インカ帝国の支配する領域は九〇以上の地方に分かれており、その全体の人口は約一二〇〇万に達していたと推定されている。この広大な帝国の首都クスコは、海抜三二〇〇メートルの高原に位置し、帝国内の各地がクスコとインカ道によって結ばれていた。

図7　インカ帝国の領土とインカ道

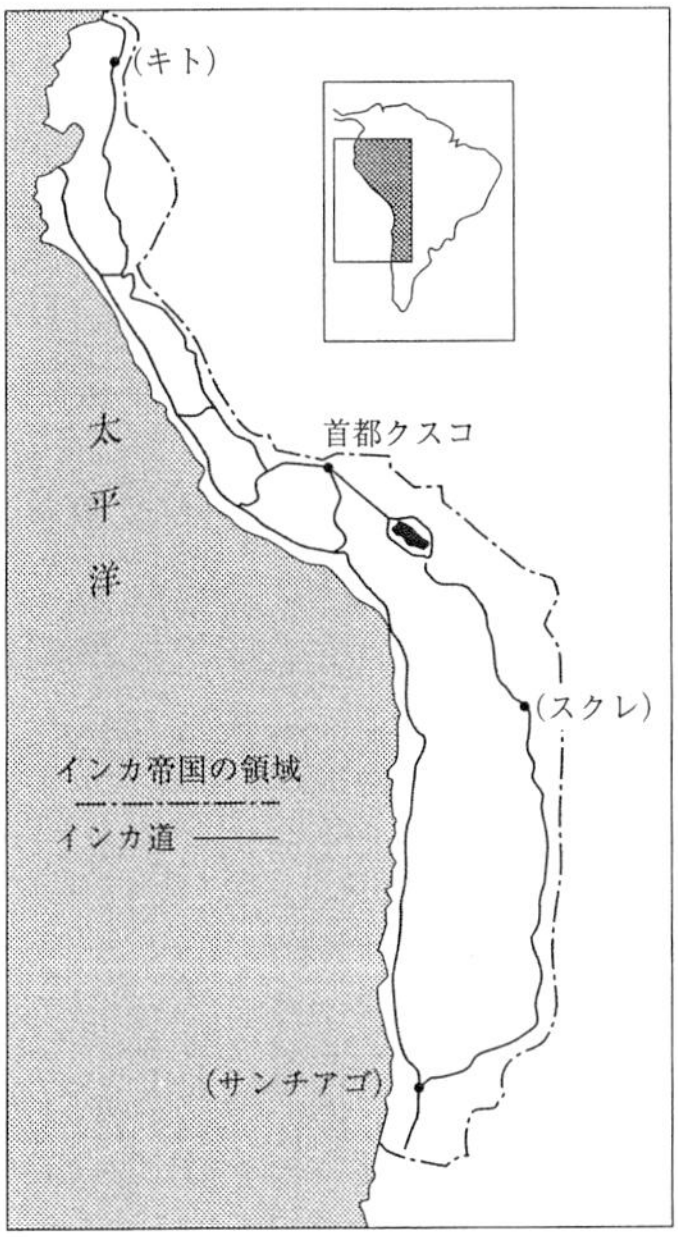

　アンデスの彼方に黄金の都があることを聞き

ピサロ

知ったスペイン人たちは、探検の準備をはじめた。その隊長は、コルテスと同じエストレマドゥーラ県出身のフランシスコ・ピサロである。ピサロはコルテスと対照的に無学の男で、一五〇二年にイスパニョーラ島に渡り、パナマ地峡を探検したバルボアの部下となった。バルボアが発見した「南の海」の彼方に黄金郷があるという伝聞が広まると、ピサロは一五二四年に第一回の探検に出たが失敗した。さらに一五二六年に第二回の探検に出てインカ帝国の北部の町トゥンベスに到達し、この町の神殿からアステカ王国に劣らぬ大文明圏に到達したことを確信した。ピサロは、一度スペインに戻って国王から「南の海」の黄金帝国の探検と征服の許可状を手に入れたあとで、探検の費用と参加者たちを集めて再びパナマに戻った。

この頃のインカ帝国では、ワスカルとアタワルパという二人の異母兄弟が王位をめぐって争い、帝国を二分していた。アタワルパは海岸に近いカハマルカに居を構え、一方、ワスカルはインカ帝国の首都クスコを支配していた。ピサロは一五三二年に二〇〇名足らずの部下を率いてカハマルカを攻めた。アタワルパを捕え、莫大な黄金を略奪したのち、彼を処刑し、インカ族（ケチュア族ともいう）に反感を抱く他部族の軍隊を従えてクスコを攻め、一五三五年にクスコを落城させることに成功した。当時のクスコの人口は約二〇万人を数える、インカ皇帝の宮殿や神殿など巨大な石造りの建物をもつ大都市であった。

強大な帝国を築きあげたインカ帝国が比較的簡単にスペイン人に征服された原因に、アステカ王国の場合と同様、大砲と銃をもつスペイン人の武器の優位が挙げられる。また皇帝の座をめぐって内紛が続いていたこと、強大な権力を握っていた皇帝が捕われたことによって生じた帝国の脆さなどもスペイン人に有利に作用した。ピサロは海岸線から遠い不便な内陸都市クスコを部下に任せ、海岸のリマック川のほとりにリマを建設した。

しかしインカ帝国の崩壊後のスペイン人による植民地支配は、メキシコほど順調には進まなかった。一五三五年にクスコから遠く離れた海岸にリマが建設されると、スペイン人征服者の間で内紛が起こった。ピサロが暗殺され、弟のゴンサロ・ピサロとピサロの征服隊の副隊長であったアルマグロが対立した。やがてこの二人の間で協定が成立し、アルマグロは現在のチリにあたる南部を支配する権利を得てアラウカーノ族との熾烈な戦闘を続けることになった。そして征服者に遅れて新大陸に植民地統治機構を整備しはじめたスペイン国王は、ペルーに軍隊を送ってピサロの軍勢を破り、やっと一五四八年に本格的な植民地経営をはじめた。この間、インカ族はクスコを逃れてアンデス山中のビルカバンバにたて籠り、一五七二年まで激しくスペイン人に抵抗した。

3　スペイン人による新大陸の征服

征服とは何か

アメリカ大陸の「征服」は、それまで互いに知らなかった異質の二つの世界の「出会い」であり、旧世界の優勢な武力の前に一方的に敗退した新世界の敗北でもあった。アステカ文明もインカ文明も建築、灌漑、金・銀細工などでみられるように高度な技術を有していたが、鉄と車輪を知らず、半ば新石器時代の技術レベルにあった。その結果、小銃や大砲などの火器をもち込み、騎兵を擁した征服者たちは、こん棒や石槍で闘うアステカ軍やインカ軍に対して、比較的容易に軍事的勝利を収めることができた。もちろんスペイン軍が勝利しえたのは、それだけが理由ではない。すでに述べたように、アステカ王国やインカ帝国の内部にあった分裂や迷信なども、新大陸の文明が敗北する大きな原因となった。またコルテスが多くの部族と連合を組んでアステカ軍と戦ったように、戦術的にもスペイン人側が勝利する理由があった。

イベリア半島からアメリカ大陸への旅は、当時は大冒険だった。しかしコロンブスがアジアへの新航路を発見したというニュースは、多くの人々の冒険心を煽りたて、未知の世界の探検に旅立たせた。コロンブスが新大陸からスペイン王室に届けた黄金と先住民などの獲得物が人々に一獲千金の夢を掻き立てたからである。探検隊が組織され、探検に要する費用が募られた。すでに述べたように、コロンブスの最初の探検に投資したのはスペイン王室であった。数多くの探検隊が新大陸の各地に向かって出かけ、多くの人々が何らかの資本を持参して参加した。資本のないものは体をはって参加した。このように征服は、個々の人間にとっては一獲千金を狙う投機にも等しい大事業であった。したがって、征服者たちが「投資」に見合う成果を獲得するまで貪欲に行動したとしても当然であった。それでは、征服者と呼ばれた人々は一般にどのような人たちだったのだろうか。

のちに征服者と呼ばれたイベリア半島の人たちは、大多数が過剰人口と窮乏する祖国を脱出した貧しい人々であった。スペインではちょうどグラナダが陥落し（一四九二）、八世紀にわたった国土回復戦争が終結した直後で、多くの失業兵士が溢れていた。また農業の不振は、祖国の大地に未練をもたない人々を新しい世界へ駆り立てた。彼らの多くは、身も心も貧しかった。一獲千金を狙って新大陸に向かい、黄金郷を発見して故郷に錦を飾って帰ることを夢見たのである。

しかし彼らの大多数は、夢を実現することはなかった。莫大な黄金を手に入れたものたちの多くも、長い歳月をかけてやっと実現したのである。メキシコを征服したコルテスが新世界へ旅立ったのは一九歳の時であったが、アステカ王国征服への旅立ちはそれから一五年もあとのことであり、コルテスは三四歳になっていた。同じくペルーを征服したピサロが大西洋をはじめて渡ったのは彼が二二歳の時であったが、インカ帝国を征服した時には五〇歳になっていた。

未知の世界に踏み込んだこれらの征服者たちも、アステカ王国やインカ帝国征服時代には、応分の分け前を手にすることができた。しかしのちに述べるように、征服者たちの命をかけた事業は、やがて王室の植民地経営事業へと変わり、征服者たちは王権に管理される身となった。国王とカトリック教会が個々人の切り拓いた新世界に征服者の後から出進し、彼らの功績を奪ったのである。多くの探検隊には書記と伝道師が同行した。時代を経るにつれて王室の役人も探検隊に同行し、征服者たちの行動を監視した。一方、征服者たちは遠征隊付きの公証人にこと細かに記録させ、国王の認可を求める手続きをすばやくとるための準備を怠らなかった。国王と征服者たちは新大陸の富の配分をめぐって、厳しく牽制しあったのである。

その具体的な例は、コロンブスとコルテスの場合で知ることができる。すでに述べたようにコロンブスは、イサベル女王と結んだ「サンタフェ協約」によって、発見された領土の管理権と一定の利益の取得を認められていた。しかし一五〇一年には早くも王室はイスパニョーラ島に総督を派遣し、植民地経営にのり出していた。コロンブスは王室に「サンタフェ協約」の履行を要求しながら、一五〇六年に失意の中で死んでいる。

一方、コルテスもまた、アステカ王国を征服した直後の一五二二年に国王からヌエバ・エスパーニャの総督兼最高司令官の地位に任じられ、ヌエバ・エスパーニャの統治に関する全権が与えられていた。しかし王室は、一五二八年にはアウディエンシア（第2章参照）をメキシコ市に設置し、七年後の一五三五年には副王を送り込んでコルテスから統治権を奪った。アステカ王国の征服に関してスペイン王室は何らの出資もしていなかったが、早々に植民地統治機構を整備して、植民地の富を独占したのである。コロンブスとは異なり、コルテスは「オアハカ渓谷侯爵」の称号を与えられ、ヌエバ・エスパーニャに莫大な富を築きあげたが、コルテスと王権との争いは彼が死ぬ一五四七年まで続いた。

インディオは人間か

ヨーロッパ人たちは新大陸で出会った未知の先住民と文化に対して、破壊と残虐の限りを尽くしただけではなかった。コロンブスは誤って新大陸の住民をインディオと呼んだが、ヨーロッパ人はインディオを奴隷か家畜のように扱った。インディオたちは、疲労し衰弱して倒れるまで酷使された。インディオが死ぬと、つぎつぎと新たなインディオが補給された。もちろん過労と虐待だけが原因ではないが、征服後半世紀も経たないうちに先住民の人口は激減していった。しかしながら、すべてのヨーロッパ人がインディオを奴隷か動物のように扱ったわけではなかった。彼らの中には、インディオをどう扱うべきなのか、はじめは戸惑い、インディオに人間性を認め、単に必要な労働力として収奪の対象としかみない同胞たちと激しく闘ったものもいたのである。

カリブ海時代に破壊的な影響を先住民に与えたエンコミエンダ制が、いち早く征服者たちの間に定着したことはすでに述べた。この時期に、征服者とほとんど同時に到来したキリスト教の布教を目指す伝道師たちの中から、先住民をこの破壊的な状況から救済しようとする運動がはじめられた。その中の一人が、ラス＝カサスである。彼はやがてメキシコに渡り、インディオ救済のために行動し、さらにスペインに戻って国王に直訴し、植民地政策立案者たちと激しい論争を展開して争った。

ラス＝カサスは一五〇二年にイスパニョーラ島に伝道師として渡ってきた。彼は従軍司祭として征服に参加し、その功績で他の多くの征服者たちと同様にエンコミエンダを受領した。しかしスペイン人たちによるインディオの扱いに不正と残虐性をみたラス＝カサスは、自分のエンコミエンダのインディオを解放するとともに、すでにインディオに対する征服者たちの行動を批判していたドミニコ会士のグループに接近し、やがてイスパニョーラ島のドミニコ会修道院に入ってドミニコ会修道士となった。グアテマラでインディオの改宗に従事するなど新大陸で布教活動を実践したあとの一五四〇年に、ラス＝カサスはスペインに戻ると、征服の不当性とその即時停止および征服者たちの残虐で非道な行為を厳しく糾弾した報告書を国王に提出した。これがのちに出版された『インディアスの破壊についての簡潔な報告』(邦訳あり)の原型である。

ラス＝カサスのインディオ救済の努力は一五四二年に公布された「インディアス新法」として実り、インディオの奴隷化と強制労働が法律上禁止されることになった。またインディオ虐待の根源となったエンコミエンダ制も、段階的に廃止されることが明記された。「インディアス新法」はまた、インディオを国王の臣民と位置づけて、その身分と取り扱いとを細かく規定した。しかしその実効性はほとんどなかった。まずアメリカ両大陸の各地に拡散していたスペイン人たちに、ただちに「インディアス新法」が正しく伝達されるはずがなかった。また伝達されたとしても、実行を監視する方法が現実になかったからである。

しかしエンコミエンダ制は一七世紀はじめ頃までに衰退していった。それは「インディアス新法」が厳しく守られたからではない。新大陸の先住民の人口が各地で一六世紀を通じて激減していったため、エンコミエンダ制自体が機能しなくなったからである。しかし他方で、エンコミエンダが当時すでに与えられていた世代限りとされ、新たなエンコミエンダは認められないことになったにもかかわらず、実際には地域によっては植民地時代を通じて存続していた。またインディオは国王の臣民として王権に直接保護され、法的身分もスペイン人に次ぐ地位が与えられたが、実際には売買されるアフリカ黒人奴隷以下の扱いを受け続けたのである。

ラス＝カサス

キリスト教の布教による魂の征服と抵抗

スペインとポルトガルの新大陸征服は、武力による征服にとどまらず魂の征服でもあり、キリスト教の布教を伴う壮大な事業でもあった。一四九四年のトルデシーリャス条約によってスペイン国王とポルトガル国王は新世界を分割し、その領有権を獲得したが、同時にそこに住む先住民をキリスト教に改宗させる義務をローマ教皇に負うことになった。

しかしキリスト教の布教は、単に国王たちが負った義務として実行されたのではない。スペインのイサベル女王とフェルナンド国王が「カトリック両王」と呼ばれるように、国王たちは篤いキリスト教徒であった。また征服者たちも、篤い信仰心に支えられていた。新大陸の征服にスペイン人を駆り立てたものは黄金へのあくなき欲望だったが、同時にキリスト教を伝道するという信仰と情熱があったことも確かである。とくに伝道師たちは過酷な未知の世界を踏破して奥地へと進み、先住民の言語を学びながら教会を建設し、布教活動に命を捧げた。遠征する探検隊には「従軍司祭」とも呼ぶべき伝道師たちが参加しているのが普通であった。こうして新大陸の征服は、武力による征服でもあったが、同時に「魂の征服」でもあったのである。

先住民の魂の征服を目指して、伝道師が早くから征服者たちに同行していた。コロンブスの第二回目の航海には四人の伝道師たちが同行している。ドミニコ会はカリブ海時代に早くも組織的な活動をはじめており、同時に征服者たちによって酷使されるインディオの救済をはじめていた。メキシコを征服したコルテス遠征隊には数名の従軍司祭が参加していたが、アステカ王国が武力で征服されたあとは、つぎつぎと修道会がメキシコに伝道師を派遣した。一五二三年にフランシスコ会がヌエバ・エスパーニャで最初の組織的な布教を開始した。一六世紀半ばまでにヌエバ・エスパーニャには一六〇の修道院が建設され、約八〇〇人の伝道師が布教活動をしていたという。彼らの多くは先住民の言語を学び、先住民に親しく接し、彼らを理解しようと努めた。複雑なキリスト教の教義を教えるためにさまざまな工夫が凝らされ、また先住民の若者の中から伝道師を育成しようと学校を設立した。スペイン人たちは「キリスト教こそが野蛮から文明へと人間を進歩させる」と確信していたのである。

また伝道師たちは、キリスト教の布教と並んで、先住民の経済的地位の向上を図るための事業も試みた。その結果は、いくつかのユートピア建設に現われている。メキシコでは、バスコ・デ・キロガがユートピアの建設を試みたことで知られている。彼はメキシコのアウディエンシアの聴訴官を経てミチョアカンの司祭になったが、トマス＝モアの著述やルネッサンスの社会思想に影響を受け、神の定めに従った秩序ある世界を創造しようとした。共同農場・病院や養護施設・共同の倉庫や食糧貯蔵庫・労働と休息の時間を定めた作業日程・小規模の家内工業などが整った理想郷を建設した。ここではヨーロッパの果実や野菜が栽培され、羊毛・麻・綿・絹の織物が生産され、生活必需品がつくられた。バスコ・デ・キロガの実験は、一七世紀に入ると南アメリカ大陸のパラナ川のほとりにイエズス会士たちが創設した理想郷に再現されている。

一六世紀の教会や修道院は、困難に満ちた布教活動を推進するための精神的な戦場であった。そこでは先住民のさまざまな言語が習得され、地域社会が必要とする物資が生産され、ときには敵となったインディオの武力攻撃を防ぐこともあった。初期に建設された教会堂の多くは、城壁を備えた砦のように建てられた。伝道師たちは征服の時代が終っても、つぎつぎとフロンティアへ進出し続けた。金・銀を産出せず植民地時代を通じて辺境の地に留まった地域へ最初に進出し、レドゥクシオンと呼ばれた教化集落をつくったのも伝道師たちであった。

しかし、このような伝道師たちの努力がすべて報われたわけではなかった。改宗への抵抗やキリスト教への反抗はさまざまな地方で起こった。メキシコ北西部では「ミシュトン戦争」と呼ばれるチチメカ族による反撃が一五四一年から一五五二年にかけて起こり、教会が焼かれ、伝道師が襲われた。自分たちの神を信じスペイン人追放を目指したこのチチメカ族の大反乱は、副王自らが出陣して陣頭指揮をとったスペイン軍によって鎮圧された。ユカタン半島ではマヤ族の神官がキリスト教徒抹殺を叫んで一五四六年に武装蜂起し、スペイン人を殺害しただけでなく、ヨーロッパから渡ってきた犬・猫・鶏などをも徹底的に殺すという反乱を数ヵ月にわたって続けた。またマヤ族の中には奥地に逃避して、一七世紀末までキリスト教化されなかった集団もいた。

一方、先住民をキリスト教徒に改宗させることに成功した地域においても、問題は残った。多くの地域でそうであったが、とくにアンデス地域では伝道師の数が非常に少なかったために、改宗が徹底せず、先住民は伝統信仰を根強く維持し続けた。表面的にはキリスト教への改宗が成功したかにみえても、蔭で土着信仰が守られ、キリスト教の祭礼の中に土着の宗教が混入して生き残った。一神教であるキリスト教は他の宗教に対して不寛容であることを特徴としているが、メソアメリカ地域でもアンデス地域においても土着の宗教は比較的寛容であったため、キリスト教の教えは土着の信仰の中にしばしば吸収され混交した。しかし土着宗教の再生運動は、その後も各地で繰り返し発生した。

第2章

イベリア国家による植民地統治と開発

新世界に君臨した要塞化したカトリック教会

1　植民地統治機構の確立

スペインの植民地統治機構

すでに述べたように、勇敢な征服者に遅れて新大陸の支配にのり出したスペイン王室は、コロンブスがアメリカ大陸に到着してから半世紀ほどの間に、植民地統治のための組織をつくりあげた。それは、国王が全権を握る絶対王政による植民地経営のための統治機構の設置である。まずスペイン本国に設けられた二つの重要な機関である、インディアス枢機会議と通商院からみていこう。

インディアス枢機会議は、インディアスと呼ばれた新大陸のスペイン植民地とフィリピンに関するすべてについて、国王を補佐した官僚組織である。新大陸が「発見」された直後のカリブ海時代に新大陸関係のさまざまな事柄を担当したのは、カスティーリャ枢機会議の中に設けられたインディアス会議であった。しかしコルテスによるアステカ王国の征服が刺激となって征服活動がより活発となった一五二四年に、国王に直属する独立の機関となった。その機能と権限は、インディアスに関する立法・司法・行政・財政・軍事・教会・貿易などほとんどあらゆる分野におよび、法令の起草と施行にあたった。第4章でとりあげる一八世紀の「ブルボン改革」によって権限が縮小され、のち一時廃止され、また復活して一八三四年に完全に廃止されるまで、スペインの植民地経営に関する最高機関として機能し続けた。

通商院は、新大陸に渡る探検者たち（のち移住者）と物資の出入を管理する機関として、一五〇三年に設置された。通商院は当初セビーリャに置かれ、のちカディスに移され、植民地時代を通じて航海と貿易に関する法令の運用と監視を行なった。実際には植民地に関わる交易、税務、訴訟などほとんどすべての事柄を担当し、国王の諮問

図8　16世紀末スペイン植民地
副王領とアウディエンシア所在都市

図9　スペイン植民地の行政区分

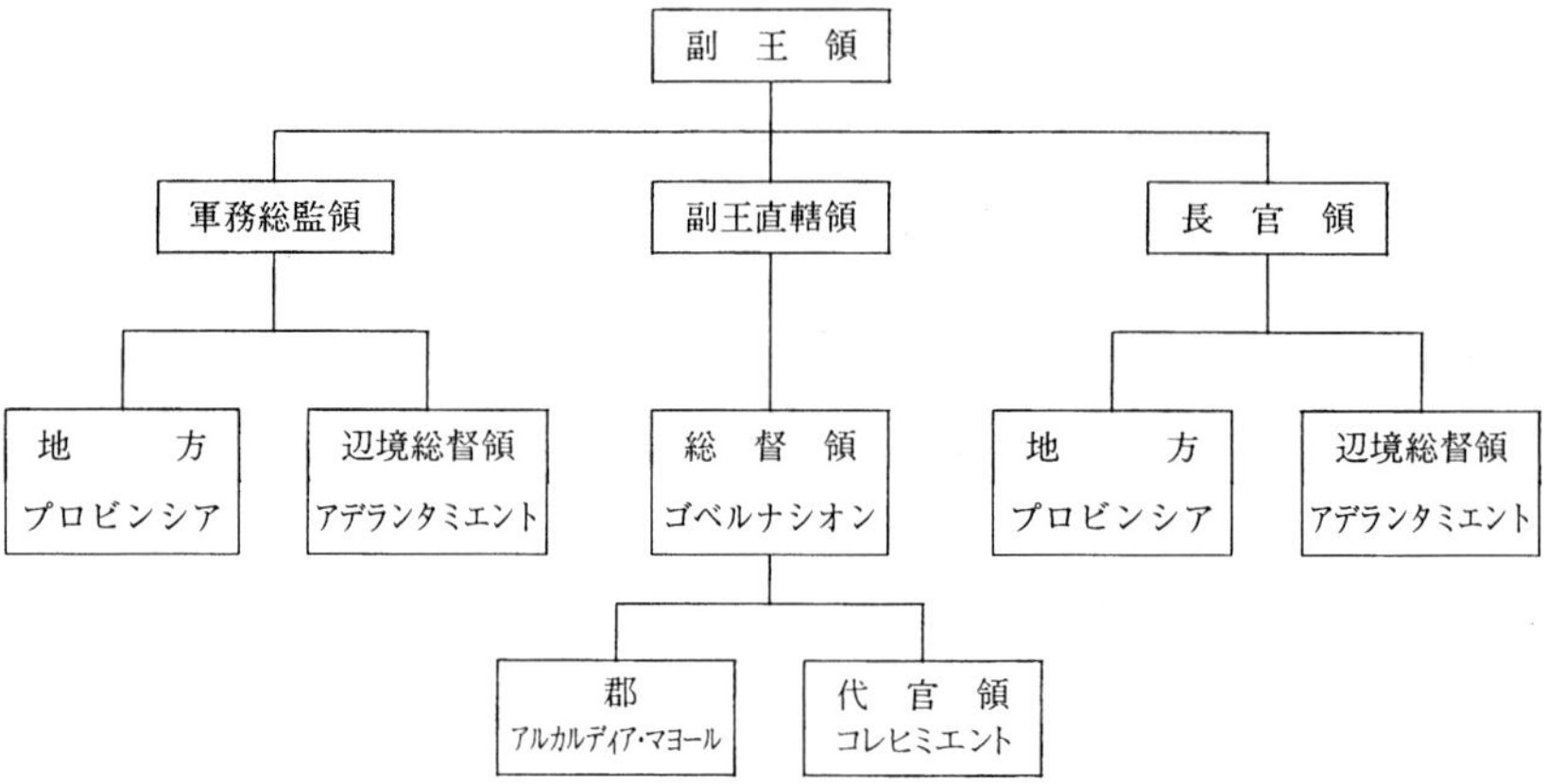

機関として重要な役割を担っていた。のちに述べる「ブルボン改革」における貿易の自由化によって一七九〇年に廃止されるまで、通商院は植民地から流入する富を管理し、絶大な権限を握っていた。

新大陸に置かれた最初の統治機関は、一五一一年にイスパニョーラ島のサントドミンゴに設置されたアウディエンシアである。その後アウディエンシアは、図8でみるように各地に置かれ、植民地における最高の権力である副王庁をしばしば牽制する重要な役割を果たした。アウディエンシアは、もともとカスティーリャ王国にあった司法に関する最高機関である王立大審問院で、新大陸における最高の司法機関として設立された。しかしアウディエンシアは、植民者による先住民虐待の調査、王室に納める諸税の徴収、教会を監督し管理するための広範にわたる司法権と行政権をもっていた。法的には本国のインディアス枢機会議にだけ従属し、副王の諮問機関として副王を補佐する立場にあった。しかし同時に管轄領域内に通用する暫定的な立法権も有し、ときには副王と対立した。

スペイン国王の分身として植民地に君臨したのは、副王である。最初の副王庁は一五三五年にメキシコ市に設置され、次いで一五四二年にリマ市に設置されて、スペイン植民地は一八世紀初期までヌエバ・エスパーニャ副王領とペルー（ヌエバ・カスティーリャ）副王領に二分されて統治された。その後、南アメリカ大陸における周辺地域の発展に伴って一七一七年にヌエバ・グラナダ副王領がペルー副王領から分離した（一時廃止され一七三九年に再設置）。さらに一七七六年に、ラプラタ副王領が同じくペルー副王領から分離している（九三頁、図13参照）。

スペイン国王の代理人である副王は、植民地における最高の責任者として、行政・司法・軍事・財政・教会を監督する五つの大権を委任されていた。副王は、副王庁所在地のアウディエンシアの長官を兼任した。副王の最も重要な職務は本国のインディアス枢機会議が発令した勅令を実施することであったが、実際には現地の状況に応じてかなり現実に即して統治したことが知られている。本国と植民地との間にある地理的距離を考えると当然のことであったが、それだけに副王の権限は時代を経るにつれて増大した。

副王領の中でも首都から遠く離れた辺境の地方には、軍務総監領と長官領が行政単位として設けられた。とくにサントドミンゴ、グアテマラ、ヌエバ・グラナダ、チリに設置された軍務総監領を支配する軍務総監は、図9で示されているように形式的には副王に従属していたが、実質的には副王と並んで国王に直属した官職であった。軍務総監の職種はもともと軍事的機関であり、植民地時代初期には有力な征服者たちに委託されていた。

一八世紀後半に実施されるブルボン改革まで、副王領内に置かれた行政区画は副王直轄領、軍務総監領および長官領に分かれており、後者二つはそれぞれ軍務総監と長官によって統治された。次の下位行政区は総督領（ゴベルナシオン）、辺境総督領（アデランタミエント）と地方（プロビンシア）に分かれていた。総督領はさらに代官領（コレヒミエント）と郡（アルカルディア・マヨール）とに分かれていた。一般の住民が接触したのは代官（コレヒドール）と呼ばれる役人たちである。代官は、副王またはアウディエンシアから任命された、植民地行政機関の末端の官僚機関である。

植民者たちが各地で設置した自治組織は、カビルドまたはアユンタミエントと呼ばれた。しかし王権による植民地経営が進むにつれて住民の自治は機能しなくなり、ほとんど有名無実となった。多くの地域でカビルドの自治機能が戻るのは、一九世紀初期の独立運動の過程であった。

スペインがアメリカ大陸に設置した植民地統治組織の特徴は、権限と機能が複雑で不明確なことである。それぞれの権限は実際には分立しておらず、相互にかなり重複しており、それが相互監視の役割を果たしていた。また当時の交通機関の水準からすれば途方もなく遠隔の地であったアメリカ大陸をスペインから統治することは事実上無理であったから、スペインの厳しい植民地支配も実際には現地における植民地官僚の采配しだいで大きく変化した。国王やインディアス枢機会議から勅令や法令がつぎつぎと送られてきたが、それらの多くは一方的な声明文に近いもので、ほとんど実行されなかった。より正確にいうと実行されなかったというよりも、むしろ現地で発生し報告された事態への対応として勅令や法律が制定されたともいえる。このような植民地行政のあり方を揶揄して「服すれど守らず」という有名な文言があるが、膨大な量の文書が本国と植民地の官僚機構の間を行き来し、それらの多くは守られなかったのである。

植民地が本国のために果たす最も重要な機能は税として富を国庫へ送り出すことであったから、租税はあらゆるところから徴収された。教会に払う十分の一税（ディエシモ）、採掘された鉱山物資にかかる五分の一税（キント）、一部の基本的な食糧などを除いたあらゆる物品に課された販売税（アルカバーラ）、輸出入商品にかかった従価税（アルモハリファスゴ）、特定商品にかけられた専売税（弾薬・塩・印紙・水銀・トランプ・タバコ・アルコール飲料など）が住民の払う租税であった。このほかにインディオは、成人男子に人頭税がかけられていた。

ポルトガルの植民地統治機構

ポルトガルはブラジルを領有したものの、ブラジルでは香料も金・銀の鉱脈も発見されず、また当時はヴァスコ

＝ダ＝ガマによる「アジア航路」が発見されたばかりでポルトガル中の関心がアジアに集中していたため、ポルトガル王室もポルトガル人一般も、アメリカ大陸にはほとんど関心を示さなかった。わずかにブラジルボク（パウ・ブラジル、日本名蘇芳）と呼ばれた赤い染料の原料となる原木が、伐採されてヨーロッパに送られた。しかしスペイン人、イギリス人、オランダ人、フランス人などが頻繁にブラジル沿岸に出没したため、ジョアン三世（在位一五二一―一五六）はブラジル植民地経営と本格的に取り組むことを決意し、一五三四年に植民地統治機構としてカピタニア制を導入し、ブラジルの本格的な経営をはじめた。

カピタニア制とは、ポルトガルが一五世紀に植民地として手に入れた大西洋の島々に導入した植民地の開拓・入植・統治のための制度で、封建的な政治・経済的特権を私人（ドナタリオ＝受贈者）に付与して植民地の経営を委ねた制度である。ドナタリオには国王から立法・行政・司法権が委ねられ、さらにセズマリアと呼ばれた分譲地を開拓者に分与する権限、先住民を奴隷化して本国に輸出する権利、カピタニアの世襲権などが認められていた。しかしカピタニア制は領主制ではなく基本的には王権による植民地統治権の委嘱であったから、新大陸における封建制度そのものの成立を意味するものではなかった。

図10にみるように、ブラジルの沿岸が一五のカピタニアに分割され（奥行はトルデシーリャス条約による分割まで）、一二人のドナタリオが任命された。しかし二つのカピタニアを除くといずれも植民地経営は失敗したため、ブラジルの経営を真剣に考えはじめたジョアン三世は王権によるブラジルの直接統治にのり出し、カピタニア制を補完する目的で一五四八年に総督領制を導入した。翌一五四九年に初代総督ソウザが財務長官をはじめとする役人が、四〇〇名の兵士および六〇〇名の流刑者と数名のイエズス会士を伴ってサルヴァドルに着任し、王権による中央集権的植民地統治を開始した。

はじめブラジルは一つの総督領として経営されたが、一五七二年から一五七八年にかけてサルヴァドルとリオデ

図10　16世紀半ばのブラジルとカピタニア領

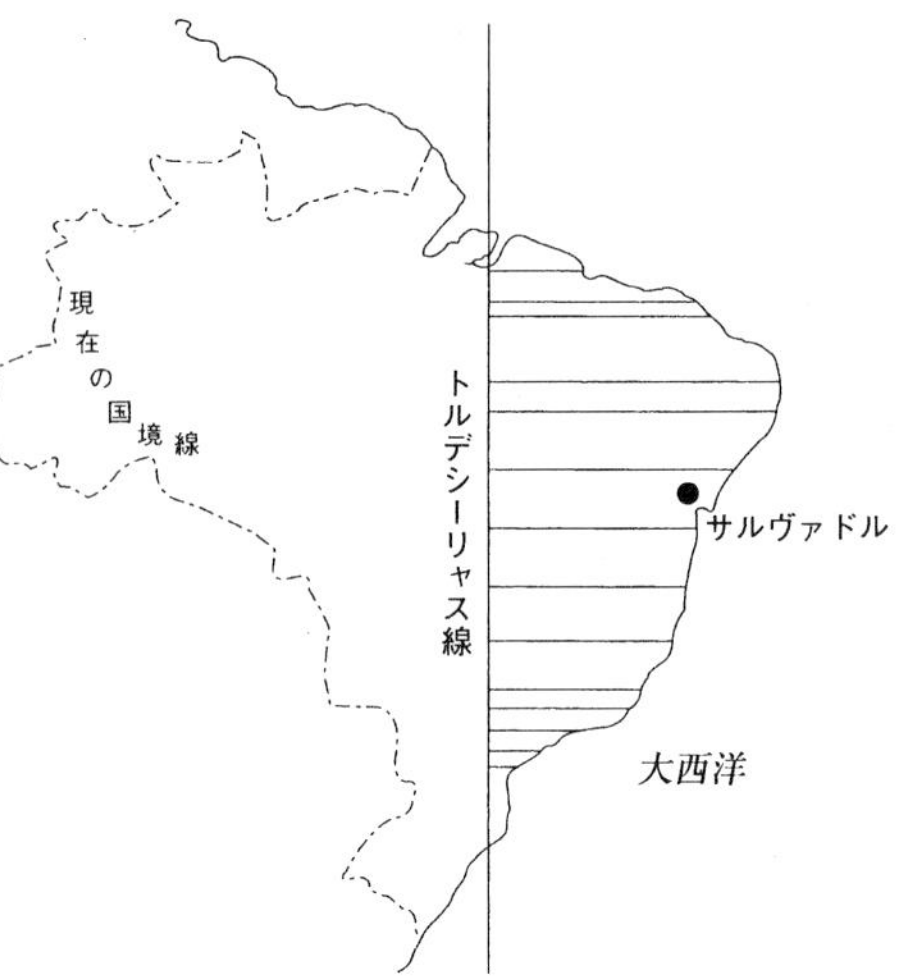

ジャネイロを首都とする二つの総督領に分割された。そして再び一つの総督領となり、のち一六二一年にマラニャン総督領が創設され、やがて一七一四年にポルトガル植民地に副王制が設けられ、ブラジルは一七六二年に国王直属の副王領に昇格した。副王領の首都は一七六三年までサルヴァドルに置かれていたが、この年にリオデジャネイロに移された。この間、南東部と南部および中西部に新たなカピタニア領が創設されたが、一七七二年にブラジル副王領に統合された。

総督領制と副王制の導入によるポルトガルのブラジル経営は、スペインの植民地経営と同様に、絶対王政による重商主義政策に基づく中央集権体制であったが、スペインのアメリカ植民地経営ほど体系的ではなかった。一五八〇年から一六四〇年まで続いたスペインによるポルトガル合併も、植民地統治の形態に大きな影響を与えなかった。スペインの植民地経営と比較してポルトガルのブラジル経営が非常に緩やかであったのは、高度な文明を有した先住民の人口集中地域が存在しなかったため厳しい統治体制を必要としなかったこと、またポルトガル人が広大な地域に分散し、大西洋に向けて流れる河川に沿って定住していったため、全地域を一律に支配することが実際にできなかったことなどからきている。

ポルトガルでもスペイン同様に植民地官僚制度が発達し、本国から派遣されたポルトガル人によって植民地経営の主な役職は独占された。貿易も植民地時代初期と末期には諸外国に開放されていたが、その他の時期には特許会社が植民地貿易を独占していた。しかし海岸地帯は頻繁にヨーロッパ諸国の海賊に襲撃され、密貿易が横行した。

一方、宗教に関しては、スペインが植民地統治機構の一部として教会を活用したのに対して、ポルトガルの植民地政策において教会はそれほどの役割を与えられていなかった。その結果、ブラジルではカトリック教会による支配はスペイン植民地におけるほど厳しくなかった。

統治機構としてのカトリック教会

前章でとりあげたように、カトリック教会の伝道師たちは征服者たちとほぼ同時に新大陸に渡って布教活動を開始した。領土的征服と宗教的征服とが表裏一体となって、イベリア国家の新大陸支配は進められた。聖職者たちは、魂の救済を目指す伝道師であると同時に、植民地統治機構の重要な一翼を担っていたのである。

ローマ教皇から与えられた宗教保護権によって、スペインとポルトガル国王の新大陸領有は正当化されていたが、同時に国王は新大陸住民のキリスト教化の義務を負っていた。しかし宗教保護権には植民地に派遣される聖職者を国王が任命し、教会の権力と収益を国王が監督し、また教皇大勅書を拒否できる権限が含まれていたため、事実上、新大陸における教会の活動はすべて王権に従属することになった。こうしてカトリック教会は、秘蹟を施し教区の仕事を遂行する特権と義務を、ローマ教皇から国王を通じて与えられていたといえる。

新大陸におけるカトリック教会の活動は、征服の時代における初期活動と植民地統治機構が整った一六世紀半ば以降の活動とでは、かなり異なっていた。征服の時代に新大陸に渡来した聖職者たちは、主としてさまざまな修道会（フランシスコ会・ドミニコ会・アウグスティヌス会・イエズス会など）に属する伝道師たちであった。ヨーロッパの宗教改革以前にスペインで起こった改革の思想を受容しており、中世教会の堕落、精神的荒廃と腐敗を浄化する使命感をもち、原始キリスト教にたちもどることを新大陸で実現すべく派遣されてきたものたちであった。優れた人材が選ばれ、派遣された。新大陸で、彼らは膨大な数の先住民インディオの改宗にまずとりかかった。

彼らは出会った先住民インディオたちが人間として優れた資質を十分に備えていることをいち早く認め、キリスト教こそが彼らを文明化する最も効果的な手段であると信じた。前章でとりあげたラス＝カサスのインディオ保護もその証の一つであった。しかし他方で、これらの伝導師たちも植民地拡張の代行者にほかならなかった。彼らは未知の奥地に入り、異教徒にキリストの教えを説き、改宗させてその地区一帯を伝道区とした。伝道区は、やがて入植者たちが到着して村や都市へと再編成されていった。一方、新たに建設されたヨーロッパ人たちの町を支配した宗教権力は、教区付き司祭たちであった。修道士が会則に従って生活したのに対して、教区司祭たちは誓願や規則に縛られず俗世社会で生活した。しかし伝道師たちもまた、しばしば教区司祭となった。

先住民が拡散した地域では教化集落がつくられ、そこにインディオたちを集めた独自の地域社会が形成された。辺境地域の教化集落はしばしば数十年にわたって伝道師たちの支配下に置かれた。パラグアイ地方にイエズス会が築いたグアラニー族の教化集落は、まさにこの種の自立した伝道村であった。ボリビアのチキート地方では、狩猟採集の生活をしていた先住民が同じくイエズス会士の指導下で農耕生活に入った。アマゾン地区でも、伝道師たちは小さな教化集落をつくり布教活動をした。ブラジルでは北東部の海岸地帯で砂糖産業が勃発すると、労働力として必要なインディオを対象とした奴隷狩りが活発となったため、修道士たちは先住民を教化しながら、奴隷狩りに来るヨーロッパ人から彼らを守ってしばしば戦わねばならなかった。チリ南部や現在のアメリカ南西部で前線基地を築き、辺境防衛にあたる軍隊とともにフロンティア開発の最前線に立ったのも、伝道師たちである。

カトリック教会による住民粛正と支配の強化に大きな影響を与えたのが、ヨーロッパにおけるトリエント公会議（一五四五―六三）である。この会議によって教会内部の刷新が進み、異端や邪教を根絶するための方針が明確に示された。新大陸のスペイン領では一五七〇年にリマに、また翌一五七一年にはメキシコ市に異端審問所（宗教裁判所）が設置され、さらに一六一〇年にカルタヘナにも設置された。そこでは宗教的統一という使命の下、隠れユダヤ人（フダイサンテ）の摘発と魔女狩りおよびその公開処刑などが行なわれた。住民の不当な行為の監視、知的活動の正当性の判断、検閲によるヨーロッパからの新たな思想の侵入阻止などにも、異端審問所は絶大な力を発揮した。一般市民の間では密告が流行り、商売敵を陥れるために異端審問所が利用されることも少なくなかった。はじめインディオも異端審問所の対象とされたが、一六七五年以降は異端審問所の管轄外に置かれた。しかし実際には、さまざまな理由で異端審問にかけられたことが知られている。

一方、ポルトガル植民地においては、スペイン領におけるほど厳しく異端は取り締まられなかった。実際に、ブラジルには植民地時代を通じて異端審問所が設置されず、リスボンから異端諮問官が派遣されて取り調べが行なわれた。それも一六世紀末から一七世紀はじめにかけて数回異端審問官の派遣があっただけで、その後は一七六〇年代まで派遣されたことはなかった。

2　植民地社会の形成

イベリア世界の移植

黄金と富を求めて新大陸にやってきたスペイン人たちは、驚くほどの早さでアメリカ大陸にスペイン人の世界を形成していった。植民地統治の拠点となる主要都市が建設されただけでなく、一六世紀半ばまでにペルー副王領のポトシやメキシコのサカテカスおよびグアナフアトのような豊かな銀山がつぎつぎと発見されたため、交通の困難な内陸部にも金・銀の鉱山開発を支えるスペイン人社会が拡大していった。一方、ポルトガル領ではスペイン領ほど急テンポではなかったが、一五三〇年代に入ると北東部の海岸線に沿ってポルトガル人たちが開発を進めていった。

この間に起こった最も著しい変化は、すでに述べたような先住民の急激な人口減である。カリブ海域のように先住民社会の政治的統合が進んでいなかった地域では、とくに人口の減少が著しかった。ヌエバ・エスパーニャでも、カリブ海域ほどではなかったが先住民人口は激減した。現在、当時の人口規模に関する研究が一番進んでいるメキシコの場合、スペイン人が到来する直前のメキシコ中央部の人口は約二五〇〇万と推定されているが、一六世紀半ばにはその四分の一にまで激減し、さらに一七世紀はじめにはわずか一〇〇万にまで減少したと推計されている。アンデス地域でも先住民の人口は激減したが、カリブ海域やメキシコ中央部ほど極端ではなかったと考えられている。アメリカ大陸全体でみると、一〇〇年間に人口規模はほぼ一〇分の一にまで減少したであろうと推定されている。

このように先住民の人口が激減したことによって、新たな環境が出現した。一六世紀後半から一七世紀に発達するブラジル北東部やカリブ海域の砂糖生産地帯では、アフリカから連れてこられた黒人奴隷が人口の大多数を占めるようになり、人口構成に劇的な変化が起こった。一方、内陸部の各地で先住民人口の激減のため農業労働者が不足し、人手のかからない牧畜が一六世紀後半には急速に発達した。こうして先住民の多くが姿を消した広大な地域に、新しい世界が形成されていったのである。それは、植民者たちが移植したイベリア半島の世界とアフリカ大陸から連れてこられた黒人奴隷がもたらしたアフリカ世界とが新大陸の土壌の上で成育した、今日ラテンアメリカと呼ばれる世界である。

スペイン人は広大なアメリカ大陸に植民地経営の拠点都市を建設したが、それらの都市は非常に類型的なイベリア世界を出現させたことで知られている。現在のラテンアメリカ諸国で主要な都市となっているものの多くが一六世紀に建設されたが、鉱山町や海岸の要塞都市など地形的に制約のある地点に建設された都市を除くと、これらの植民都市では街の中心部にカテドラル（大聖堂）と政庁などの公共建造物に囲まれた中央広場が配置され、そこから街路が囲碁目状に規則正しく延びている。このような画一的な都市が出現したのは、新大陸ではスペイン王権の勅令に基づいた都市計画に従って都市が建設されたからである。一方、ポルトガル領で建設された都市は、スペイン領の植民都市ほど画一的な規則性をもっていない。

都市はスペイン人の世界であった。王権が定めた規則により、スペイン人はみな都市に住まねばならなかった。中央広場を中心にして日常生活が営まれた。大都市ではいくつもの教会や修道院が建てられ、教会の鐘の音に合わせて生活が営まれた。スペイン王室はスペイン人と先住民の接触をできるだけ制限する政策をとっていたので、広大なアメリカ大陸の要所に点在するスペイン風の都市はまさにスペイン人の社会となり、都市をとりまく新大陸の環境とは全く異質の世界を形成していった。しかし都市生活が営まれるうえで必要なさまざまな仕事を実際に引き受けたのはインディオや、スペイン人とインディオの混血であるメスティソたちであったから、都市生活でみられる景観の多くは、実際にはイベリア世界とは異質の新しい光景でもあったはずである。

一方、農村は都市とは対照的な存在であった。農村では大農園であるアシエンダや大牧場エスタンシアが先住民の村落と共存していた。砂糖プランテーションが発達した熱帯地域では独自の世界が出現した。製糖工場などの施設がつくられ、大規模な灌漑設備が発達し、また労働力としてアフリカ黒人奴隷が導入されたため、全く新しい地域社会が形成されたからである。

スペイン植民地における人種別身分制社会の出現

一六世紀は「征服の世紀」とも呼ばれ、スペイン人による先住民の征服と彼らの伝統を破壊する活動が精力的に行なわれた時代であった。しかしこの時代は、新大陸に渡ったスペイン人たちが個人のエネルギーを存分に出し切って自由に活動しえた時代でもある。野心を抱く多くのスペイン人が富を求めて、驚くほど危険な冒険の旅に出た。

図11　人種別身分制社会における法と現実

	法律	現実
人種別階層	白人	イベリア半島人
		クリオーリョ
	インディオ	メスティソ
	メスティソ	黒人
	黒人	奴隷
	奴隷	インディオ

しかし莫大な富を手に入れることができたのはほんの一握りの人々にすぎない。やがて個人が野心と征服欲に基づいて自由に活動しうる時代は終り、スペイン国王を頂点とする人種別身分制社会が出現した。

　人種別身分制社会は、「血統の純性」が強調される人種差別の社会であった。図11に示したものは、法律上規定された人種別身分と実際上の人種別身分を対照したものである。この図からもわかるように、社会の最上層にあった白人も、現実的にはスペイン本国人と植民地生まれの白人クリオーリョとに区別されていた。上級役人と上位の聖職者はスペイン本国人が占めた。軍人の地位も一八世紀後半にクリオーリョの登用がはじまるまで、彼らには門戸が開かれていなかった。法律の上で白人の次に位置したのは先住民インディオである。インディオは国王の臣民であり、直接その保護を受ける身分であった。しかし実際には混血メスティソが白人の次に置かれ、次いで黒人や奴隷がおり、インディオは植民地社会の最下層に置かれていた。奴隷の方が現実にインディオより優遇されていた理由は、奴隷が高い代価を払って買われた存在であったからである。熱帯地方のプランテーション労働を除くと、スペイン植民地では黒人奴隷は主として家事労働に従事していた。アフリカ黒人は下僕や女中として働く場合が多く、厳しい鉱山活動には耐えられなかった。

　このようにスペイン植民地社会は「スペイン人社会」と「インディオ社会」に二分され、対照的な二つの異なる生活圏が出現した。都市ではスペイン風に建設された中央広場を中心とした地区に白人が住み、インディオは周辺部の指定された居住区で生活した。一方、農村ではインディオ集落へのスペイン人の立ち入りが厳しく制限され、行商人の場合には一週間を限度として集落内で宿泊することが許されるなどの規定があった。インディオは馬に乗ることや武器を所有することが禁止されていたほか、ぶどう酒を飲むこと、スペイン人の衣装を身につけることなども禁止されていた。教会の礼拝堂も、白人とインディオでは別になっていた。

このように白人とインディオの二つの世界に分離された植民地社会におけるメスティソの立場は、一般的に微妙であった。普通メスティソは、「スペイン人社会」にもまた「インディオ社会」にも属しえない不安定な身分に置かれ、彼らの多くはアシエンダの管理人や牧童などの比較的自由な職業に就いた。なぜならメスティソは職人組合にも商人組合にも入れなかったからである。時代を経るにつれてその数を増大していったこのメスティソ集団は社会不安の原因となったが、メスティソははじめから不遇の身分に置かれていたのではなかった。征服の時代に新大陸に渡ったスペイン人の大多数は男たちであったから、征服の過程で、またエンコミエンダを基礎にして定着する過程で、インディオ女性との間に混血児が誕生した。征服の時代には、先住民社会を支配する目的からも、首長の娘たちと結婚することがむしろ王室の方針として奨励されていた。したがってそこで生まれた混血児たちは何ら差別されることなく、スペイン人である父の後継者になることができた時代もあったのである。しかし人種別身分制社会では、結婚・相続・職業などに関して厳しい規定が設けられており、メスティソとクリオーリョは区別された。

奴隷制の導入

アフリカ黒人奴隷は、スペイン人の新大陸征服の初期からアメリカ大陸に連れてこられていた。一五世紀にアフリカへの航路を開拓したポルトガル人によって、アフリカの黒人奴隷は新大陸「発見」以前にヨーロッパに導入されていたからである。スペインはポルトガルが運んでくる黒人奴隷の最大の顧客であった。そのため新大陸の征服と植民地経営には、初期から黒人奴隷がスペイン人とともに参加していた。とくに前章でみたように、先住民は征服者たちから虐待されその人口を激減させていただけでなく、のちにスペイン王権の臣民としての法的地位を与えられ保護されたので、インディオの労働力に代わるものとして黒人奴隷の導入は植民地開発に必須のものとなっていた。さらにブラジル北東部とカリブ海域では砂糖プランテーションの発達によって黒人奴隷への需要が増し、植民地時代を通じて膨大な数のアフリカ黒人奴隷が導入された。

アメリカ大陸に渡った最初の黒人奴隷はコロンブスの航海に参加していた。アフリカから直接黒人奴隷を導入する試みについては、一五〇一年にイスパニョーラ島の総督オバンドが黒人奴隷の導入許可を得たことが知られている。こうしてスペインは新大陸に黒人奴隷制を最初に導入したヨーロッパの国となり、約三五〇年後に新大陸の奴隷制を廃止した最後の国の一つとなった。しかし実際に奴隷をアフリカからアメリカ大陸に移送する奴隷貿易を支配したのは、スペインではなかった。最初はポルトガルが、次いでオランダ、フランスそしてイギリスが、スペイン国王の認可するアメリカ植民地奴隷貿易の特許権アシエントをめぐって暗躍した。アシエントは奴隷貿易そのものが生み出す利益だけでなく、奴隷貿易とともに行なわれた密貿易が莫大な利益を生んだ。奴隷も相当数が密移送された。

ポルトガル植民地のブラジルにおいても、黒人奴隷は植民活動が活発となる一六世紀半ば以降、重要な存在となった。一六世紀前半にはポルトガル人征服者たちは、先住民を労働力として使用した。しかし北東部の砂糖プランテーションの開発が進展した一六世紀後半から大量の奴隷を輸入しはじめた。砂糖産業の全盛期であった一七世紀半ば頃まで、黒人奴隷のほとんどは砂糖プランテーションが集中するブラジル北東部の海岸地帯に導入され、エンジェーニョと呼ばれた砂糖プランテーションを中心に黒人奴隷制を基軸とするブラジル植民地社会が形成された。その後、一八世紀になって植民地経済が南東部の金とダイヤモンドの採掘に移ると、奴隷制社会もまた北東部からブラジル南東部へと拡散していった。一八世紀半ばにブラジルの人口は約三〇〇万に達していたが、その三分の一にあたる約一〇〇万人が黒人奴隷であったと推定されている。

それではスペインとポルトガルの植民地時代を通じて、アフリカからアメリカ大陸に連れてこられた黒人奴隷の数はどれほどだったのだろうか。これまで多くの研究者たちが、アフリカからアメリカ大陸へ輸出された奴隷の数、目的地別導入数などを推計してきた。もちろん正確な数を算出することは不可能であるが、その概数はおよそ次のように推計されている。一四五一年から一八一〇年の間に奴隷としてアフリカからスペイン領とポルトガル領に輸出された人数は、それぞれ約九五万と二五〇万である。スペイン領内に入った数の約半分はキューバ島を中心としたカリブ海域に導入され、約三分の一が南アメリカ大陸のスペイン領に向かったとされている。しかも南アメリカ大陸に向かったものの大多数は、大陸の北端すなわち現在のベネズエラやコロンビアに留まった。メキシコや中央アメリカに導入された黒人奴隷の数は全体の約四分の一ほどである。

奴隷は、輸送中にその三分の一が死亡するのが普通であったほど過酷な状況の下で大西洋を輸送され、売買された。黒人奴隷は必ずしも安価ではなかったから、採算の合う地域に投入された。とくに高山地帯に位置したポトシの銀鉱山などでは、鉱山労働者として使用されることはほとんどなかった。黒人奴隷が大量に使用されたのは、ブラジル北東部とカリブ海域の島々およびカリブ海をとりまく大陸部の低地の熱帯プランテーション地帯である。カリブ海域ではすでに述べたように先住民がほとんど絶滅してしまったために、またブラジルでは全体的に先住民の人口が少なく拡散していたため、労働力として奴隷を必要とした。ブラジルにおける奴隷の扱いは、イギリスやオランダの植民地における扱いと比較すると、より寛大であったとされている。しかし奴隷制が非人道的であることには変わりなかった。

過酷な労働と奴隷所有者の残忍な扱いなどから逃亡を企てて失敗すると、奴隷は厳しく処罰された。それでも多くの奴隷が逃亡して、追手の及ばない奥地へ逃れた。ブラジルだけでなくスペイン領においても、奴隷は逃亡した。

しかし奴隷の身分から解放される方法は、どの地域にもあった。温情厚い主人に出会って解放されたもの、主人の子供を産んで解放された女奴隷、結婚して家庭をもったものもいた。また植民地時代末期の一七八五年にスペインは、陰謀を密告したり、白人の命を救助したり、あるいは三〇年間忠実に奴隷として仕えた場合を条件として、自由を認める勅令を公布した。植民地時代を通じて多様な地域社会を形成した広大なラテンアメリカでは、奴隷制のあり方も地域によってさまざまであった。

3　スペイン植民地経済の発展

農牧業の発展と大土地私有制アシエンダの成立

一六世紀はアメリカ大陸における農業革命の世紀であった。ヨーロッパの動植物が移植され、先住民人口が激減して残された広大な地域で牧畜がはじまり、風景が変化した。征服の時代に小麦・コメ・サトウキビ・ぶどうなどの栽培と馬・牛・羊・山羊・豚・ロバなどの飼育がはじまっていたが、スペイン人の人口が増え都市社会が拡大するにしたがって、新大陸では旧来の作物の栽培に加えてスペイン人の食糧となる穀物の栽培と家畜の飼育が重要な経済活動となった。スペイン人は開拓移住者として新大陸に渡ってきたわけではなかったが、彼らの多くが農業分野に進出した。都市が建設され、鉱山が開発され、スペイン人の集住地点が各地に増えるにつれて、農業と牧畜は多くの移住者にとって豊かな富の源泉となったからである。とくに先住民の労働力を利用できた地域では、農業は大きな利潤につながった。

先住民の労働力を利用する制度として導入されたエンコミエンダ制については、前章でとりあげたように、新大陸に渡ってきた少数のスペイン人にとって非常に魅力的な措置であった。しかし先住民の人口が激減すると、エンコミエンダ制に利用価値がなくなって一般的には自然に消滅していった。ただし地域によっては一八世紀まで残存したところもある。そしてエンコミエンダ制の衰退とほぼ並行して形成されたのが、大土地所有制としてのアシエンダであった。しかしアシエンダの形成は征服の直接の結果でもなければ、エンコミエンダ制から発展的に形成されたものでもない。

スペイン人征服者たちは開拓を目指した移住者でなかったため、最初はインディオを支配することによって労働力を確保し、スペイン人社会を維持できた間は土地の私有にそれほど強い関心を抱かなかった。また王権も大土地所有を認めることによって新世界に新たな貴族社会が出現することを警戒したため、個人への土地の譲渡を積極的に行なわなかった。征服の時代に王権は、ペオニーアとかカバレリーアとか呼ばれた一定規模の土地を下賜したにすぎなかった。しかし一六世紀末になると、王権が土地を私人に売却して財政収入を確保するコンポシシオンと呼ばれた制度がはじまった。同時にスペイン人社会の拡大で食糧の需要が高まり、一方で先住民の人口が激減して土地が容易に取得できる状況が各地で出現していたため、アシエンダの形成は急速に進展した。一七世紀に入るとスペイン人たちがあらゆる手段を行使してもインディオから土地を奪い取ろうとするほど、土地は富を意味するようになっていた。こうしてスペイン人の住む都市への食糧供給基地として、また鉱山都市への食糧基地として大アシエンダが出現した。

アシエンダは、さまざまな手段で形成された。王権からの下賜、自己資金による購入、強奪、婚姻による合併などを通じて拡大され、大アシエンダが形成された。土地は担保となり、投資の対象となったので、アシエンダはしばしば所有者を替えている。また植民地時代の実質的な金融機関でもあったカトリック教会には寄進としてだけでなく担保の土地が集中したため、植民地時代を通じて教会は莫大な土地を集積していった。

こうして出現したアシエンダは、単なる大農園であったのではない。各アシエンダは農村部の完結した小世界でもあった。アシエンダは数千ヘクタールからときには数万ヘクタールにも及ぶ広大な土地を占め、自給自足の生活の場となった。アシエンダはアセンダードと呼ばれた所有者が家父長的に支配する地域社会であり、そこで働く労働者たちとアセンダードは主従関係にあった。アシエンダで働く者たちには、分益小作、賃料小作、労働者および管理人に分けられるが、それぞれの呼び方は地域により異なっていた。労働者はペオン、コロノ、インキリーノ、ワシプンゴなどと呼ばれ、分益小作はヤナコーナ、アパルセーロ、メディエーロなどと呼ばれた。労働者はしばしば前借り制によって子供や孫の代まで借金で拘束されていた。このようなアシエンダ制は独立後も残り、ラテンアメリカ諸国の近代化の障害となった。

アシエンダは、その位置する条件によりトウモロコシや小麦を栽培する農園となったほかに、牛・馬・羊などを飼育する牧畜を中心とする場合にはエスタンシアとも呼ばれた。牧畜を中心とするアシエンダでは、牛肉・皮革・獣脂などが生産されたが、ラプラタ地域のように一七世紀には早くもスペイン本国に皮革を輸出する地域も出現した。サトウキビなどの商品作物を生産する場合、アシエンダはしばしば商業的経営型の大農園となった。とくにサトウキビは重要な商品作物として早くから栽培がはじまり、カリブ海域と大陸部の熱帯低地で発達し、増大するヨーロッパの需要に応えて急成長した新大陸の新商品となり、自給自足型のアシエンダとは異なる商業的農園であるプランテーションで生産された。

鉱山開発と銀ブーム

黄金を求めて内陸部を探検したスペイン人たちは、新大陸でさまざまな鉱山資源を発見し、開発したことで知られている。金・銀鉱脈のほかに、一六世紀には銅がチリとベネズエラで、硝石が南アメリカ大陸太平洋岸のアタカマ砂漠で発見され、それらの開発がはじまっている。しかし新大陸が生み出した富の中心は金と銀であった。はじめは金の産出が銀を上回ったが、一六世紀半ばにつぎつぎと有力な銀鉱脈が発見され、のち約一世紀にわたる銀ブームが出現した。この時期のブームは第一次鉱山ブームで、その後いったんブームが衰退したのち一八世紀に再び鉱山開発が隆盛を極めたが、これを第二次鉱山ブームと呼んでいる。

一六世紀の銀ブームは、一五四五年にペルー副王領のアンデス山岳地帯に位置するポトシで発見された銀鉱脈の開発ではじまった。ヌエバ・エスパーニャ副王領では、サカテカス（一五四六）、グアナファト（一五五〇）、サンルイスポトシ（一五五五）、パチュカ（一五五五）で豊かな鉱脈が発見された。その結果、鉱山開発は植民地経済の最も重要な部門として、経済活動のみならず植民地社会の形成にも大きな影響を与えた。

ポトシの市街地から眺めた銀山セロ・リコ

植民地時代には、鉱産物は王権の所有物であった。貴金属の鉱脈が発見されると、その採掘権が国王より発見者に与えられ、その代償として鉱山経営者は生産額の二〇%をキントと呼ばれた五分の一税として王室に納めた。鉱脈は一般的に内陸部の奥地で発見されたので、労働力を遠隔地から導入しなければならなかった。労働力は、主としてレパルティミエントと呼ばれた、強制労働徴用制度によって村々から調達された。アンデス地域ではインカ時代に存在していたミタと呼ばれる労働力の徴用制度がそのまま活用された。黒人奴隷も鉱山に投入されたが、一般に黒人は鉱山労働者としては肉体的に不向きであり、インディオが鉱山労働者の中心となった。しかし労働力不足から鉱山における賃金は比較的高かったため、自由労働者の流入がかなり早くからみられた。

鉱山開発に伴って、労働力や食糧を供給するために新たな地域社会が鉱山を中心にして形成された。鉱山の周辺に食糧供給のためのアシエンダが拓かれ、銀を輸送するための道路がつくられ、交通の要所に宿場町ができた。鉱山町は活況を呈した。新大陸で最大の銀鉱の町となったポトシは、その最盛期の一七世紀はじめには、人口が一六万を数える新大陸最大の都市となっていた。当時の副王庁所在地のメキシコ市やリマが数万人の都市であったことを考えると、標高三九〇〇メートルの高地に出現したポトシがどれほど銀ブームに沸く鉱山都市であったかが想像できよう。

ポトシの銀鉱脈はセロ・リコと名づけられた標高四〇〇〇メートルを越える山に集中していたが、坑道を山腹に水平や斜めに掘り進むことができたため、浸水の問題が比較的少ない、採掘条件に恵まれた鉱山であった。一五七一年に完成された銀を鉱石から分離する水銀アマルガム精錬法は、銀ブームに拍車をかけた。はじめ水銀はヨーロッパから輸入されたが、ポトシから約一二〇〇キロ離れたアンデス山中のワンカベリカで水銀が発見され、ポトシの鉱山開発はいっそう進展した。一五七〇年から一六二〇年にかけてポトシが産出した銀は、世界全体の銀生産量の約半分に達した。

新大陸の銀の一部は域内の通貨として新大陸に残ったが、残りのほとんどは銀塊にされてスペイン本国に移送された。その莫大な量はスペインの物価を急上昇させただけでなく、ヨーロッパ全域に価格革命をもたらしたほどであった。新大陸からスペインに送られた銀の大半はスペイン本国の輸入の支払いや借金返済などのために国外に流出した。その量は莫大な額に達し、ヨーロッパでは一七世紀はじめまでに物価が二倍から五倍にも上昇した。

貿易制度

スペインは、本国と植民地との間の交流を厳しく管理しながら、重商主義政策をとった。重商主義政策とは国内の産業を保護・育成しながら国際貿易によって国富を形成する商業主義政策のことであるが、スペインの場合には植民地における生産活動が本国の産業と競合しないよう特定の産業を禁止し、貿易を独占することによって植民地から富を収奪する制度であった。もっともスペインの工業生産力は、当時、非常に弱かったので、新大陸に輸出された工業製品のほとんどはヨーロッパの他の地域から輸入したものの再輸出であった。

新大陸との貿易は、フロタ制と呼ばれる護衛艦隊つきの船団を組んだ商船隊によって行なわれた。フロタ制はスペインが行なってきた北ヨーロッパとの羊毛貿易の先例に習ったもので、外国の攻撃から貿易船の航行を防衛するために軍隊が商船隊を護衛した。新大陸貿易の場合、セビーリャ（のちカディス）港から植民地の港へ向けて大船団が年に二回、春と夏に出発し、復路にはしばしば合流して一大船団となってスペインに戻った。

四月から五月にかけてセビーリャ（のちカディス）を出港しメキシコに向かう船団はフロタと呼ばれた。八月に出港し大陸部のカリブ海沿岸に向かった船団はガレオンと呼ばれ、カリブ海のサントドミンゴに寄ったのちパナマ地峡のポルトベーリョを目指した。スペインを出発し大西洋を横断した大船団は、それぞれ数十隻から成り、図12でみるような航路を通って目的地に向かった。帰路はフロタもガレオンもハバナに寄港した。カディスに戻るのはフロタが翌年の一月に、またガレオンは二月に予定されていたが、フロタとガレオンがハバナで合流して、大船団を組んで戻る場合もあった。このようにして新大陸と本国の交易は、本国ではセビーリャ（のちカディス）に、アメリカ大陸ではベラクルスとポルトベーリョおよびカルタヘナに貿易港が限定されていた。

ベラクルスに陸揚げされた物品は、陸路でメキシコ市を経由して内陸部および中央アメリカの各地へ送られた。一方、カルタヘナに陸揚げされた物品は、陸路でサンタフェ・デ・ボゴタやカラカスへ運ばれた。ポルトベーリョに降ろされた物資は陸路でパナマまで運ばれ、そこから再び海路リマへ輸送され、さらにリマから陸路でアンデス山岳地帯へ、また海路でチリ総監領へ、そしてさらに陸路で内陸部の各地に送られた。したがってメキシコ市とリ

図12　スペインとポルトガルの新大陸貿易ルート

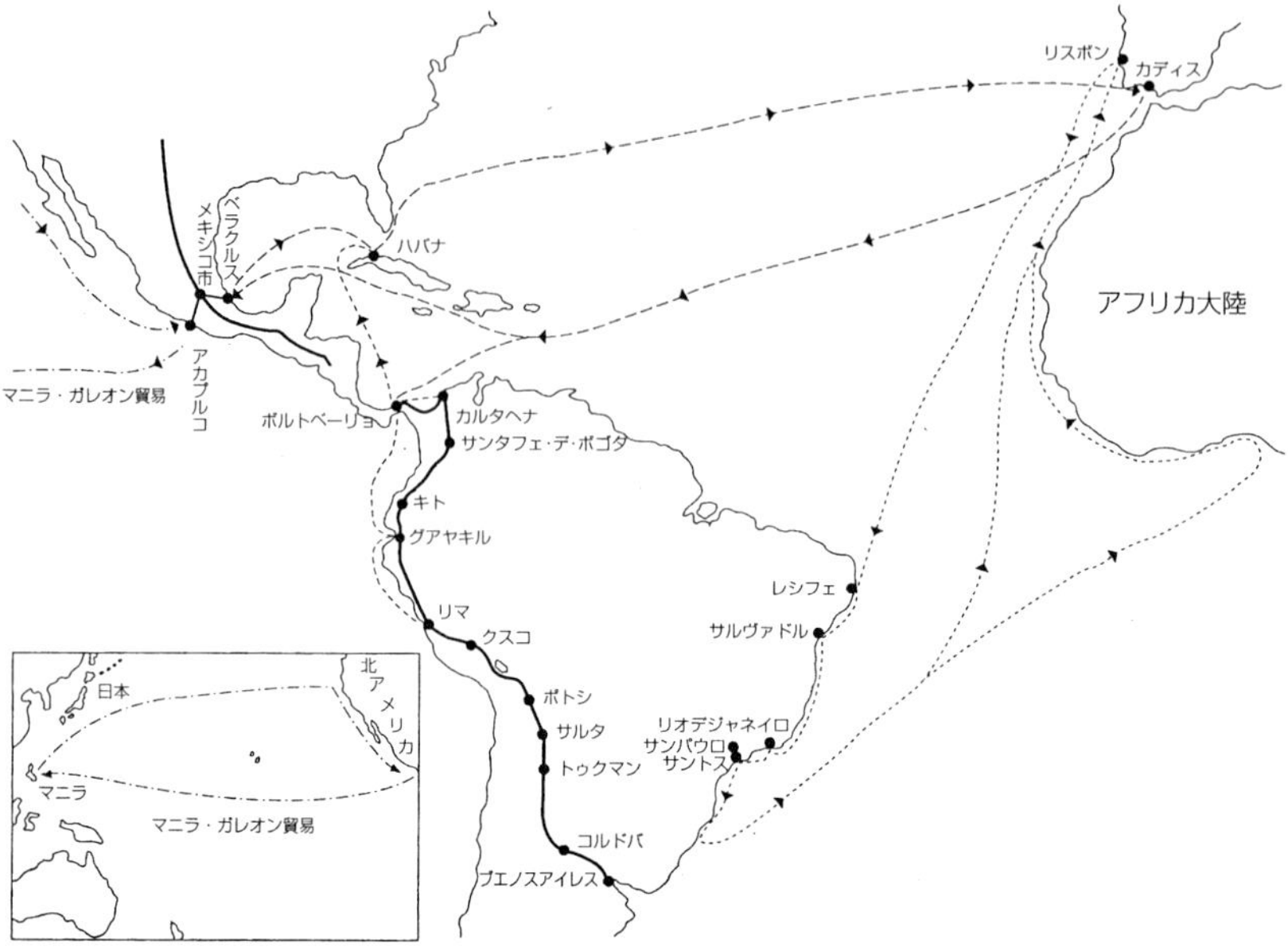

マから遠隔の地にある辺境の地では、ヨーロッパからの輸入品を手に入れることは難しく、また高価であった。

太平洋のスペイン領フィリピンとアメリカ大陸間の貿易は、同じくマニラとアカプルコ間に限定されて行なわれた。年に一度、時代により異なったが、だいたい二隻以上のガレオン船が船団を組んで太平洋を横断した。マニラ・ガレオン貿易はフィリピンを中継基地とする中継貿易で、マニラに運び込まれた中国の絹や陶器など貴重な東洋の物産が大量のメキシコ銀と引き換えにアカプルコを経由してアメリカ大陸の各地にもち込まれた。

独占貿易は、本国でも植民地においても、コンスラードと呼ばれた商人組合によって牛耳られた。本国ではセビーリャの特権商人だけが参加を許されており、スペイン国内の他の都市の商人はもとより外国人商人の参加も認められていなかった。コンスラードの商人は広範囲な特権を与えられ、排他的なアメリカ貿易から巨額な富を得ていた。植民地ではメキシコ市とリマにコンスラードが置かれ、特権商人たちが豊かな富を蓄積した。

新大陸に輸入された商品は高価な貴重品が多かったが、日用品の多くも植民地で製造が禁止されていたために輸入された。それらは非常に割高であった。セビーリャから輸出される時点で輸出税がかけられ、植民地に着くと輸入税がかけられた。さらに商品が商人の手を渡るごとにアルカバーラと呼ばれる販売税がかけられたので、最後の消費者に手に入った時には途方もない値段にまで高騰していた。

しかしスペインの独占貿易は、植民地時代を通じて厳しく守られたわけではなかった。一六世紀末からすでにイギリス、オランダ、フランスなどの海賊がカリブ海域から大陸沿岸部を荒らし、スペインの商船隊を襲っていた。イギリス人のドレークは、一六世紀の後半に最も活躍したイギリス王室公認の海賊で、スペインに多大な損害を与えたことで知られている。図12でみるように、リマから最も遠隔地にあたるラプラタ地域では、大西洋から直接もち込まれる密貿易が早くから行なわれていた。

第3章

ラテンアメリカ世界の形成と発展

バロック芸術を代表するメキシコ・タスコの教会

1　ラテンアメリカ世界の出現

人種の融合と混血人種の出現

前章で述べたように、スペイン王権は新大陸の植民地社会を、人種別身分制社会の枠組で厳しく管理しようとした。しかしその目的は必ずしも達成されなかった。たしかに人種を差別する階層社会が植民地に形成されたが、一方では非常に早くから混血が進み、植民地時代を通じて多様な組み合わせから成る新しい混血人種が誕生したからである。混血は、白人とインディオとの混血児メスティソおよび白人と黒人との混血児ムラートからはじまった。やがてメスティソとムラートの間の混血を含めてつぎつぎと複雑で多様な組み合わせによる混血の過程をたどり、現在のラテンアメリカ人が出現した。

新大陸における混血は、スペイン人やポルトガル人の到来とほぼ同時にはじまっている。カリブ海域を舞台にした征服の時代においても、新世界に渡ったスペイン人女性の数は全渡航者数の五〜一七％いたと推定されており、同胞の女性が全く存在していなかったわけではなかった。しかし男たちは一獲千金を追い求めて放浪し、自然にその土地の女性と混交していった。新大陸に渡ってきたスペイン人男性もポルトガル人男性も、ほとんど違和感をもたずに先住民の女性と交わり、やがて家庭をもったことが知られている。その最大の理由は白人女性が絶対的に不足していたことであったが、またイベリア半島が数百年にわたってアラブ人に支配された歴史的経験や一五世紀にアフリカの黒人奴隷を受け入れていたことも、スペイン人とポルトガル人が異人種に対してあまり違和感をもたなかった理由に挙げられる。アステカ王国を征服したコルテスは、メキシコ湾岸のタバスコ地方でインディオ軍を敗った時に敵の首長より贈られた女奴隷の中からマヤ語とナワトル語（アステカ族の言語）を理解する一人の女性を身近に置き、通訳として使った。そしてコルテスは、マリンチェと呼ばれたこの女性との間に長男マルティンをもうけている。

個々の征服者たちに遅れて新大陸制覇にのり出したスペインの王権は、はじめは混血を積極的に奨めた。植民地建設の初期に新大陸に渡ったスペイン人たちを統括するためには、彼らによって定住社会がつくられることが必要だったからである。征服者たちや初期の移住者たちの多くは、スペインで生活に困窮していた下層の民衆であった。新大陸に到着すると、彼らは富を求めてつぎつぎと旅立ち、一ヵ所に定住せず、奔放で自由な生活を送った。植民地に安定した社会をつくるために、国王は繰り返し「スペイン人は放浪すべからず」という内容の勅令を出し、またスペイン人男性がとくに先住民の貴族階級の女性と結婚することを奨励した。したがってこの時期には、スペイン人男性を父として生まれた混血児は何ら差別されることはなかった。彼らは教育を受けることができ、また父親の財産を継ぐことができた。先に挙げたマルティン・コルテスのみならず、例えばスペイン人を父としインカ貴族の娘を母とするガルシラソ＝デ＝ラ＝ベーカのようなメスティソのエリートが誕生さえしたのである。

しかし植民地統治体制ができあがった一六世紀後半になると、スペイン人女性の移住者の数も増加し、スペイン人を頂点に置いた厳しい人種別身分制社会が形成されていった。王室もスペイン人の間で結婚することを奨励する政策へと転向し、また同じ階層の間で結婚することが重視されるようになった。富裕階層の男たちは白人女性を妻に選んだが、それは家系安泰のためであった。白人男性たちは、愛人として何人ものカスタと総称された非白人の女性をもつのが普通であった。一方、正式の結婚に多額の費用がかかったため、貧しい男たちの多くは結納金のいらないインディオの女性と世帯をもった。こうして植民地で生まれたメスティソの数は、時代を経るにしたがい幾何級数的に増加していった。やがてメスティソは白人とインディオの混血という人種的区別でなくなり、文化的区別へと変わっていった。白人の父に引き取られたり、スペイン人社会に留まり、スペイン人の生活様式を身につけた場合には、メスティソは白人扱いを受けるようになったからである。

メスティソは一般に、白人至上主義の植民地社会の中では信用できないものとみなされた。特定の地位や職業に就けないなどの差別が生まれ、社会の中枢に入り込めなかった。同業者組合が支配した商業や職人の世界では、親方になることもできなかった。多くのメスティソがムラートと同様に都市社会の下層民衆となり、農村では大農園の管理人の地位にとどまった。しかし彼らの多くはスペイン語を話し、また一方で土着社会を知っていたので、植民地社会にたくましく根を張っていった。やがて混血は着実に進展し、植民地時代末期には大きな勢力となっていた。例えば、一七九二年のリマの人口は約五万三〇〇〇を数えたが、そのうち白人一万七〇〇〇人に対してメスティソ人口は二万人に達していたと推計されている。一八世紀末の混血人口は、ヌエバ・エスパーニャで人口の約三分の一、ペルーでは約四分の一にもなっていた。

このように白人人口を凌ぐほどの数となった混血たちは、植民地時代末期には経済的成功によって差別から抜け出す手段を得ることになった。それは一七九五年に出された「格上げ恩赦令」と呼ばれるものである。この勅令によって、混血であってもある程度の教養があり、行動面で非難されるところがなければ、白人の資格をお金で買うことができるようになった。こうして白人絶対主義の「血統の純正」の原則も、植民地時代末期になると実際には限られた支配層にだけ残っていたといえる。

ポルトガル領ブラジルの場合も、混血は容易にまた急速に進展していった。先住民は広大な領域に分散して部族ごとに生活していたが、ポルトガル人男性もまた先住民の女性と混交して、マメルコと呼ばれる混血児が出現した。他方、ブラジル北東部では砂糖産業の発達とともに労働力としてアフリカの黒人奴隷が大量に導入され、農園主と女奴隷との間に多くの混血児ムラートが誕生した。白人の農園主は数多くの黒人奴隷の女性と性的関係をもつのが普通で、ハーレムのような生活をしていた。植民地時代三〇〇年間を通じて数多くの黒人奴隷を受け入れたブラジルでは、一八〇〇年の人口の人種別比率は白人二〇%、混血三〇%、黒人五〇%であったと推定されている。

カリブ海世界の形成

カリブ海域は、コロンブスの到来によって大きく変化した新大陸の中でも、最初に劇的な変化をした地域である。スペイン人たちの征服と探検の最初の舞台となったこの地域では、はじめの一世紀の間に先住民の人口が絶滅に近い状態にまで激減し、やがてアフリカから輸入された黒人奴隷が住民の圧倒的多数を占めるようになった。一七世紀から一八世紀にかけて黒人奴隷制砂糖プランテーションを基軸とするモノカルチャー輸出経済が確立し、砂糖は今日でもこの地域の経済の中心となっている。また砂糖生産地帯へと発展する過程で展開されたイギリス、フランス、オランダなどのヨーロッパ諸国によるスペインの既得権に対する挑戦の跡は、今日この地域に存在する英語、フランス語、オランダ語を公用語とする国々に刻み込まれている。

スペイン人の「カリブ海時代」は、すでに述べたように一五二〇年代で終った。つづいてイギリス、フランス、オランダ、デンマーク、スウェーデンなどのヨーロッパ諸国の海賊がカリブ海域に出没し、スペインの商船や植民都市を襲って略奪のかぎりを尽くした。まず一五三〇年頃からフランスの海賊がカリブ海を荒らしはじめた。一五六〇年頃からイギリスもこれに加わり、ホーキンズやドレークのような名を馳せた海賊が暗躍した。一七世紀に入るとオランダの海賊が加わり、さらにデンマーク人やスウェーデン人もカリブ海域に利権を求めて出没した。これらの海賊はスペイン人の支配が及ばない小アンティリャス地域の島々を占拠し、そこに略奪のための基地を設け、やがて植民地を建設していった。

イギリスはバルバドスをはじめとする島々を、フランスはマルティニークやグアドループ島を、オランダはベネズエラ沖のキュラソー諸島を、デンマークはセント・マーティンやヴァージン諸島などを占拠した。さらに一六五五年にはイギリスがジャマイカ島を占領し、フランスもまた無人となっていたイスパニョーラ島の西部を占拠した。オランダは一六二四年にブラジルの北東部海岸地帯を占拠し、砂糖プランテーションを拡大した。しかし一六五〇年代になってポルトガル軍に追放されると、オランダ人はギアナ地方に移ってそこを占拠した。イギリスは一六六〇年代に、中央アメリカのカリブ海に面した一部（英領ホンジュラスとなり、のちに独立してベリーズとなる）を占拠した。スペインは一六九七年のライスワイク条約でフランスのイスパニョーラ島西部の領有権を認め、この地はサンドマング（今日のハイチ）と呼ばれることになった。またスペインは一七五〇年にマドリード条約でイギリスにジャマイカ島を正式に割譲した。

イギリスとフランスの領有地となったこれらの島々では、初期の入植活動を経たのちに黒人奴隷を導入した大規模な砂糖プランテーション経営がはじめられた。砂糖プランテーションは、はじめブラジルからバルバドス島にも ち込まれた。カリブ海の砂糖生産はヨーロッパの市場拡大に伴って成長し、バルバドスからカリブ海を北に向かって移動し、一八世紀にはジャマイカおよびフランス領サンドマングへと移り、さらに一九世紀にはキューバ島へと広まっていく。

砂糖プランテーションは西アフリカから輸入した黒人奴隷の労働力に依存したが、一六世紀から奴隷貿易が禁止される一九世紀半ばにかけてカリブ海域に輸入された黒人奴隷の数は、約四二〇万人と推計されている。これは同じ時期にアフリカからアメリカ大陸に輸入された奴隷総数の約四二%にあたった。その結果、すでに一六世紀前半のスペイン人が活動したカリブ海時代に絶滅近くにまで人口を激減させた先住民に代わって、この地域の人口の圧倒的多数をアフリカから輸入された黒人奴隷とその子孫が占めることになった。彼らは、一七世紀後半から一八世紀にかけてカリブ海域に形成された砂糖プランテーション・モノカルチャー経済を主軸とする植民地社会の中で、少数のヨーロッパ系白人の支配下に置かれた。しかし時代を経るにつれて、ムラートと呼ばれた白人と黒人の混血や自由な黒人人口が増加した。

奴隷たちは、頻繁に反乱を起こしては弾圧されるという過酷な体験を繰り返した。プランテーションを脱走し、うまく逃亡した奴隷たちは、追手の届かない山岳地帯に潜入し、自立した独自の共同体をつくって生き延びた場合もあった。彼らはマロンと呼ばれた。一方、一七三三年にデンマーク領のセントジョーンズで起こった反乱のように、島の白人を皆殺しにするという奴隷の蜂起もあった。

カトリック世界の完成

スペインおよびポルトガル王権の保護と支配の下で、新大陸におけるキリスト教の布教活動を展開したカトリック教会は、比較的短い期間で広大なアメリカ大陸にカトリック世界を築きあげた。一六世紀に新大陸に渡った司祭や伝道師たちの多くは、未知の世界における布教に命をかけた。フランシスコ会、ドミニコ会、アウグスティヌス会が一六世紀前半から伝道師を各地に派遣した。これらの修道会に遅れて新世界に到来したイエズス会は、一五四九年にブラジルにおける活動を開始したのち、一六世紀後半にスペイン領へ進出していった。熱心な伝道師の中には先住民の言語を学び、未開の先住民集落に入ってキリスト教の布教に努めたものも少なくなかった。とくに初期の布教活動の中心は、先住民の青年層の教育に置かれていた。なぜなら、教育を受けたインディオ青年たちによるキリスト教の布教が目指されていたからである。こうして各地に学校が建設された。

スペイン領においてもブラジルにおいても、伝道師たちはフロンティアに進出し、領土拡大に大きく貢献した。しかし一七世紀に入り、躍動するような自由な征服の世紀が終って植民地社会が確立すると、カトリック教会の活動の主流は修道会による先住民への布教からスペイン人やポルトガル人社会への君臨に移っていき、伝道師に代わって司祭をはじめとする教区付き聖職者たちがより大きな影響力をもつようになった。インディオたちとともに生

グアダルーペの聖母像の伝説絵図

活する修道士たちの数は減り、その多くはメキシコ市とリマの副王都市や地方の中心的な行政都市の豊かな修道院で生活するようになった。とくにスペイン植民地ではスペイン人社会における異端が厳しく排斥されるようになり、すでに述べたように異端審問所が絶大な力を発揮した。異端審問所は、ユダヤ教徒や新教徒（プロテスタント）などスペイン人社会の邪教や異端の根絶を目指したが、先住民はその対象外とされた。

　植民地の白人社会が確立するにつれて、教会の先住民社会に対する姿勢も大きく変化した。異端審問所が先住民を対象としなくなったことからもわかるように、カトリック教会は、先住民のキリスト教受容が表面的にとどまり土着宗教を根強く保持したことに対しても、比較的寛容となった。こうして先住民たちは強制的にキリスト教徒に改宗させられたとはいえ、土着の信仰を保持しながらカトリック教徒として受け入れられた。土着の信仰とキリスト教が融合した典型的な例の一つは、メキシコにおけるグアダルーペの聖母信仰である。褐色の肌の聖母グアダルーペは、伝説によるとアステカの豊饒の女神トナンツィンを祀っていたテペヤックの丘でインディオのファン・ディエゴの目の前に聖母マリアが三度その姿を現わした奇跡で知られ、その地に現在のグアダルーペ寺院が建てられた。こうしてグアダルーペの聖母信仰は、一八世紀には民族意識とも呼ぶべきメキシコ人のアイデンティティにまで発展しており、やがて一九世紀初期に勃発する独立運動ではメキシコ独立のシンボルとなった。

　教会は、時代を経るにつれて富を集中させ、十分の一税、初穂料、信者から寄進される動産と不動産、修道士や修道女が修道会に入る時に持参する財産、教会が所持する不動産の運用、さらには植民地社会における実質的な金融機関として、莫大な資産を所有するようになった。その富がどれほどの額に達したかについては推定の域を出ないが、メキシコの場合、植民地時代三〇〇年間でカトリック教会は領土の約半分を所有するにいたったという指摘がある。巨大な経済力を築きあげた教会は、壮大な礼拝堂や修道院を各地に建設した。それらの建物はしばしば周囲の町並みとは不釣合いなほど壮大で豪華でもあった。巨額な富を所有する教会を中心にして、植民地文化は早くも一七世紀に開花した。極度に装飾的なバロック芸術が礼拝堂や修道院を飾った。きらびやかな彫刻と金箔で覆われた祭壇や過度なまでに彫刻がほどこされた礼拝堂の正面など、華麗なバロック芸術がカトリック教会の経済力によってラテンアメリカ世界に出現したのである。

王権の保護の下で植民地社会に君臨したカトリック教会は、地域社会の権威となり、植民地社会の秩序形成とその維持に絶大な影響力をもつようになった。家父長制の下での家族機能の維持とカトリック教義に基づく価値観の定着は、広大な新大陸に非常に均質的なカトリック世界を出現させた。人は生まれてから死ぬまで、教会の管理と支配下に置かれた。人が死ぬまでに通過する人生のさまざまな通過儀式は、教会の関与する儀式であり、その度に人々は負担の大きい代価を教会に払わなければならなかった。正式な結婚をせずに家庭を営む庶民層が非常に多かったのも、結婚の手続が教会の管轄下にあり、教会に支払う費用が収入の何年分にもあたったからだと指摘されている。人々の日々の暮らしも娯楽の多くも、教会と切り離しては存在しなかった。教会の教えに背き教会から追放されたものは、村八分にあい、死後も魂の安住の地を与えられなかった。

一方、教会は植民地社会で唯一の社会福祉機関でもあった。病院・孤児院・救護院などが教会によって設置され、困窮者の救済事業が行なわれた。さらに植民地社会の教育の担い手もまた教会であった。学校を開き、庶民の子供たちに読み書きの手ほどきをした。

植民都市の建設と発展

新大陸に移住したスペイン人とポルトガル人は、ともに自ら農耕を目的として移住した人々ではなかった。一獲千金を目指してアメリカ大陸に渡ってきたこれらのヨーロッパ人たちは、征服の時代が終ると都市に定住し、やがてそこに故郷を想わせるイベリア半島の文化を移植した。街並み・住居・家具・衣服・食べ物・飲み物・習慣など、あらゆる面で移住者は故郷への執着を示した。それらは、ラテンアメリカ地域に今日みることのできるイベリア的景観や社会的慣習として残されている。

スペイン領とポルトガル領アメリカに出現した都市は共に生活と文化の中心であったが、出現した都市の姿には違いがあった。スペイン領アメリカでは植民都市が王権の命じたさまざまな規則にほぼ従って建設されたため、基本的には非常に画一的な都市景観を出現させることになった。街の中心部に中央広場が配置され、そこをとりまくようにカトリック教会堂と市庁舎が建てられた。広場に面した一角はアーケードとなり、商店が並んだ。そして広場から四方に延びる道路は直角に交差する、いわゆる格子状街路となっている。現在でもラテンアメリカ諸国の古い都市の中心部にみられるこのような景観は、植民地時代に建設されたスペイン系アメリカの都市に共通する特徴である。もちろん正確にいえば、地理的に制約の多い山間部に建設された鉱山町や海岸につくられた海港都市のように、広々とした中央広場も格子状街路も規格通りに存在しない場合が多いが、それでも街並みや数多くある広場に何らかの共通した都市景観をもっている。

スペイン系植民地に建設された初期の都市の中には、植民活動の中心が移動するにつれて消滅した町も少なくなかった。しかし現存する各地の中心都市の多くは、一六世紀に建設され、スペイン人の植民地活動の中心となった。都市はスペイン人の砦でもあったから、先住民を威圧するような立派なものを建設することが国王の命令でもあった。同時に時代を経るにつれて莫大な富を蓄積していった教会もまた、その権力と権威を誇示するために、壮大で優美な聖堂や荘厳な修道院を都市の中に数多く建てた。都市の中央広場を中心にした空間は、植民地経営のために本国から派遣された人々とクリオーリョの生活の場であり、そこではスペインを経由して輸入されたヨーロッパの物産が溢れていた。クリオーリョたちはスペイン人の生活を真似て暮らした。都市はスペイン人の世界であり、文化のある場所でもあった。

一方、ポルトガル領ブラジルの場合、スペイン領に出現した都市のように規格化された中央広場や格子状街路をもっている都市は少ない。ポルトガル植民都市ではスペイン領におけるほど都市計画は重視されなかったが、直交する大街路を中心にして都市が建設された。またスペイン系アメリカに建設された副王都市（副王庁の所在都市）であるメキシコ市、リマ、サンタフェ・デ・ボゴタおよびブエノスアイレスの場合、植民地時代を通じて政治・経済・文化などすべてを独占し続け、一九世紀初期の独立によって現在のそれぞれの国の首都となっているが、ブラジルの場合はやや異なっている。

メキシコ市の首都大聖堂と中央広場

一七六三年まで北東部のサルヴァドルが首都であり、その後は南東部のリオデジャネイロが二〇世紀半ばまで首都の座を占めた。そして一九六〇年に内陸部に建設されたブラジリアへと、ブラジルの首都は三遷した。サルヴァドルからリオデジャネイロへの遷都は植民地経済の地理的移動によるリオデジャネイロの発展によるものであったが、南部の重要性が増していたため、地理的にリオデジャネイロが北東部と南部の中間に位置していたことも、首都移転の重要な要因の一つであった。広大な国土をもつブラジルでは、国内統合の必要からも、首都を国土の中央部に移転させようとする計画が植民地時代からあった。その長年の懸案を実現したのが一九六〇年のブラジリアへの遷都である。

2 スペイン植民地と「ブルボン改革」

ブルボン王朝のスペインとヨーロッパ諸国

カルロス一世の王位継承から約二〇〇年を経た一七〇〇年にカルロス二世が亡くなると、スペインのハプスブルク家は断絶した。遺言によりフランスのブルボン王家からルイ一四世の孫フィリップが迎えられ、フェリペ五世(在位一七〇〇—四六)としてスペインに君臨することになった。このフランスとスペインの恒久的同盟とも呼べる関係が成立すると、フランス・スペイン連合王国の成立を恐れたオーストリア、イギリス、オランダは反フランス同盟を結び、フェリペ五世の即位に反対してフランスに宣戦布告した。やがてポルトガルとドイツ諸邦も反仏同盟に参加したため、スペイン王位継承戦争(一七〇一—一四)はヨーロッパをまき込んだ戦争となった。オーストリアを除く反仏同盟諸国とフランスは、一七一三年にオランダのユトレヒトで講和条約を結んで戦争を終結させた。そしてフランスに荷担したスペインはイギリスに奴隷貿易の特許権アシエントとパナマ地峡のポルトベーリョに年一度イギリスの貿易船が入港する権利を認めなければならなかった。その結果、イギリスはこれまで以上にカリブ海域に進出し、スペインの利権をいっそう侵すことになる。

このような厳しい国際環境の中で、フェリペ五世は衰退するスペインの復興を目指してハプスブルク王朝時代に設けられた諸制度の改革に取り組むことになった。フェリペ五世に続く二人の国王フェルナンド六世(在位一七四六一―五九）とカルロス三世（在位一七五九―八八）も改革の政治を継承し、ブルボン改革は長期にわたる改革となった。

このように「ブルボン改革」は、スペインのブルボン王朝の成立とともに着手された一連の長期にわたる改革の政治を指している。その主な改革は、効率のよい中央集権体制を目指した行政改革、貿易の自由化および産業の育成政策を目指した経済改革、植民地防衛を強化するための軍部の改革などから成っていた。植民地政策の改革にあたっては、まず一六世紀初期にアメリカ大陸経営の中枢機関として設置されたインディアス枢機会議の機能が一七一七年に分割され、海軍およびインディアス省が設置されて、それまで枢機会議が担当してきた仕事の多くを分担することになった。行政改革と貿易の自由化については、のちに詳しくとりあげる。

スペイン系アメリカ植民地時代の一八世紀は、一般に「ブルボンの時代」または「改革の世紀」と呼ばれている。一八世紀が「改革の世紀」と呼ばれるのは、衰退したスペイン本国の経済を建て直すために、先に挙げたようなさまざまな改革が行なわれ、植民地統治体制が大きく変化した時代だからである。ブルボン改革の諸政策によって植民地各地の経済は活性化され、植民地社会に大きな変化が起こった。新しい文化も育ちはじめた。しかし同時に、ブルボン改革がスペインの植民地統治史上「第二の征服」とも呼ばれるように、植民地政策の強化は植民地を本国にいっそう従属させることになった。この過程でアメリカ大陸の各地の住民は反乱蜂起に訴え、激しく抵抗した。こうして一八世紀は、別名「反乱の世紀」とも呼ばれるのである。

ブルボン改革は長期にわたったが、植民地における改革の政治はカルロス三世の時代に最も積極的に実施された。一七五九年にフェルナンド六世のあとを継いだカルロス三世はそれまでナポリ国王であった。彼はナポリ時代の有能な行政官を率いてマドリードに移り住み、有能な人材をつぎつぎに登用して改革の政治を強力に進めた。このカルロス三世の時代は、スペインをとりまくヨーロッパ情勢が緊迫していた。フェルナンド六世が没する直前の一七五六年に、イギリスとフランスの間で七年戦争が勃発した。スペインは中立の立場をとったが、カルロス三世が王位に就くとフランス側につき一七六一年に参戦した。翌六二年にイギリス海軍がカリブ海のハバナを占領し、スペインに大きな衝撃を与えた。フランス・スペイン連合がイギリスに敗れた結果、一七六三年に結ばれた講和条約によってスペインはフロリダとミシシッピー川以東の北アメリカのすべての領土をイギリスに割譲しなければならなかった。しかし同時にスペインは、密約でフランスからルイジアナを譲られた。その結果、イギリスに領土を割譲したとはいえ、スペインはミシシッピー川からロッキー山脈の麓にいたる広大なルイジアナを領有することになり、イギリス領北アメリカ植民地と接する長い国境を防衛しなければならなくなった。

カルロス三世がアメリカ植民地で直面したのは、北アメリカ大陸においてだけではなかった。次章でとりあげるように、一八世紀にはアメリカ植民地の各地で反乱が起こり、またラプラタ地域やカリブ海域ではポルトガル、イギリス、オランダ、フランスなどのヨーロッパ諸国の侵略に直面していたから、アメリカ大陸の植民地防衛問題は深刻な緊急課題であった。

植民地行政機構の再編成

ブルボン改革における行政改革によって、アメリカ大陸には新たに二つの副王領が設置された。それらは、現在のコロンビアの首都サンタフェ・デ・ボゴタに副王庁を置くヌエバ・グラナダ副王領と現在のアルゼンチンの首都ブエノスアイレスに副王庁を置くラプラタ副王領である。これら新たに設置された二つの副王領は、ペルー副王領の周辺部にあたる北部と南部の急激な発展に対応し、また侵入を企てる外国勢力から領土を防衛するために創設された。

ヌエバ・グラナダ副王領は一七一七年に設置されたのち、一時廃止されたが、一七三九年に再設置され、ボゴタ、パナマ、キトの三つのアウディエンシア領を統括した。南アメリカ大陸北端のカリブ海沿岸は、一八世紀に入るとカカオやコーヒーおよび金・銀の採掘によって急速に発展し、一七世紀までの貧しい辺境地から一躍スペイン植民地の最も富める地域の一つへと変貌していた。現在のベネズエラのギブスコアとカラカスの間の土地で生産される金・銀およびカカオの交易を独占的に扱うカラカス特許会社が一七二八年に設置され、目覚ましい経済発展を遂げていた。一方、大陸南部にあたるラプラタ地域は、大西洋から直接物資を輸入する貿易港としてますます重要となり、現在のアルゼンチン、ウルグアイ、パラグアイおよびボリビア南部を含む一帯がペルー副王領から分離されて一七七六年にラプラタ副王領となった。

図13　スペイン・ブルボン改革と新しい副王領

植民地における行政改革のもう一つは、徴税の強化を目指したインテンデンシア制（監察官領制）の導入による行政区分の再編成である。インテンデンシア制とは、もともとフランスの行政組織の中央集権的機構で、スペインには一七一八年に導入された。スペイン植民地では、一七六四年にキューバにはじめて設置された。次いで一七八二年にブエノスアイレスに、一七八四年にペルーに、さらに一七八六年にメキシコに導入された。インテンデンシア制の導入により、それまで長年にわたり機能してきたコレヒミエントとアルカルディア・マヨールが廃止された。本国から派遣されたインテンデンテと呼ばれた監察官は、インテンデンシア（監察官領）を統治する長官であったが、行政・財政・司法・軍事の四つの権限を有しており、また必ず

パラグアイ――イエズス会教化集落の廃墟

しも副王に従属しておらず、重要な問題については直接国王の命令を仰ぐことができるという独立性をもっていた。

インテンデンシア制の導入は、効率的な植民地経営という視点でみると成功であった。植民地経営の効率化とは、いかに役人たちの間の汚職と腐敗をなくし、税収入を増やすかであり、ブルボン改革における行政改革はのちにとりあげる貿易政策の改変とともに、スペイン王室の財政収入を増大させることが目的であった。監察官として任命されたものたちはいずれも有能で、植民地で徴税に努め、スペイン王室の財源を豊かにした。しかし他方ではその厳しい徴税施策のため、各地で住民やインディオの反乱を引き起こしたのである。

植民地の防衛問題は、先に述べたようなカリブ海域や大西洋沿岸に出没するイギリスやオランダなどのヨーロッパ諸国による侵略に対する防衛ばかりでなく、植民地内部の反乱に対する備えとしても重要な課題であった。本国から派遣されるスペイン軍隊を増員することは、財政的にも人的資源からも不可能であったから、スペインは一七七七年に植民地における民兵制を採用した。民兵制は、植民地社会の黒人とインディオを除くすべての成年男子に門戸を開いた。その結果、クリオーリョばかりでなくメスティソあるいはムラートのような混血にも、社会上昇の道が開かれることになった。一九世紀に入って独立運動が勃発した時、独立派の軍事指導者の多くはこの民兵出身であった。

植民地の統治機構の再編成に取り組んだカルロス三世は、王権の強化を目指してローマ教皇と対立し、一七六七年にスペインおよびすべての海外領土からイエズス会士を追放した。アメリカ大陸で教育と辺境地における伝道で功績のあったイエズス会を追放した影響は大きかった。一七世紀はじめにラプラタ川流域に建設された先住民教化集落はイエズス会士と先住民によるキリスト教信仰の実践と原始共産生活の融合した一種のユートピアとして知られているが、カルロス三世によるイエズス会士の追放によって崩壊した。しかも追放されたイエズス会士の多くは、新大陸で生まれ育ったクリオーリョたちであった。

通商政策の変更と貿易の自由化

ブルボン改革で実施された貿易の自由化は、それまでカディス港と植民地の特定の港との間を年に二回往復する大船団によって行なわれていた、特権商人による植民地交易の独占を変更した。第2章でとりあげたように、厳しく統制された新大陸貿易はスペインの植民地経営の基軸であった。しかしスペインの国力の衰退に並行してアメリカ大陸はヨーロッパ諸国の侵略の対象となり、とくにカリブ海域ではすでに一六世紀にイギリス、フランス、オランダなどの侵略が開始されていた。これらのヨーロッパ諸国はスペイン商船隊をしばしば襲撃し、莫大な富を略奪しただけでなく、スペインが独占していた貿易に挑戦し、密貿易によっても莫大な富を得ていた。スペインが一八世紀に実施した貿易の自由化政策は、この横行していた密貿易の現実に政策を合わせたものであったといえる。

貿易の自由化には、二つの目的があった。その一つは、すでに述べたような密貿易を通常の貿易と認めて徴税することである。もう一つの目的は、セビーリャの特権商人に独占させてきた新大陸貿易をスペインの他の地域の商人にも開放することであった。これらの二つの目的は、いずれもスペイン経済の活性化を目指していた。こうして貿易の自由化政策により、スペインと新大陸の双方でいくつかの港がスペイン人商人に限って段階的に開放されていった。さらに一七六五年には新大陸貿易がセビーリャの特権商人以外にも開かれ、スペインの九つの港がカリブ海域との貿易を許された。次いでルイジアナ、ユカタン、ヌエバ・グラナダ、ペルー、ラプラタが開放され、一七七八年にヌエバ・エスパーニャとカラカスを除いたすべての地域が開かれた。その結果、それまではパナマ地峡を経由し、さらにリマに陸揚げされたのちアンデス山脈を越えて運ばれたラプラタ地域への輸入品は、大西洋から直接ブエノスアイレスに陸揚げされることになった。

ヌエバ・エスパーニャとカラカスが最後まで開放されなかったのは、前者では一八世紀に新たな銀鉱脈がつぎつぎと発見されて、銀ブームに沸き、その富がスペイン王室にとって重要な意味をもっていたからである。後者もまた、カカオや綿など熱帯産品の重要な生産地としてスペイン植民地では最も豊かな地域の一つとなっており、スペインにとって独占すべき地域であったからである。しかし一七八九年には最後まで残った二つの地域にも貿易の自由化が適用され、アメリカ植民地全体がスペインとの貿易に開放された。この間、船舶に関する規則も緩和され、植民地各地の相互交易も許された。

貿易の自由化は、植民地各地の貿易活動を著しく活発にした。例えばメキシコの場合、一七四〇年代にベラクルス港を出た船は二二二隻であったのに対して、一七九〇年代にはほぼ一五〇〇隻となっていた。またラプラタ地域がブエノスアイレス港の開放によって急速な発展を遂げたことも有名である。一七〇〇年のブエノスアイレスの人口はわずか七五〇〇人ほどであったが、一八世紀末には人口四万を超える商業都市へと発展していた。

しかし貿易の自由化は、本国と植民地の間、あるいは植民地間相互の貿易の自由化だけに終らなかった。一七九六年にイギリスと再び戦争をしたスペインは貿易の中断に対処するため、条件付きで中立国の船がスペイン植民地との貿易に従事することを認めた。その条件は、税金を払うことと商品をスペイン商品として売却するということであった。この時点まで外国の対スペイン植民地貿易は認められていなかったから、このような条件を付すことによって植民地貿易を形式的であっても本国の独占物にしておく努力がみられた。しかしその結果は、アメリカ合衆国、フランス、デンマーク、オランダの商船のスペイン植民地への参入を招き、スペインの対植民地貿易の急激な衰退の原因となった。

3　ブラジル社会の形成と変容

植民地経済の確立

一五〇〇年にカブラルがブラジルに到達したのち、数次にわたって探検隊がポルトガルからブラジルに派遣された。しかしそこで発見された商品価値のある産物は、すでに述べたように北東部海岸の森林地帯に成育していた染料の原料となるブラジルボクのみであったため、スペイン領ほど多くの探検隊や冒険家を惹きつけなかった。

ブラジルで最初の開発の対象となったブラジルボクは、赤色の色素を含有する樹高約三〇メートルに達する大木である。太さが直径一メートル以上にもなる幹の美しい紅色の心材に色素が含まれており、その部分を刻んで煮て色素を抽出した。その抽出物質が毛織物工業に用いる赤い染料材として取引された。ブラジルボクは伐採されると、木材としてポルトガルに送られ、主としてアントワープ市場で取引されたのち、各地の繊維工場へ送られた。このような細々とした植民地経済活動は、一六世紀半ばに北東部で砂糖産業が確立するまで続いた。やがて香料を中心とするポルトガルのアジア貿易が衰退する一方でヨーロッパにおける砂糖の需要が増大すると、王室は一五四八年の総督領制導入と同時に砂糖プランテーション建設に補助金を出すなど、砂糖産業の保護育成のための政策をとりはじめた。ブラジル北東部の砂糖産業の発達には、ポルトガル人のほかにオランダ人、フランドル人、ポルトガルの改宗ユダヤ人らが資金や販路の面で大きく関わっていた。こうして砂糖は、一六世紀半ばから一七世紀を通じて約一五〇年間にわたるブラジルの基幹産業となり、ポルトガル植民地社会の基盤を形成することになった。

サトウキビがブラジルへ移植されたのは、一五二〇年代である。ポルトガルはすでに一五世紀に発見したマデイラ諸島やアゾーレス諸島で砂糖生産をはじめていた。砂糖の生産には、サトウキビを栽培し、それを製糖工場に搬入して砂糖に加工するまでの一連の工程があり、それに携わる人々の生活の場も含めて、その全体をエンジェーニョ（砂糖農園）と呼んだ。エンジェーニョはスペイン植民地のアシエンダとほぼ同様に、それ自体で完結した小世界を形成していた。所有者である農園主を絶対的な支配者とし、労働力を奴隷に依存する奴隷制社会でもあった。

労働力として先住民がはじめ使用されたが、ブラジルの先住民が主として狩猟民であったことやイエズス会の修道士たちの強い抵抗があって、労働力としての先住民を十分な数だけ確保することはできなかった。またブラジルでもスペイン植民地と同様に先住民人口は急激に減少し、とくに砂糖産業の中心地となった北東部では一六世紀半ばに先住民人口が絶滅に近い状態になっていた。もちろん先住民人口の減少傾向が広大なブラジルで一律に起こったわけではない。しかしポルトガル王室は、一五七〇年にインディオの奴隷化禁止令を出し、アフリカからの黒人奴隷の輸入を奨励した。

エンジェーニョ（砂糖農園）の光景

砂糖生産地帯は北東部の海岸に沿って広がり、一五七〇年代から一六七〇年代にいたる約一〇〇年にわたって、ブラジル北東部は世界最大の砂糖生産地域となった。この時代をブラジル史では、「砂糖の時代」と呼んでいる。しかしブラジルの砂糖産業の発達に融資や販路の面で深く関わっていたオランダ人が一六世紀末から北東部の各地をしばしば占拠して、砂糖産業に打撃を与えた。ポルトガル人入植者とオランダ人がこの北東部の砂糖生産地帯で一六二四年から一六五四年にかけて続けた激しい抗争は、「砂糖戦争」とも呼ばれている。一六五四年にポルトガル人によって追放されたオランダ人はカリブ海域の小アンティリャス諸島に移り、そこで砂糖の生産を開始した。一七世紀後半にカリブ海域の砂糖生産が増大すると、ブラジルの砂糖産業は衰退していった。

一方、一七世紀末にミナスジェライスをはじめとして各地で金とダイヤモンドが発見され、ブラジル植民地に新たなブームをもたらした。このブームは約一〇〇年続いたため、一八世紀はその前の「砂糖の時代」に対して「金の時代」と呼ばれている。一六九〇年代にミナスジェライスで金鉱脈が発見され、つづいてこの地域でいくつもの金やダイヤモンドの鉱脈が発見されると、ブラジル中部と南部の植民が急速に進んだ。ブラジル領内からばかりでなく、ポルトガルからも続々と人々が移住して町がつくられ、その人口を養うための食糧生産や商業が活発となった。ブラジルの金は、一八世紀半ばには世界の金の総生産量の八五％を占め、一大金ブームをもたらした。その結果、ブラジル南東部の商工業が発達し、サルヴァドルに代わって南部のリオデジャネイロが金鉱地帯の貿易港として急成長した。奴隷をはじめとして、ありとあらゆる国際商品がリオデジャネイロに入り、リオの町はにぎわった。

金に刺激されて奥地探検も盛んとなり、一八世紀中頃までに南アメリカ大陸の約半分ほどがブラジルの支配下に入った。この間に人口も急速に増大した。一七世紀末のブラジルの奴隷と先住民を除く人口は三五万ほどであったが、約半世紀後の一八世紀半ばには一五〇万にまで増加していた。

奴隷制社会の成立

一五七〇年代から急速に拡大した、黒人奴隷の労働力に依存した砂糖プランテーションの出現は、ポルトガル植民地経済を確立させたが、同時にブラジル植民地社会の基盤をも形成した。砂糖産業は一七世紀後半には衰退し、のちブラジルでは一八世紀の「金の時代」、つづいて一九世紀の「コーヒーの時代」という突出した一つの輸出産品によるモノカルチャー輸出経済時代が出現するが、植民地時代前半に成立した黒人奴隷制砂糖プランテーションに基礎を置く植民地社会の構造と機能は、そのままブラジル伝統社会の主軸として残った。

すでに述べたように、エンジェーニョと呼ばれた砂糖プランテーションはサトウキビを栽培する農園を意味するだけでなく、砂糖を生産するための複雑な工程や副産物であるアルコール生産の工程、さらにそれに携わる労働力としての黒人奴隷からプランテーション所有者一家の生活までを含めた一つの小世界を意味した。プランテーションの規模は大小さまざまであったが、サトウキビ畑や森林と牧場に囲まれた中心部に製糖工場、奴隷小屋、プランテーション所有者の大家族が住む邸宅、礼拝堂などが建設されていた。主人一家が住む邸宅はカーザ・グランデ（大きな館）と呼ばれ、主人の大家族の生活の場であっただけでなく、家内労働に従事した奴隷たちの仕事場でもあり、黒人奴隷が白人世界と接触する場でもあった。スペイン領で発達したアシエンダの所有者たちが主として都市に居住して不在地主となったのに対して、ブラジル北東部のプランテーション所有者たちは家族とともにエンジェーニョで生活し、自らプランテーションの経営に携わって家父長的にその小世界を支配していた。

リオデジャネイロの奴隷市場の光景

プランテーション内の奴隷は、家内労働に従事する奴隷とサトウキビ畑や製糖工場で働く奴隷の二つのグループに大別できる。女奴隷の多くも、男奴隷と同様に畑や製糖工場内の労働に従事した。家内労働に携わった奴隷たちは、ブラジルで生まれた奴隷と混血ムラートで、料理人・女中・下僕・小間使いなどとして邸宅で働いたが、その数は各プランテーションの奴隷数のだいたい五％ほどであった。プランテーションには奴隷のほかに熟練を要する労働に携わる自由労働者やさまざまな分野で奴隷を監督する管理人たちもいた。このような労働者たちの住宅も、プランテーション内の主人の邸宅の近くに建設されていた。一方、奴隷小屋はセンザーラと呼ばれたが、邸宅から離れたところに建てられ、そこで奴隷たちは厳しい生活を強いられた。

奴隷制社会で奴隷たちが主人に厳しく管理されたのは当然であったとしても、高温多湿の気候風土の中で粗末な食事しか得られず、過酷な労働に従事した奴隷たちの死亡率は非常に高かった。年間五％から一〇％にものぼる奴隷が各プランテーションで死んでいったとされる。しかし新たな奴隷を購入するのに十分な利益を、プランテーション所有者は得ていた。彼らの生活は贅沢で、ヨーロッパから取り寄せた家具類に囲まれ、自らの手を汚して労働することのない暮らしをしていた。主人は屋敷内を散歩する時でさえ自ら歩かずに奴隷にハンモックを担がせ、自らの手を使うのはトランプ遊びをする時と葉巻を吸う時ぐらいであったという。その結果、ブラジル植民地社会では労働は奴隷のするものであり、自ら手を汚して働くことが軽蔑され、怠惰が富裕の象徴とさえなった。こうして働かなくなった白人に代わって、奴隷たちはあらゆる仕事をするようになった。未熟練労働から高度な技術を要する仕事まで、奴隷やその子供たちやムラートたちが引き受けた。

奴隷たちは過酷な生活を強いられてはいたが、結婚することもでき、それなりの多様な生き方もできた。奴隷どうしの間で生まれた子供は奴隷となったが、時代とともに自由黒人や混血が増加していった。このように植民地時代を通じて白人人口を大幅に上回る大量の黒人奴隷を受け入れたブラジルでは、黒人が人口構成上多数派を占めただけでなく、白人・黒人奴隷・インディオの間のさまざまな組み合わせから成る異人種間混交が進んで、多様な人種構造をもつ社会が形成されていった。同時に北東部砂糖プランテーション地帯で発達したブラジル奴隷制社会は、ブラジル各地の鉱山地帯、牧畜地帯、都市部など広大な領土へ拡散していった。

領土の拡張

ブラジルでは、一六世紀から一七世紀にかけての「砂糖の時代」に、北東部を中心とした海岸地帯の開発が進んだ。内陸部への領土拡張が急速に進展するのは一七世紀になってからであるが、この内陸部への進出に重要な役割を果たしたのがバンデイラやエントラーダまたモンソンと呼ばれた奥地探検隊とイエズス会士である。バンデイラとはポルトガル語で旗を意味し、武装した一団が旗を掲げて出かけていったことからこう呼ばれた。主としてサンパウロを本拠地としたグループで、インディオ狩りと金・銀鉱脈の探索を目的とし、この探検隊に参加した人々はバンデイランテと呼ばれた。エントラーダは政府公認の探検隊であった。モンソンは川を遡って奥地探検に入ったグループで、バンデイラが衰退した一八世紀になって登場した。もちろんこれらを厳密に区別することはむずかしい。

一六世紀半ば以降の北東部海岸地帯では、砂糖産業が発達し奴隷への需要が高まった。しかし一六二四年から五四年にかけてオランダ人が北東部を占拠し、奴隷貿易をも独占すると、ブラジルの砂糖プランテーションは黒人奴隷に代わるインディオの労働力を求めたため、バンデイラの活動が活発となった。バンデイラはインディオを捕獲するためにつぎつぎと奥地へ入っていった。困難な道程をものともせず奥地へと進んだバンデイランテたちによって切り拓かれた道を、やがて開拓者たちがたどり、奥地に開拓の拠点となる町が建設された。バンデイラの活躍は一七世紀を通じて繰り広げられ、ブラジル領土はトルデシーリャス条約の国境線を超えて西へ広がった。一八世紀になってミナスジェライス地域やさらに奥地のゴイアスやマトグロッソを中心として金とダイヤモンドの採掘がブームになると、バンデイラは衰退した。

鉱山開発は、人と物資の移動を活発にさせた。金・銀・ダイヤモンドに惹きつけられて、人がブラジル領土内だけでなくポルトガル本国からも集まってきた。新たに出現した鉱山町の人口を養うために、食糧生産基地がブラジル南東部に建設された。食肉となる牛のほかに金・銀の輸送や食糧輸送のための馬やラバを飼育する牧場が拡大され、鉱山町が必要とするさまざまな商品がつくられ、また輸入された。こうしてゴールド・ラッシュはブラジル南東部と中央部を開発させる原動力となった。また金・銀の産出はポルトガル王室にとって重要な収入となったから、この地方はいち早く植民地統治機構の改革の対象となり、つぎつぎと新たなカピタニア領が創設された。

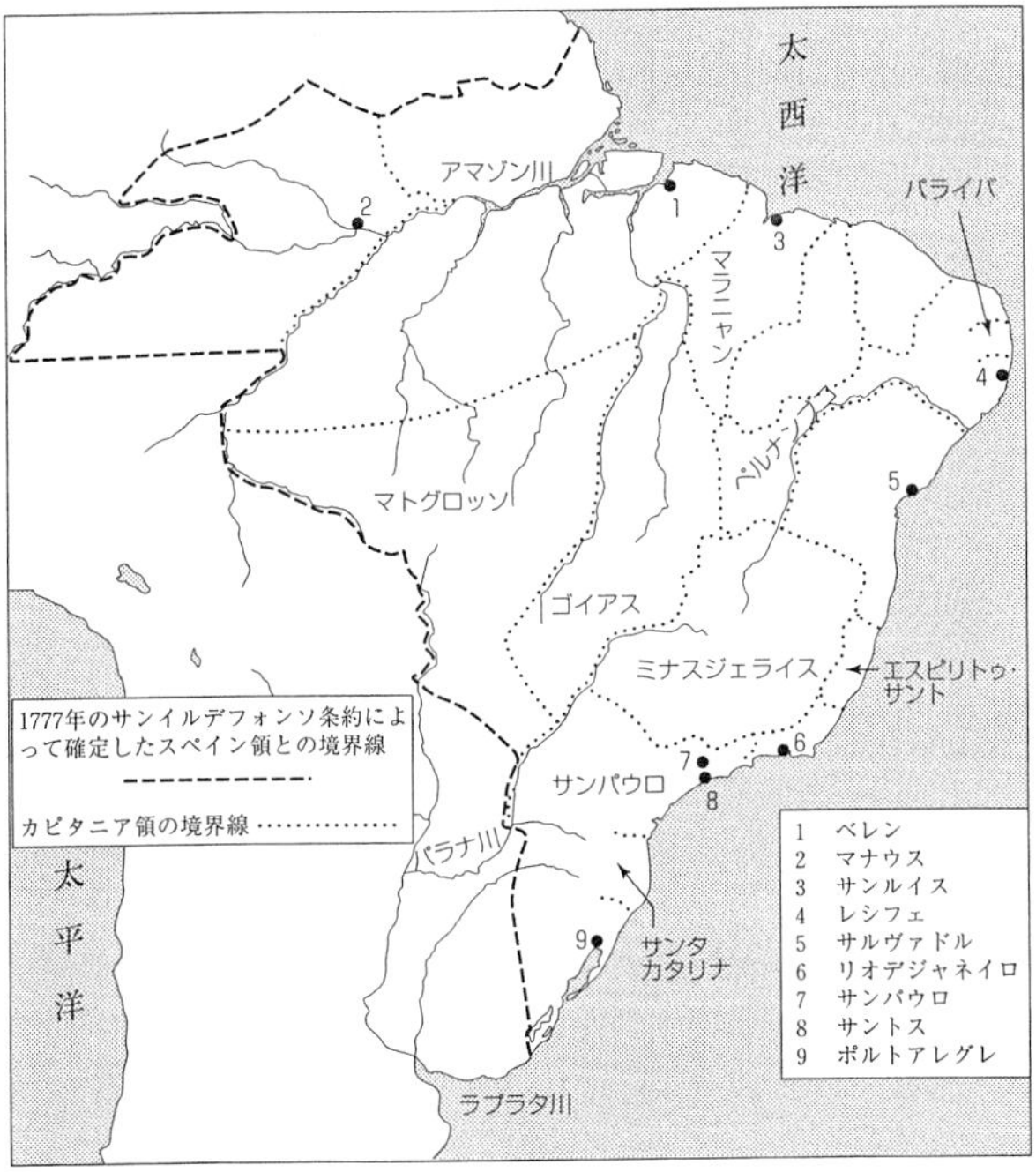

図14　ポルトガル領の拡大（1780年）

南方へのブラジルの膨張は、一七世紀にはじまった。一六七五年にリオの司教区が創設され、その境界はラプラタ川とされた。一六八〇年にはラプラタ川の北岸に入植地が建設され、一八世紀になってこの地域が牧畜用地として重視されると、スペインとポルトガルの間で領有権が争われた。しかし一七一三年のユトレヒト条約でこの地域はポルトガル領となり、一七三八年にはサンタカタリナ・カピタニア領が創設された。この後もスペインとポルトガルの対立は続き、一七五〇年のマドリード条約と一七七七年のサンイルデフォンソ条約によって両国の領有権は確立した。

一方、一七世紀までほとんど手がつけられなかったブラジル北部のアマゾン流域へもまた、ポルトガル領は拡大していった。はじめはポルトガルの植民地防衛が手薄であったこの地域に侵略を試みるイギリス、フランス、オランダを駆逐するための活動が開始された。ブラジル北東部海岸から追い出されたフランス人やイギリス人がアマゾン川から内陸部に入り込んでいた。一六一二年にマラニャン地方の海岸にフランス人がサンルイス砦を築いた。これをポルトガルは攻略して追放し、一六一六年にアマゾン川の河口にのちのベレンとなる集落を建設した。イギリス人はアマゾン川の北岸に植民地を建設した。すでに述べたようにオランダ人もまた進入してきて北東部の砂糖産業に大きな影響を与えたが、ポルトガルは三〇年の歳月をかけて彼らを追放することに成功した。次にとりあげる一八世紀のポンバル改革では、マラニャン総督領の首都がサンルイスからアマゾン河口のベノンに移され、アマゾン開発が計画された。

イエズス会士たちもまた、ポルトガル植民地の拡張に目覚ましい貢献をした。ヨーロッパ人入植者に酷使されたインディオの保護に積極的に取り組んだ彼らは、インディオたちを奥地に建設した教化集落に集め、カトリック信仰の下で共同生活をさせるという独自の共同体社会を建設した。このようなイエズス会士たちが活動した地域は、一八世紀までに北はアマゾン川流域から南はパラナ川流域の奥地にまで広がっていた。彼らは教化集落を建設し、布教活動を続け、しばしばインディオ狩りにやってきたバンデイラに抵抗し、また国王の干渉すら受けつけることなく独自の活動を続けた。絶対王権の確立を目指す国王と対立したイエズス会は、一七五九年にポルトガルおよびブラジル植民地から追放されたが、ブラジルの領土拡大に果たした彼らの貢献は大きかった。トルデシーリャス条約で取り決められたスペインとポルトガルとの境界線を廃棄することになった一七五〇年のマドリード条約と一七七七年のサンイルデフォンソ条約によって、ポルトガルの領土はほぼ今日のブラジルの国境線にまで拡張された。

その背景には、以上で述べたようなバンデイラやイエズス会士たちの活動があったのである。

「ポンバル改革」とブラジルの統合

ポルトガルでは一七五〇年にジョアン五世が没し、ジョゼ一世が国王となった。その補佐役として登用されたのちのポンバル侯爵は、本国の諸改革のみならずブラジルにおけるさまざまな植民地行政の改革を実行したポルトガル近代史上有数の人物である。

このポンバル侯爵が取り組んだ一連の改革は、「ポンバル改革」と呼ばれる。ポルトガルはスペインの支配下にあった一五八〇年から一六四〇年の間に、それまでに獲得した世界各地の領土の多くをイギリスとオランダに奪われ、一六四〇年にスペインから独立した時にはアフリカの一部、アジアにおける拠点都市およびブラジルだけしか残されていなかった。その結果、一七世紀後半には、ブラジル植民地への依存が高まった。同時にイギリスへの依存も高まり、ポルトガルとブラジルはイギリスから工業製品を輸入し、イギリスへポルトガルのぶどう酒やブラジルの砂糖を輸出するという分業体制が成立した。これは一八世紀に入るといっそう強化され、砂糖に代わってブラジルの金やダイヤモンドがポルトガルを経てイギリスに流れた。このような状況の中でイギリスとの関係のあり方を変え、ポルトガル絶対王政の立て直しを図ったのが、ポンバル侯爵である。ポンバル侯は、国内のさまざまな改革と並んで土地所有制度の変更を含む植民地行政機構の改革、宗教改革および広範にわたる経済改革を実行して、広大なブラジルの統合と経済の活性化を促した。

ブラジル植民地の基本的な制度変革は、一六世紀初期に導入された世襲カピタニア制を廃止し、王室領を確立したことである。すでにサンパウロ（一七〇九）、ペルナンブコ（一七一六）、エスピリトゥサント（一七一八）がジョアン五世によって王室領とされていたが、ポンバル侯はその他のカピタニア制を廃止してブラジル行政区域の再編成を行なった。その理由には、一七五〇年のマドリード条約によってスペインから割譲された北西部および北部のアマゾン流域を実効的に統合する必要があるという問題もあったが、一八世紀のブラジルはすでに述べたように金・銀とダイヤモンドの産出で一大ブームを経験しており、その巨額の富を独占するためであった。しかしブラジルから流入するその莫大な富も、スペインの場合と同様に本国には留まらず、ポルトガルの場合には主としてイギリスに流出していった。しかもブラジルの急激な発展は本国を追い抜く勢いで進展しており、ポルトガルは植民地政策を根本的に改革する必要に迫られていた。同時に、ブラジル植民地をいかに防衛するかという問題にも直面していた。

改革の目的は、ブラジル植民地をさらに発展させると同時に、国庫の収入を高め、ポルトガルの国力を増大させることにあった。そのために、まず財政改革と軍制改革とが実行された。金の生産に課税されていた五分の一税（キント）の徴税が厳しく実施され、ダイヤモンドの採掘が王室の直接管理下に置かれた。その他の税の徴収を効率よくするために、各カピタニア領にはじめて国庫局が設けられた。

しかし厳しい徴税は、各地で抵抗運動を起こした。また一七五〇年代に北東部砂糖生産地帯のパライバとペルナンブコにおける貿易と奴隷供給の独占を図って特許会社が設立されたが、この試みも入植者たちの不満を引き起こした。ポンバル侯はまた、ブラジルにおける工業の発展を阻止するために工業禁止令を出した。この禁止例は彼が失脚したのちに施行されたが、これらの一連の改革政策はポルトガルがブラジル植民地を本国の厳しい管理の下に置くための最後の試みであった。しかし一七八九年には、ミナスジェライスで「ミナスの陰謀」と呼ばれる独立運動が発生するほど、ブラジル植民地は本国に対して反感を強めていった。

ポンバル侯が目指した植民地経営の中央集権化は、それまでブラジル領土の拡張に大きな貢献をしてきたイエズス会にも及んだ。一五四〇年に修道会を創設したイエズス会は、一五四九年にブラジルにおける布教活動をはじめ、その活動範囲は北のアマゾン川流域から南のパラナ川流域にまで達していた。しかしすでに述べたように奥地に独自の自立したインディオ教化集落を建設し、各地で開拓者たちと対立し、ときには王権に対しても抵抗した。一七五二年から五六年には、パラナ川流域でポルトガルとスペイン両王権に対しグアラニー族を武装蜂起させた。ポンバル侯は、一七五九年にイエズス会をポルトガルとブラジルから追放した。

第4章

ラテンアメリカ諸国の独立

ラテンアメリカ諸国の国旗を背にしたボリーバルの胸像

1 独立運動の背景

反乱する植民地社会

一八世紀は、「反乱の世紀」とも呼ばれている。それまでも各地で反乱は起こっていたが、一八世紀になると頻繁に大規模な反乱が起こったからである。クリオーリョの間で、メスティソやインディオの間で、また奴隷の間で、ときには地域社会全体をまき込んだ大規模な反乱が起こった。反乱や暴動は、それまでの二〇〇年におよんだ植民地支配の圧制から生じたさまざまな問題を原因としていた。それに加えて一八世紀後半にはスペインのブルボン改革とポルトガルのポンバル改革が大きな影響を与え、反乱を引き起こす主要な原因となった。すでに述べたように、スペインもポルトガルも、王室の国庫収入を増大させるために行政改革と中央集権化を進め、徴税を強化した。新税が導入され、従来の税率が引き上げられると、各地の植民地社会は税の撤廃を訴えて反乱し、強引に税を取り立てる役人の罷免を要求して蜂起したのである。

ペルーでは、インディオの間で起こった最も大規模な反乱とされる「トゥパック・アマルの反乱」が一七八〇年一一月に起こった。インカ皇帝の直系子孫であると主張するコンドルカンキが、鉱山やオブラへと呼ばれた織物工場における労働徴用制度（ミタ）と物品の強制販売制度（レパルティミエント）の廃止およびコレヒドールに代わるインディオ官吏の任命やアウディエンシアをクスコに置くことを要求して、クスコ周辺のインディオを集めて蜂起した。スペイン人役人による圧政と搾取を糾弾した「トゥパック・アマルの反乱」は、やがてインディオとメスティソの国家独立を目指してアンデス中央部一帯に広がり、クスコを包囲して攻撃するほどの勢力を結集した。しかし一七八一年に副王軍に敗れて、一〇〇人を越す指導者たちが処刑された。

一方、クリオーリョの間で起こった反乱は「コムネロ（市民）の乱」と呼ばれた。これらの反乱の中で大規模なものは、一七一七年から三五年にわたってパラグアイ植民地を揺さぶった「コムネロの反乱」と一七八〇年から八二年にかけてヌエバ・グラナダ副王領で起こった「コムネロの反乱」である。

パラグアイの「コムネロの反乱」は、アスンシオンの市議会を中心とするクリオーリョ市民が蜂起した反乱であった。原因は、イエズス会とアスンシオン市民のインディオをめぐる対立である。未開のインディオたちを教化集落に集めたイエズス会が、労働力としてインディオを要求する市民の主張を退けたことから紛争がはじまった。イエズス会が総監を抱き込んだため、市議会は総監の罷免を求めてチャルカス（現在のボリビアのスクレ）のアウディエンシアに訴えた。さらにアスンシオンの市民はイエズス会を追放し、「市民の意思は国王の意思に勝る」とする主張を掲げて一七三五年に鎮圧されるまで戦った。

一七八〇年にヌエバ・グラナダ副王領で発生した「コムネロの乱」は、カリブ海の防衛費を捻出するための租税負担が引き金となって起こったソコロの市民蜂起が発端となった。市民の蜂起は、塩・タバコ・アルコール類の王権の独占に対する不満や価格を二倍にも釣り上げたことへの不満などが絡んでさらに周辺の住民にも拡大していき、租税・強制物品販売・強制労働・教会への納付金・インディオ社会に対する不法行為の撤廃と廃止を要求するなど、広範囲の住民が参加する大反乱へと発展した。ペルーの「トゥパック・アマルの反乱」に鼓舞されたメスティソやインディオの反乱もこれに加わって、各地に広がった。しかし一七八二年に指導者たちが捕えられ、処刑されて、反乱は鎮圧された。

奴隷の反乱もまた大規模に起こった。奴隷人口は、主として砂糖プ

ペルーの紙幣に描かれたコンドルカンキ

ランテーションが繁栄していたカリブ海域とブラジル北東部に集中していたが、イギリス領でもフランス領においても、またポルトガル領においても、奴隷は反乱を繰り返した。奴隷の逃亡も各地で起こり、追手の届かない奥地に逃れた彼らはマロンとかシマロンと呼ばれ、独自の逃亡社会を各地につくっていた。ブラジルでは逃亡した黒人奴隷たちが集まって形成したシマロンたちの社会はキロンボと呼ばれ、ブラジルの広大な奥地に大小さまざまなキロンボが数多く存在したことが知られている。その中でも一七世紀にペルナンブコからアラゴアスにかけて広がる山中につくられたパルマレスのキロンボでは、最大規模の時には三万人もの逃亡奴隷が集まり、一種の独立王国をつくっていた。パルマレスは約半世紀にわたる抵抗の末に一六九四年に消滅している。

一七九一年八月にカリブ海域のサンドマング（現在のハイチ）で発生した反乱は、植民地で起こった最大規模の奴隷による反乱となった。しかもこの反乱は、当時、本国フランスで進行中の革命にまき込まれ、一八〇四年に独立国家ハイチを建国する契機となっている。

自由と独立への目覚め

ラテンアメリカの各地でみられた独立へ向けた動きは、抑圧的な植民地統治に抵抗する反乱ばかりではなかった。一八世紀の植民地社会では、クリオーリョたちの間で知的活動の面でも自立へ向かう変化が起こっていた。この新しい変化は、前章で紹介したブルボン改革やポンバル改革とヨーロッパの啓蒙思想の浸透に負うところが大きかった。その担い手となったのは、クリオーリョから成る中間層である。

植民地時代も二〇〇年の歳月を経ると、各地に独自の地域社会と文化が形成されていた。スペイン植民地では、スペイン人を両親や先祖とする白人クリオーリョたちは、人種別身分制社会の中で本国から派遣されてくる役人や商人たちとは差別されていたとはいえ、特権階級に属していた。アシエンダを所有し、鉱山の開発権を取得し、また商業の担い手となって実質的に植民地経済を担っていたクリオーリョたちは、子供たちに教育を与え、社会の中核を担える人材をすでに育てていた。植民地社会の発達は、商人や職人ばかりでなく、法律家や文筆家ら中間層の活動の場も拡大させていた。また植民地統治機構の中・下級の役人や下位聖職者のポストは、経済的にあまり恵まれていないクリオーリョやメスティソによって占められていた。彼らは一定以上の教育を受けていたため、一八世紀ヨーロッパの啓蒙思想を敏感に受け入れた。

ブルボン改革の強力な推進者であったカルロス三世の時代に、スペイン植民地では科学や技術に関する情報が普及した。ヨーロッパの新しい科学の知識はほとんど自由に移入され、医学・数学・動植物学などにおける科学的知識が広まったほか、経済開発を促すさまざまな調査活動や最新技術の導入が、植民地社会の知的活動に大きな影響を与えた。博物館が創設され、さまざまな教育機関が新たに設置された。メキシコ市やリマには王立鉱業学校や織物学校、美術学校などが設けられたほか、近代哲学や数学を教える新しいカリキュラムを準備した学校が出現した。一方、ポルトガル植民地でこの種の啓蒙的文化活動が活発となるのは一八〇八年にポルトガルの王室と支配階層がナポレオンの侵略を逃れてブラジルに渡り、ポルトガルの首都をリオデジャネイロに移してからである。

ヨーロッパの啓蒙思想もまた、急速に知識人の間に広まっていった。スペイン植民地社会では一六世紀から異端審問所が異端と過激な思想を厳しく取り締まっていたにもかかわらず、一八世紀後半にはモンテスキューの『法の精神』、アダム・スミスの『国富論』、ルソーの『社会契約論』などが読まれていた。もちろん啓蒙思想が、文字の読めない一般民衆のレベルにまで広まることはなく、植民地全体からみれば特権階級に属するほんの一握りの、教育を受けたクリオーリョやメスティソおよびムラートたちの間で広まっていたにすぎなかった。しかし「自由・平等・博愛」の精神、合理主義、経験主義、進歩、人権などに関する知識が彼らの中に貯えられていった。これらの新しい思想は、とくに、教育を受けてはいるが社会的に差別され、経済的にも恵まれない中間層の法律家、下位聖職者、下級役人たちに大きな影響を与えた。彼らは、経済的に恵まれた地位への渇望、横暴なスペイン本国人への憎悪などから、植民地社会の現状を凝視する目を開いていったのである。しかし植民地社会の一部に受け入れられた啓蒙思想は進歩的ではあったが、必ずしも急進的ではなかった。一般的に啓蒙思想は、スペイン王権やポルトガル王権の権威や伝統を否定するほど革命的とはならなかった。多くのクリオーリョたちはスペイン人と同様に敬虔なカトリック教徒であり、スペイン王室に忠実であった。しかも相対的にみれば、彼らもまた植民地社会の特権層に属していた。

しかしブルボン改革やポンバル改革によって再編成された植民地社会のより強固な抑圧的体制は、植民地経済をすでに実質的に支配していたクリオーリョたちに反抗の精神を芽生えさせた。しかもスペインのブルボン改革による効率的な植民地支配体制への改編は、多くの有能なクリオーリョにさまざまな分野で雇用の機会を与えていた。しかし彼らは自分たちの社会が生み出す富が本国へ送り出され、スペインが戦っていたヨーロッパにおける戦争に費やされるのを不満に思った。さらに彼らの社会進出の機会が増大するにつれて、クリオーリョとスペイン本国人の対立はいっそう深まった。なぜならスペイン人とクリオーリョの間にはあまりにも大きな差別があったからである。教養のないスペイン人でも植民地に来ればすべて「ドン」という敬称つきで呼ばれ、クリオーリョを見下すことができた。彼らはさまざまな社会・経済活動の場で結束の固いスペイン人仲間をつくり、すばやく特権的な地位を手に入れた。地道に経済力を貯え、植民地支配の中枢に近づくにつれて、このようなスペイン本国人の特権的な地位を利用した横暴さと傲慢さは、クリオーリョにとってもはや耐え難いものとなっていた。

一方、メキシコやペルーのようなスペイン植民地体制の中枢を占めた地域とは異なり、ラプラタ副王領の首都ブエノスアイレスやヌエバ・グラナダ副王領のカラカスなどの植民地周辺地域では、ブルボン改革による貿易の自由化のおかげでイギリスの影響を直接受けるようになっていた。しかも副王による直接統治の歴史が短く、伝統も比較的弱かったために、一八世紀末には地域社会の変化が著しく進み、経済活動が活発となって人口が増大し、クリオーリョたちの意識もより自由主義的なものとなっていた。

ブラジルではポンバル改革によって植民地支配が強化されたが、一八世紀末になると金鉱脈が枯渇して厳しい景気後退期がはじまった。その結果、本国に対する組織的な反乱が各地で発生し、独立へ向けた動きが起こった。しかし一九世紀に入りサンドマングにおけるハイチ革命を契機としてカリブ海域の砂糖生産量が激減すると、ブラジル北東部の伝統的な砂糖生産地帯が復活した。それを受けてサルヴァドル、レシフェ、リオデジャネイロなどの都市が急速に発展し、都市中間層が拡大した。また大土地所有者層の子弟の多くがヨーロッパに送られて教育を受け、スペイン植民地と同様に自由主義思想を受け入れていた。彼らは、植民地社会の中で自分たちが差別されていることや本国から多くの制約を受けている植民地社会のあり方に疑問と不満をもつようになっていた。

ナポレオンのイベリア半島侵略と植民地の反応

以上で述べてきたようなさまざまな動きが一九世紀初頭のラテンアメリカ各地でみられたが、スペインとポルトガル植民地で独立運動が勃発する契機となったのは、ナポレオンによるイベリア半島への侵略である。一八〇五年にフランスとスペインの連合艦隊はトラファルガー海戦でイギリス海軍に大敗したのち、一八〇七年にナポレオンとスペインのマヌエル・ゴドイ宰相はポルトガルの分割を取り決めたフォンテンブロー協約を結んだ。同年七月にナポレオン軍がポルトガル侵略を開始すると、ポルトガル王室はイギリス海軍の援助を得て王家一族がブラジルへ向けて脱出した。ゴドイ宰相はカルロス四世にアメリカ大陸への脱出を勧めたが、翌一八〇八年三月にフェルナンド七世を擁する勢力によって宮廷革命が起こり、カルロス四世は幽閉され、ゴドイ宰相も失脚した。このスペイン宮廷の勢力争いに乗じて、ナポレオンは実兄のジョゼフ・ボバナパルテをスペインの国王に据えた。ただちにスペイン各地で政務委員会が樹立され、反ナポレオン闘争が開始された。このようなイベリア半島で発生した緊急事態は、ほぼ二ヵ月遅れでアメリカ大陸の植民地に伝えられた。

植民地の反応はさまざまであった。まずスペイン植民地からみていこう。スペインがナポレオンの支配下に入ったニュースが伝えられると、ほとんどの地域はフェルナンド七世への忠誠を表明した。しかし多くの地域が国王の代理である副王の権威と権限を否定し、自治権の確立に向けた活動を開始した。各地で市議会が活発に動きはじめ、さまざまな混乱と対立が生じはじめた。さらに九月にスペインでナポレオンの侵略に対する抵抗運動が組織化され中央政務委員会が設置されたという知らせが植民地に伝わると、アメリカ大陸の各地のクリオーリョたちは政務委員会を組織しはじめた。同時に自治権を求める声がいっそう強まり、またスペイン本国人とクリオーリョを差別してきたさまざまな規制の撤廃が要求され出した。はじめはスペインからの独立を要求する声はほとんどなかったが、やがて騒然とした動きの中で、メキシコ中央部、南アメリカ大陸北部のカラカス、サンタフェ・デ・ボゴタ、キト、南部のブエノスアイレスとチリのサンチアゴなど各地域の中核都市で独立運動が勃発した。これらの地域における独立運動は最初は相互にほとんど連帯がなく、独自の指導者の下で運動が進められていた。

この間、スペイン国内では新たな情勢が展開していた。植民地各地の代表六三名も出席した国民議会がカディスで開催され、スペインが君主制をとるのか共和制をとるのかで紛糾し、また植民地をどう扱うかで議会は大きく揺れ動いた。しかし一八一二年に国民議会は自由主義憲法（カディス憲法）を制定した。君主制を否定したこの憲法によって、植民地は本国と平等な地位を与えられ、アメリカ人とスペイン人との間の法的平等が保障された。カディス憲法は独立運動が燃え上がっていた植民地に伝えられ、公布された。

しかし一八一四年にイギリスの支援を受けたスペインがナポレオン軍を撤退させ、フェルナンド七世が復位すると、事態は一変した。議会は閉鎖され、カディス憲法が廃止されて絶対王政が復活した。同時にフェルナンド七世は植民地における独立運動に対しても軍隊を派遣して、厳しく弾圧しようとした。しかしアメリカ大陸では、すでに独立を宣言した地域も少なくなかった。したがってこれらの地域にカディス憲法が保障した自治権と平等な地位を捨てさせ、それらをかつての植民地に戻すことは不可能であった。

一方、ポルトガルでは、王家一族が植民地ブラジルへ脱出するという事態へ発展していた。ナポレオン軍によるリスボン侵攻寸前の一八〇七年一一月に女王マリア一世と摂政ジョアン、王族、貴族、高級官僚とその家族など約一万五〇〇〇人の多勢が、イギリスの軍艦に護衛されてブラジルへ渡ったのである。翌一月末にサルヴァドルに上陸したのち、三月にリオデジャネイロに到着し、ポルトガルの首都をここに移した。ブラジルの支配階級はポルトガル王室の渡来をはじめ歓迎した。こうしてブラジルでは植民地人が期待していたように、従来の本国による貿易の独占が崩れ、禁止されていた各種産業の育成がはじめられ、リオデジャネイロは急速に発展した。しかしやがて彼らは政治から排除されていった。またポルトガルがイギリスに与えた関税特権によってイギリスの工業製品が大量に流入し、ブラジルの工業化の芽は摘み取られてしまうことになる。

2　ヌエバ・エスパーニャ副王領の独立

カリブ海域の独立運動

すでに述べたように、カリブ海の広範な地域は一六世紀から一七世紀にかけてイギリス、フランス、オランダ、デンマークなどのヨーロッパ諸国の支配下に入っていた。その後一七四四年から一八一五年まで、カリブ海域はイギリスとフランスの激しい争奪戦の舞台となった。ジャマイカ島とアンティグア島に基地を設けたイギリスは、ヨーロッパで七年戦争（一七五六―六三）が勃発すると、サンドマングを除くカリブ海域のフランス領すべてとスペイン領のハバナを占領した。しかし一七六三年のパリ条約で、そのほとんどは返還された。この時、イギリス国内では豊かな砂糖生産地であったグアドループ島の取得を主張する声が強かったが、イギリスはグアドループの代わりにカナダを選んだ。やがてヨーロッパで勃発したフランス革命の影響を受けて、フランス領サンドマングはラテンアメリカで最初の独立国家となる。

一八世紀末のカリブ海域で最も繁栄していたのは、フランス領サンドマングであった。当時、世界第一の砂糖とコーヒーの生産地となっていたサンドマングは、フランスにとって最も豊かな富をもたらす重要な植民地であった。サンドマングの砂糖の生産量はイギリス植民地の生産量を抜いていただけでなく、一八世紀の末にはヨーロッパの砂糖市場でもイギリスを駆逐していた。さらにアメリカ合衆国がイギリスから独立すると、アメリカもその市場となり、サンドマングの砂糖生産は拡大の一途をたどった。

この頃のサンドマングの総人口は約五〇万で、そのうち奴隷の人口は八五％に達していた。植民地の政治と経済を支配するフランス人および植民地生まれの白人クリオーリョの数は四万ほどで、そのほかに自由有色人種（主として黒人と混血）が三万ほどと推計されている。当時サンドマングでは年間約三万の黒人奴隷が輸入されていたが、この奴隷貿易はフランス政府が認可した企業が独占していた。砂糖プランテーションの所有者たちの多くは白人であったが、自由有色人種もまたこの頃までにはサンドマング経済の約三分の一を支配するまでになっていた。パリで生活する富裕なムラートたちもいた。こうして人口の圧倒的多数は黒人奴隷であったが、独立運動勃発の契機となる一七九一年に奴隷の反乱が発生した時、サンドマングの植民地社会はすでに複雑な社会的・人種的構図をもつ社会となっていたのである。

一七九一年八月にサンドマング北部のプランテーションで大規模な奴隷の反乱が発生した。反乱はかつてない規模で各地に広がり、大規模な破壊と殺戮が繰り広げられた。このさなかの一七九二年三月に、自由有色人種グループと白人グループの平等を認めた宣言がフランス革命政府によって出された。しかしこれに反対するサンドマングの白人たちは、イギリス領ジャマイカ島の白人に応援を要請し、黒人および有色人種の排除を計画した。本国フランスからは反乱鎮圧のために六〇〇〇名の兵士から成る制圧軍が派遣された。一方、イスパニョーラ島の東側のスペイン領ドミニカからは、黒人奴隷の反乱を支持した援助部隊が侵攻した。これに乗じて、ジャマイカのイギリスもまた軍事介入をはじめた。こうして奴隷の反乱は、自由有色人種と白人の対立、植民地白人支配層と本国革命政府との対立、有色人種グループを支援するスペイン植民地民兵軍の介入、白人支配層を支援したイギリス軍の介入という複雑な様相へと発展した。

このような状況の中でフランス総監は一七九三年四月二九日に奴隷解放令を発し、解放された奴隷たちに元のプランテーションに戻るよう呼びかけた。この施策はサンドマング独立運動に大きな転機をもたらした。黒人反乱軍の指導者であったトゥサン＝ルーヴェルチュールはこの呼びかけに応えて約四〇〇〇名の兵士を率いてフランス側に寝返ったため、反乱勢力は分裂した。このあと、イギリスは約五年間にわたって二万五〇〇〇人以上の犠牲者を出し、サンドマングからジャマイカに撤退した。

トゥサン＝ルーヴェルチュール

トゥサン＝ルーヴェルチュールの率いる勢力は、奴隷解放後のサンドマングで新しい社会経済の建設に取り組んだ。しかしフランスで台頭したナポレオンは一八〇二年に五万八〇〇〇名の兵力をカリブ海へ送り込み、二一ヵ月にわたって再征服を試みた。そしてこの間トゥサン＝ルーヴェルチュールを含む指導者層が捕虜となり処刑された。しかしフランス軍もまた熱帯の地で黄熱病に苦しめられ、実に八五％を超す五万以上の兵士をこの遠征で失い、一八〇三年末に撤退を余儀なくされた。翌一八〇四年一月一日、サンドマングはハイチ共和国として独立した。

ハイチを除くカリブ海域でスペイン領として残ったキューバ、イスパニョーラ島の東側およびプエルトリコは、スペイン植民地支配の要として防衛が強化されたため、一八一〇年から一八二五年にかけてアメリカ大陸の多くの地域が独立したこの時期に、独立を達成することができなかった。イスパニョーラ島の東部がドミニカ共和国として独立したのは一八四八年である。一方、キューバ島は一九世紀後半を通じて長い独立運動を経験したのち、一八九八年に勃発した米西戦争の結果、アメリカ合衆国の保護国として独立した。プエルトリコは、この米西戦争におけるスペインの敗北の結果、当時スペイン領であったフィリピンとともにアメリカ合衆国に割譲されて今日にいたっている。そしてイギリス領であったジャマイカを含めたカリブ海の島々および中米のベリーズが独立を達成するのは、一九六〇年代になってからであった。

メキシコの独立

一八〇八年にスペインがナポレオンの支配下に入ったという知らせがメキシコに伝えられると、副王都市メキシコ市では市議会が秘かに開かれ、副王を擁立して本国から分離独立する計画が立てられた。密議は発覚して失敗したが、本国における国王の不在で副王の権威の根拠も失われ、それに代わる植民地住民の自治を担う政務委員会が各地で組織された。この騒然とした動きの中で、副王イツリガライはスペイン国王の権威を保持することを諦め、クリオーリョによるメキシコの自治権確立の道を選んで各地方の代表者会議を開き、彼らが主張するメキシコ議会の招集に同意した。しかし副王のこの動きに反対するメキシコ市の富裕なスペイン人商人や大土地所有者たちは、スペイン国王を支持する王党派として結束し、武力で副王イツリガライを追放した。

政治の混乱に加えて一八〇九年にはメキシコ中部を干ばつが襲い、トウモロコシの値段が一挙に四倍にも跳ね上がり、経済も混乱状態に陥った。スペインとの通商の断絶もまた、大きな影響をみせはじめた。政治的・経済的・心理的な混乱と緊張が高まる中で、地方のクリオーリョたちは独立運動を計画しはじめた。全国各地でさまざまな陰謀が起こったが、その一つがケレタロ市で計られた独立計画である。そのグループの一員であったイダルゴ神父によって、一八一〇年九月一六日未明に武装蜂起が行なわれ、メキシコ独立の第一声が発せられた。

イダルゴ神父は、当時、メキシコ中央部の穀倉地帯であったバヒオ地域の小さな村ドローレスの教区司祭であった。アシエンダの管理人の息子として生まれ、モレリアの神学校で学んだクリオーリョの下位聖職者イダルゴ神父は、教区の貧しい村人たちのために尽力したことで知られていた。同時にこの地方のクリオーリョたちが集まる文学愛好者の会に参加しており、そこで独立運動の秘策が画策された。しかし独立運動は密告されて副王庁に漏れたため、彼らは、急きょ、武装蜂起を決行した。これがのちに「ドローレスの叫び」として知られる、多数の農民をまき込んだメキシコ独立運動の勃発である。

イダルゴ

イダルゴ神父らに率いられた一群は、各地で周辺の農民をまき込み、膨れ続けて約一〇万にも達するインディオとメスティソの農民から成る反乱軍となった。しかし近代武器をもたず、鎌やすきで武装した、規律を欠くイダルゴ軍は、数ヵ月後には副王軍に制圧された。イダルゴ自身は北部のチワワ市まで逃れながら捕えられ、蜂起してから一〇ヵ月後に処刑された。しかしイダルゴ反乱軍が引き起こした独立運動は、メキシコ植民地社会を混乱に陥れ、暴動化した群衆の攻撃と反乱に恐れを抱いたクリオーリョの多くは、独立運動に背を向けた。インディオやメスティソよりはるかに恵まれたクリオーリョにとって、イダルゴ神父の率いた反乱軍はあまりにも異質のものであったからである。

イダルゴ神父の独立運動は、メスティソの司祭モレロスによって引き継がれた。モレロスもまた、イダルゴ神父と同じく神学校で学んだ下級司祭であり、辺境の村の教区司祭として貧しい村人の中で働いてきた。イダルゴ神父の蜂起に共鳴して独立運動に参加したモレロスは、その優れた統率力と行動力とによって、イダルゴ軍に呼応しながら独立解放軍の勢力を南部に拡大していった。イダルゴ軍の敗走後は、南部メキシコを中心に武力闘争を続けた。モレロスの独立解放運動には、イダルゴの運動より明確な独立への構想があった。一八一三年に現在のゲレロ州チルパンシンゴに少数のクリオーリョたちからなる議会を開催させ、独立のための政治綱領を起草させた。そして一八一四年一月二二日に、メキシコ独立の構想を成文化したアパチンガン憲法を発表した。ここに掲げられた独立構想は、スペイン人を追放し、アシエンダを分割し、奴隷制および身分制をすべて廃止して、人種平等の下での主権在民と普通選挙権が確立されるという国家建設計画であった。しかしアパチンガン憲法が発表された時には、情勢はすでにモレロス独立派に不利に展開しており、一八一五年一二月モレロスは副王軍に捕えられ、この独立宣言は無効となった。

モレロス亡きあと、副王軍は勢力を回復した。各地に散在して戦う独立派勢力は全国をまとめる指導者をもたぬまま、孤立してゲリラ戦へと転じていった。しかし一八二〇年にスペインで自由主義派の革命が成功しカディス憲法が復活すると、クリオーリョたちは一転してスペインからの独立を支持し、イトゥルビデを司令官に擁立して副王軍を破り、一八二一年にメキシコの独立を達成した。クリオーリョたちの翻意は、必ずしもスペイン本国で成立した急進的な自由主義政権への懸念からのみ生じたのではなかった。むしろ本国でたびたび急変する政情への苛立ちとそれに翻弄される植民地という関係を断ち切るためにも、独立の道を選んだのである。イトゥルビデは、「君主国家の樹立」、「スペイン人とクリオーリョの差別撤廃」、「教会の財産と特権の保障」を明記したイグアラ計画を掲げてメキシコの独立を宣言した。のちメキシコは、イトゥルビデを皇帝とした帝政を経て一八二四年に連邦共和国となり、国家建設の道を歩むことになる。

中米地域の分離独立

中米地域は、ヌエバ・エスパーニャ副王領の中のグアテマラ軍務総監領として統治されていた。はじめ現在のホンジュラス西部で金鉱が発見されたため、一五四四年に金鉱の町グラシアスにアウディエンシアの設置が決定されたが、現地のスペイン人たちの反対でアウディエンシアは一五四八年にグアテマラ市（現在のアンティグア）に置かれた。しかしこの地域の金鉱脈はすぐに枯渇してしまった。またヌエバ・エスパーニャ副王庁の置かれた首都メキシコ市から遠かったため、中米地域は植民地時代を通じて少数のスペイン人やクリオーリョが所有するアシエンダを中心に、カカオ、染料となるコチニール（ウチワ・サボテンに寄生するカイガラ虫科の昆虫）やインディゴ（藍）を輸出する、発展の遅れた地域であった。

ブルボン改革によってグアテマラ軍務総監領は、グアテマラのアウディエンシア直轄領を除いて、エルサルバドル、コマヤグア（現在のホンジュラス）、レオン（現在のニカラグア）、チアパス（現在のメキシコ南部チアパス州）の四つのインテンデンシアとプロビンシアのコスタリカに分けられ、今日の中米各国の原型ができあがっていた。インテンデンシアは、前章でとりあげたように、効率よく植民地を統治するための行政機構の再編によって形成されたものであったから、以上のようなインテンデンシアの設置は自然環境および植民地社会の発展状況に従った合理的な地域区分でもあった。こうしてインテンデンシア制の導入は、すでに形成されていた各地域の独自性と地域主義をいっそう強化することになった。

モラサン

一八世紀末の中米地域には約一二五万の人口が存在しており、その半分は先住民であったと推定されている。中米各地の少数のクリオーリョから成るエリート層のほとんどは、一六八一年に開校したグアテマラ市のサンカルロス大学で教育を受けて育ち、教養・文化・思想などを共有していた。一八世紀後半にヨーロッパから届いた啓蒙思想はこれらのクリオーリョたちを刺激した。また貿易の自由化によって中米地域の経済活動が活発になると、彼らはヨーロッパの啓蒙思想運動にならって一七九五年に経済協会を組織し、これまで長年にわたって疎外されてきた中米地域の経済開発と貿易の促進を画策しはじめた。これらの活動は中米域内の経済改革事業であり独立運動とは無関係であったが、経済協会は植民地統治機関から解散を命じられ、一八〇〇年から一一年の間、活動を停止した。

一八一〇年にメキシコ中央部で発生した独立運動は、この遠隔の地にも影響を与えた。中米地域では多数のインディオやメスティソをまき込んだ大衆の反乱は起こらなかったが、小規模の反乱と陰謀が各地で発生し、また地域の対立を深めた。カディスの国民議会に中米代表が参加していたが、他方で中米地域を一つに統合する力量のあるリーダーが台頭せず、各地は混沌とした対立状態を続けた。メキシコで一八二一年八月にイトゥルビデが独立を宣言すると、中米地域のクリオーリョたちはメキシコに合併されるべきか独立を目指すべきかで二分した。その中でメキシコによる中米解放軍の派遣を予測したグアテマラは九月一五日に独立を宣言した。しかし、翌一八二二年一月に中米地域はメキシコに併合された。メキシコがイトゥルビデを皇帝とする帝政へ移行すると、中米地域は一八二三年七月にメキシコからの分離独立を宣言して、チアパスを除いた地域が中米連合として独立した。

新生独立国家となった中米連合の建国の道は多難であった。地域主義による対立に加えて、保守派と自由主義派が激しく対立し、内乱状態が続いたからである。しかし一八二四年に制定された憲法は、アメリカ合衆国の憲法を大幅にとり入れ、自由主義色の強い進歩的な憲法であった。カトリック教会の特権が制限され、奴隷制が廃止された。また同憲法によって中米連合は中米連邦共和国となり、一八二五年に自由主義派のアルセが初代大統領に選出された。アルセ大統領の率いる中米連邦政府はただちにメキシコとアメリカ合衆国から承認され、のちにとりあげる一八二六年にボリーバルが招集したパナマ会議にも代表を送った。しかし植民地時代を通じてこの地域を支配してきたグアテマラの抜きん出た人口規模と経済力に対する他の地域の反感、政治体制をめぐって対立する自由主義派と保守派の抗争、破産状態の財政、植民地統治機関なきあとの治安の混乱など、アルセ政権は多くの問題に直面しなければならなかった。一八二七年から二九年にかけて連邦政府に対して武装蜂起したホンジュラスのモサランが一八三〇年に政権を掌握し、一八三九年まで中米連邦を支配した。一八三四年に首都をグアテマラからエルサルバドルへと移転した。一八三七年にグアテマラで発生したコレラの大流行によって社会混乱が起こり、中米地域は内乱状態となった。そして一八三九年の大統領選挙が実施されないままに、中米連邦共和国は崩壊した。

こうして中米地域は、コスタリカ、ニカラグア、ホンジュラス、エルサルバドル、グアテマラの五つの小国に分離した。中米連邦共和国が長く存続できず分離してしまったのは、この地域が植民地時代に植民地支配の中枢から遠く離れていたため、各地で少数のクリオーリョによる寡頭支配体制が形成され、それらの寡頭勢力間の抗争がスペインからの独立によってかえって激しくなったからである。しかし一八三〇年から一八三九年にかけて中米連邦の大統領の任にあたったモラサンは、中米地域の統合を目指して尽力し、今日でも「中米の父」とされている。

3　南アメリカの独立

アンデス地域の独立

スペイン領の南アメリカ大陸のアンデス山脈にかかるペルー副王領とヌエバ・グラナダ副王領は、一八一一年から一八二五年にかけてグランコロンビア、ペルーおよびチリの三つの共和国に分離独立したが、その独立は複雑で熾烈な過程を経て実現された。なぜならヌエバ・グラナダ副王領内のカラカス、ボゴタ、キト、ペルー副王領内のサンチアゴ、ラプラタ副王領内のチャルカス（現在のボリビアのスクレ）を中心に独自の独立解放運動が起こり、それぞれの地域の中でさらに地域的な対立があり、スペインからの独立を目指した統一行動をこれらの地域がとったわけではなかったからである。

アンデス地域でスペイン王党派の牙城となったのは、ペルー副王領の首都リマである。ここは副王軍による守りも固く、最後まで独立派勢力に抵抗した。一方、ヌエバ・グラナダ副王領は一八世紀に成立した新興地域であり、リマと比較すると自由で進歩的な気運の漂う地域でもあった。このような対照的な地域を含むアンデス地域の独立運動は、北部のカラカスと南部のサンチアゴからはじまった。

カラカスを中心とする現在のベネズエラは、ブルボン改革によって独立したインテンデンシアとなったが、一八世紀にはカカオ・綿花・砂糖・タバコ・牧畜産品などの生産地として、一七世紀までの辺境の地から経済の繁栄する地域へと急変貌を遂げていた。一八一〇年にスペイン本国における政変が伝わると、カラカスの市議会はスペイン人官僚を追放し、政務委員会を発足させた。この地域の独立運動に参加した人々の中で指導的役割を果たしたのが、ミランダとボリーバルである。ミランダはカラカスで生まれ教育を受けたのち、スペインに渡ってスペイン軍に参加、のちにアメリカ合衆国内を広く歩き、アメリカやヨーロッパからスペイン領アメリカの独立支援をとりつけようと画策した人物で、南アメリカ大陸独立運動の先覚者とされている。彼は一八一一年七月にベネズエラの独立を宣言し、アメリカ合衆国の影響を受けた憲法を制定したが、翌一八一二年三月に発生したカラカスの大地震によってミランダ政府は崩壊し、国外へ追放された。

一方、ボリーバルは、のちに「南アメリカ大陸解放の父」と呼ばれるように、独立運動の最高指導者として数々の激戦を戦い抜き、スペインからの独立に大きく貢献した人物である。またラテンアメリカ地域の統合を呼びかけ、将来を見通した優れた政治家でもあった。アンデス地域の独立解放は、ボリーバルによって達成され、彼が描いた汎アメリカ主義は今日においても重要な指標となっている。

ボリーバル

ボリーバルはカラカスにおけるクリオーリョの大地主の子として生まれ、優れた教育を受けて一六歳でスペインに留学した。のち広くヨーロッパやアメリカ合衆国を旅行し、一八一〇年に独立運動が起こると独立革命政府に参加した。幾多の苦難と敗北をきり抜け、やがて独立解放軍の指導者となったボリーバルは、一八一九年に独立したグランコロンビア共和国の大統領に選出された。しかし独立戦争はさらに続き、エクアドルとペルーの解放を目指したボリーバルは、一八二四年一二月に「アヤクチョの会戦」として知られる一大決戦でスペイン副王軍を破って南アメリカ大陸の解放を決定的にした。一八二五年にボリーバルの腹心の部下であったスクレ将軍によって解放され独立したボリビア共和国は、英雄ボリーバルにちなんで名づけられたものである。

ボリーバルが後世に名を残したのは、独立戦争における功績のためだけではなかった。優れた洞察力をもった独立期の政治家として、分裂独立した旧スペイン系諸国の団結を呼びかけ、独立国家の安全保障のための連合組織体を結成するよう働きかけた。ボリーバルは一八二六年にそのためのパナマ会議を招集した。参加したグランコロンビア、メキシコ、中米連邦およびペルーの四ヵ国は、スペインによる再征服の危機に備えて軍事同盟を結んだ。しかし同盟条約は、グランコロンビアを除いた三国が批准しなかったために発効しなかった。ボリーバルによるこの集団安全保障体制と米州連合組織結成の構想は、今日の米州機構(OAS)に受け継がれている。しかしボリーバルの目指した南アメリカの統一計画は挫折した。ボリーバルによって建設されたグランコロンビアも、一八三〇年には今日のベネズエラ、コロンビアおよびエクアドルの三国に分裂した。

オイギンス

一方、アンデス南部のチリでは、サンチアゴで一八一〇年九月に公開市議会が開催され、フェルナンド七世の名の下で臨時政府が樹立された。アウディエンシアが解体され、スペイン人官僚が追放された。ペルー副王が送った鎮圧軍に対して、オイギンス司令官の率いる独立解放軍が抗戦した。チリの独立を決定したのは、アンデス山脈を越えてチリに入ったラプラタ地域の独立解放軍が副王軍に圧勝した一八一七年のチャカブコの会戦であった。チリは一八一八年に独立を達成した。

ラプラタ地域の独立

一八世紀に副王領となったラプラタ地域では、ブルボン改革による貿易の自由化によって、港町でもある副王都市ブエノスアイレスが急速な発展を遂げていた。一九世紀初頭にはブエノスアイレスのクリオーリョ商人たちが、アルトペルー（現在のボリビア）への通商路はもとより、パラグアイおよびその他の地方を支配し、絶大な影響力をもっていた。一八〇六年にイギリス軍がラプラタ川河口に侵入した時、防衛に成功したのはこのクリオーリョを主体とする民兵組織であった。当時の副王軍三七〇名に対して民兵の数は三〇〇〇を超えていたことからも想像できるように、副王の力は弱かった。一八一〇年五月のスペイン本国の出来事がブエノスアイレスに伝わるや、クリオーリョたちは民兵の支持を背景にして政務委員会を設立し、副王を追放した。そしてブエノスアイレスをすべての国に開かれた自由貿易港とし、奴隷制の廃止を含む社会改革に取り組んだ。

しかしラプラタ地域全体の独立解放には、さらに数年を要した。ラプラタ副王領の北部にあたるアルトペルーは、すでに述べたようにペルー副王軍の支配下にあったし、またアルトペルーとブエノスアイレスを結ぶ通商路に沿って発達したコルドバやトゥクマンなどの内陸部は、ブエノスアイレスと同一の行動をとらなかったからである。一八一四年にスペイン本国でフェルナンド七世が復位し、植民地の独立運動に対して巻き返しを図ると、それまで対立していたラプラタ地域の各地方は「ラプラタ諸州連合」として一八一六年七月九日に独立を宣言した。しかしラプラタ諸州連合はアルトペルーのペルー副王軍による再征服の危機とラプラタ川北岸を狙うブラジルの脅威を受け、非常に不安定な状況にあった。ラプラタ地域が完全に独立するためには、まずペルー副王軍からの解放が必要であった。その任務を遂行したのがボリーバルとともに南アメリカ大陸独立の英雄となったサンマルティンである。

サンマルティンはスペイン人の軍人を父としてアルゼンチンの内陸部で生まれ、スペインで教育を受けたのちスペイン軍隊に入りヨーロッパの戦線で戦った。一八一〇年のブエノスアイレスの独立運動に共感してスペインから戻り独立運動に参加し、ブエノスアイレスの独立軍の勝利に貢献した。一八一七年に五〇〇〇名を超す兵士と牛馬を率いてアンデス山脈を越え、王党派を撃破してチリの独立を促した。さらにチリから海岸沿いにリマを攻略して、

サンマルティン

一八二一年七月にはペルーを支配下に置いた。しかしペルー副王軍が最後まで死守したアルトペルーを、サンマルティンは攻略することができなかった。一八二二年七月にエクアドルのグアヤキルにおいてボリーバルとサンマルティンの両雄は歴史的な会見をしたのち、サンマルティンは独立解放戦争の指揮権をボリーバルに委ねてその輝かしい地位を下りたのである。

一方、現在のパラグアイ地方では、一八一一年五月に独立派がスペイン人官僚を追放し、六月二一日にパラグアイの独立を宣言した。一八一四年にフランシアに実権が委任され、一八一六年に終身統治者の地位が認められ、パラグアイはフランシアによって一八四〇年まで独裁的に支配された。植民地時代後半のパラグアイはラプラタ川を唯一の出口とする奥地後進地域であったが、常にブエノスアイレスとブラジルからの侵略の脅威を受けてきた。独立国家パラグアイはこのような状況の下で一種の鎖国状態に入り、独自の新生国家建設の道をたどった。

こうしてラプラタ地域は、ブラジルとラプラタ諸州連合の緩衝地帯として一八二八年に独立したウルグアイを含めて、三つの独立国家として分離独立したのである。

ブラジルの独立

ポルトガルの植民地ブラジルはスペイン領とは異なる独立の道をたどった。一八〇七年一一月のナポレオン軍による侵攻直前にリスボンを脱出し、イギリス海軍に護衛されて植民地ブラジルへ向かったポルトガル王家一族とポルトガル社会の中枢を占める人々は、途中でブラジル北東部のサルヴァドルに立ち寄ったのち、翌年三月にリオデジャネイロに到着した。リオデジャネイロはそれから一四年間ポルトガルの首都となり、植民地ブラジルは大転換期を迎えることになった。

この間、ブラジルは一八一五年に植民地から本国の一地域へと昇格し、ポルトガル・ブラジル・アルガルヴェス連合王国の一部となった。その結果、ブラジル領内の行政単位もプロヴィンシア制（県）が施かれ、リオデジャネイロは中央集権的王政の中枢として重要性を急速に強めた。同時に外見的にもポルトガルの首都に相応しい近代都市へとリオデジャネイロの街は変貌していった。ブラジル銀行、王立印刷所、海軍アカデミーをはじめとするさまざまな学校、図書館、博物館、植物園などがつぎつぎと開設された。政府の各種機関が設置されるにつれて、ブラジル生まれの白人たちもその下級官吏として雇用された。しかし彼らは、ブラジルがそれまでの本国ポルトガルと同等の地位に就いたことを実感しながらも、新たな問題に直面しなければならなかった。

まずポルトガル王室がヨーロッパの国際政治の中でイギリスに大きく依存していたことは、首都リオデジャネイロへの遷都とともにブラジルに深刻な影響を与えることになった。ポルトガルは一八一〇年にイギリスと通商航海条約を締結したが、これはブラジルにとって不平等条約であった。イギリスに治外法権を与えたうえに関税特権を認めたため、イギリスの工業製品がブラジル市場を支配する結果を招き、ブラジルにおける産業育成を阻害することになった。この不平等条約が撤廃されるのは、ブラジルが独立を達成したのちの一八四四年である。

次に王権による直接支配は、ブラジル生まれの白人にさまざまな新しい問題をもたらした。はじめポルトガル王室の渡来を歓迎した彼らも、ポルトガル人たちとの間で生じる差別に直面し、不満が高まり抵抗へと転じていった。王政の中央集権的施政に対する地方の反発、抜きん出た首都リオデジャネイロの地位に対する地方都市の反発、ブラジル生まれの白人のポルトガル人に対する反感などが入り混じって、一部では険悪な対立関係へと発展していった。とくにフランス領ギアナの占領、南部ウルグアイ川東岸地域への侵攻による軍事費の増加、リオデジャネイロ

ペドロ一世

の近代化に投じられた資金と王室と帝国の行政機構の維持費などが増税を強いる結果を招くと、不満はいっそう高まった。

　これらの経費の一部を賄うためにブラジル銀行は紙幣を乱発したが、当然ながら物価の急騰を引き起こし、増加しつつあった都市部の中間層の生活を直撃した。このような状況の中で一八一七年にペルナンブコで起こった蜂起は、ブラジル独立への第一歩となった。

　砂糖と綿花の伝統的生産地であるペルナンブコでは、一八一五年から一六年に襲った干ばつで大きな被害を出していた。さらにプランテーション所有者たちは、ナポレオン戦争と米英戦争の終結によってすでに砂糖と綿花の物価が下落して深刻な影響を受けていたため、リオデジャネイロの王政に対する不満をいっそう募らせた。またスペイン植民地における独立運動も彼らに大きな刺激を与えており、一八一七年三月に王政打倒を求める蜂起へと発展した。反乱は北東部一帯に広がり、レシフェに臨時政府が樹立されたが、二ヵ月後には国王軍によって制圧された。ブラジルが独立を達成するのは、一八二〇年にポルトガルで立憲革命が起こり、やがてポルトガル政府の要請に応じて国王がリスボンに帰国したのちである。

　イベリア半島からナポレオン軍が撤退したあとも、リオデジャネイロに移転したポルトガル王室は帰国を延ばしていた。しかし一八二〇年にポルトガル各地で自由主義者による反乱が起こり、立憲君主制の樹立を目指した革命が成功すると、革命政府は国王の帰国を促した。一八一六年に女王マリア一世亡きあと王位に就いたジョアン六世は、ペドロ皇太子を摂政としてブラジルに残して、ポルトガルに帰国した。ブラジルを植民地の地位に戻すための政令がポルトガルからつぎつぎと送られ、一八二一年九月には摂政ペドロ皇太子の帰国命令が出された。しかしブラジルの寡頭勢力に支持され、また帰国すれば後に残したブラジルが共和国として独立することを恐れたペドロ皇太子は、ポルトガルへの帰国を拒否し、ブラジルに留まることを決意した。翌一八二二年九月七日にドン・ペドロは「イピランガの叫び」として知られるブラジル独立宣言を行ない、ブラジル初代皇帝ペドロ一世となって、この後一八八九年まで続く帝政ブラジルの基礎を築いた。

第5章

近代国家形成の歩み

フランス侵略軍と戦うメキシコ軍（壁画）

1　新生ラテンアメリカ諸国の政治体制

建国の政治理念

独立を達成したラテンアメリカ地域では、図15でみるように、フランス領はハイチとなり、スペイン領は一八二八年までに九つの共和制国家に分離独立し、ポルトガル領はブラジル帝国となった。

これらの新生国家が歩むことになった道は険しかった。ほとんどのスペイン系ラテンアメリカ諸国では、独立後、約半世紀にわたって内乱が続き、国土は荒廃し、経済が疲弊した。この混乱の時代は、一般に「カウディーリョの時代」と呼ばれている。その原因はさまざまな要因が絡んでいて複雑だが、最も大きな原因はこの地域が長期にわたって中央集権的な植民地統治下に置かれてきたために、住民による自治意識が育たなかったことにあった。一方、ブラジルの場合、ポルトガル王室がナポレオンの侵略を受けてブラジルに避難したという事情があり、またすでに述べたように君主国家として独立したことから、スペイン系諸国ほどの混乱の時代を建国期に経験しなかった。

新しい国家の建設にあたり激しい論争が展開されたのは、国家体制を君主制にするか共和制にするかという問題であった。フランスから独立したハイチとスペインから独立したメキシコが一時帝政をとり、ポルトガルから独立したブラジルが一八二二年から一八八九年まで君主国家となったが、多くの国ははじめから共和制を採用した。一般に君主制を主張するものたちは、君主による国家の統合以外に独立後の混乱を克服する道はないと考えていた。しかし彼らが植民地時代の絶対君主制を支持していたわけではない。領土内の各地域が独自の社会と経済を発展させてきたうえに厳しい身分制社会を経験してきた新生国家は、国家統合には強力な立憲君主制が必要であると考えたのである。

もう一つの争点は、政治体制を中央集権制にするか連邦制にするかであった。広大なスペイン領アメリカがいくつもの国に分割されたとはいえ、それぞれの国の中でも植民地統治の下部行政単位にほぼ沿って独自の経済圏が形成されていたため、地域間の対立が激しく、中央政府の権限をめぐって深刻な対立が続いた。植民地時代の権力と富を象徴していた首都を中心にした強力な中央集権国家を主張する勢力と、比較的自由な自治と分権主義を主張する地方の勢力とが、二大勢力となってしばしば武力を伴った政争を続けた。この連邦制か中央集権制かという対立は、独立直後から約半世紀わたって独裁者が権力を握ったパラグアイを除けば、ブラジル帝国も含めてラテンアメリカ諸国に共通した現象であった。

植民地社会に君臨したカトリック教会の扱いもまた、新生国家にとって重要な問題となった。争点は、ローマ教皇からスペインとポルトガル両国王に与えられていた国王の宗教保護権を独立国家が受け継ぐのかどうか、また植民地時代に教会が享受してきた特権をどうするかであった。一般的にはカトリック教会が享受してきた特権を縮小させる方向に向かったが、独立国家ではカトリックは国教としてとどまり、国家の支配下に置かれた。カトリック教会の特権剥奪と教会が保持してきた政治・経済・社会における影響力を削減する政策がとられるのは一九世紀後半になってからである。それもすべての国で一律に行なわれたわけではない。

以上のような争点をめぐって、多くの国で国内

図15　ラテンアメリカ諸国の独立（1828年）

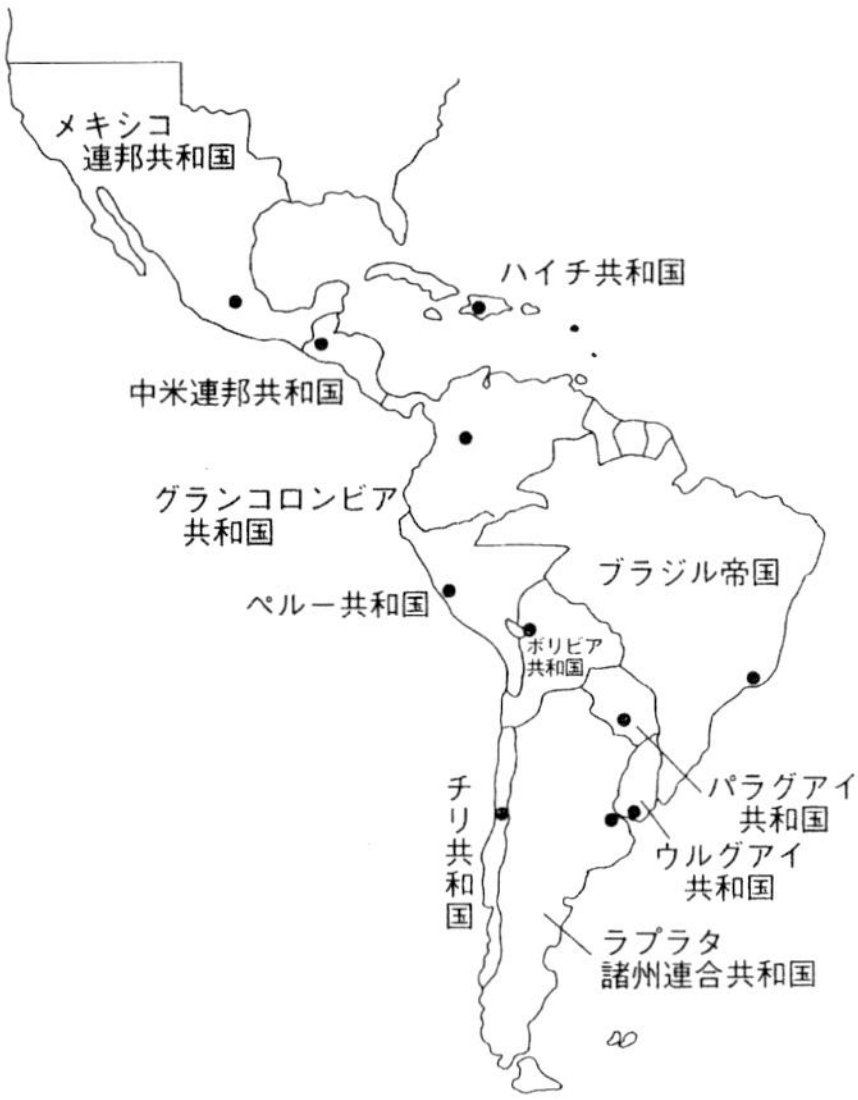

勢力が保守派と自由主義派に二分された。保守派勢力は、一般に植民地時代のスペインの伝統を否定せず、カトリックを国教とする立場をとり、カトリック教会と中央集権国家による国民統合を主張した。保守派の人々は主として大土地所有者、軍部将官層、聖職者など植民地時代の特権階級に属するものたちで、カトリックによる宗教的統一と中央の強力な政府によってのみ新生国家の統合が可能であると考えていた。

それに対して自由主義派は、主に中産階級に属する法律家や医者などの専門職にある自由業の人々や中小の土地所有者層から成り、法の下における平等と個人の自由および権利を最も重視した。彼らはスペインの植民地時代の伝統と特権主義を否定し、非寛容なカトリック教会のあり方を攻撃した。スペイン絶対王政こそ植民地支配がもたらした諸悪の根源であると考えた彼らの多くは、中央政府の権限をできるだけ制限し、小さな政府であればあるほどよいと考えた。また彼らは地域の利害関係を十分に知りうる地方に大幅な権限を譲った連邦制こそ、民主的な制度であると考えていた。

これらの保守派と自由主義派は政治体制とカトリック教会の地位をめぐって対立を続け、多くの国々でカウディーリョと呼ばれる軍事力をもった地方ボスに権力を独占されるという混乱時代が約半世紀にわたって続いたのである。

国家と国民

独立を達成したラテンアメリカ諸国のほとんどは、憲法を制定し、三権分立と議会政治を導入した。憲法では植民地時代の人種別身分制度が廃止され、漠然とした「国民」の平等と人権が保障された。奴隷制に関しては、独立運動の過程でしばしば廃止宣言が出されたが、のちにとりあげるようにすべての新生国家が独立とともに奴隷制を廃止したわけではなかった。

憲法の多くは、アメリカ憲法、フランス革命の人権宣言、一八一二年のスペイン・カディス憲法を基盤にして起草され、制定された。したがってこれらの憲法では自国の現実が無視されており、結果としてほとんど実効性をもたなかったばかりでなく、新たな問題を発生させた。例えばインディオについてみると、先住民は植民地時代には人頭税を課されていたが、一方で国王の臣民として一種の保護を受けていた。しかし独立によってその保護を完全に失ったインディオはあらゆる抑圧と搾取の対象となり、植民地時代にもまして困難な状況に陥った。

新生国家の新しい統治機構は憲法に従って形だけは整えられたが、ほとんど機能しなかった。またその憲法も多くの国で簡単に修正され、書き換えられた。そしてそのつど政治は大きく揺れ動いた。例えばメキシコでは一八二四年に「メキシコ合州国連邦憲法」が制定されたあと、一八三六年に連邦制が廃止されて中央集権体制を規定した「一八三六年憲法」が公布され、施行された。さらに一八四三年に「メキシコ共和国政治組織基本法」と呼ばれる憲法が制定された。のち一八四〇年代のアメリカとの戦争のさなかに、一八二四年憲法が復活し、さらに一八五七年に「メキシコ共和国憲法」が制定された。このように「カウディーリョの時代」を通じてメキシコの国家体制は大きく揺れ動いたが、いくつかの例外的な国を除くとスペイン系ラテンアメリカ諸国の多くがメキシコと同様の過程を歩んだ。

憲法では国籍、市民権、市民の権利と義務が明記されていたが、新生国家における国民の概念はきわめてあいまいであった。住民の圧倒的多数を占めた農民は国民としての権利を保障された市民とはならなかった。彼らはアシエンダやプランテーションまたは村落共同体の中で生活し、国民である前にそれぞれが所属する小世界の中で生まれ、一生を終えるものたちであった。彼らは国家とほとんど無関係で、地主や地域の有力な支配者に完全に従属し、また一方では保護されていた。そして一定の財産があり租税を支払う能力のある識字者のみが市民（シウダダーノ）であり、政治参加の道が開かれていた。独立と同時に奴隷制を廃止したハイチのような国もあったが、多くの国では独立後も一九世紀半ばまで奴隷制は残った。しかし基本的には独立によって植民地時代の人種別身分制は廃止されたので、インディオの人頭税、職人や商人の組合制（ギルド）など国民を差別的に扱う制度は撤廃された。

主権国家として独立した国々の国境線は植民地時代の行政区分インテンデンシアにほぼ沿っていた。しかしその境界線は厳格なものではなく、非常にあいまいであった。その結果、のちに天然資源の発見などによってそれまで両国が無関心であった国境線が注目されると、領土紛争が多くの地点で発生した。それらのいくつかは戦争へと発展しており、図16でみるようにラテンアメリカ諸国間で争われた領土紛争は少なくない。

図16　ラテンアメリカにおける主な領土紛争

この国境線の例でみるように、独立国家の形成は実はきわめて大まかなもので、独立戦争に多くの農民が動員され多くの犠牲者を出したとはいえ、独立の影響を受けたのは植民地社会の一部にすぎなかった。住民の多くは新生

国家の誕生に具体的な関わりをもたなかった。とくにメキシコ北部やアンデス地域のように国境線が引かれたあとも、国境に関係なくその地域一帯で独自の生活を続ける先住民の世界がその後も存続した。彼らにとって、国家は何の意味もなかっただけでなく、むしろ新たな権力として戦わねばならなくなる対象であった。

カウディーリョの時代

カウディーリョとは頭を意味するラテン語に由来しており、一般的には武力集団を抱えた地域の領袖を意味する。ラテンアメリカ史では、とくにスペイン系諸国における独立直後の政治の混乱期に台頭した武力集団を率いた頭領たちを指し、独立直後から一八六〇年頃までを「カウディーリョの時代」と呼んでいる。この時代はラテンアメリカ諸国がスペインから独立を達成した直後で、植民地時代の伝統的な権力と権威に代わる新しい国家体制が確立せず、国内の政治と経済が極度に混乱した時期である。すでに指摘したように、各国は植民地時代の統治機関の行政単位にほぼ沿った領域で独立したが、長年にわたる植民地支配によって地方の自治が育たなかったため、スペイン統治下の政治経済機構が崩壊したあとそれに代わる制度は容易に確立せず、力でのし上がるものが支配する群雄割拠のカウディーリョの時代が出現したのである。

サンタアナ

カウディーリョの多くは特定の地域を支配する地方規模の実力者であったが、なかには一つの地域のみならず全国を制覇して一国の権力者となる独裁者もいた。カウディーリョたちの権力と権威の源泉は、独立運動に参加して発揮したリーダーシップとカリスマ性とにあった。またこの時代はアシエンダの支配する農村が都市を凌駕していた時期

ロサス

であり、独立運動で頭角を現わした多くのカウディーリョたちは大土地を所有し、アシエンダ内の農民とは領主と領民とも呼べるような関係をもつ地域社会の支配者でもあった。カウディーリョの中には国家の統治者となったものもいるが、彼らは新生国家の組織づくりや国家の近代化に向けた長期的展望をもって統治にあたる人物ではなく、武力とカリスマ性とリーダーシップとによって個人の利益を追求し、政治を行なう頭領たちであった。国家の展望にも権力機構の制度化にも関心をもたなかったこれらのカウディーリョたちの統治は、個人の力量による統治であり、その結果、政治は不安定でしばしば気まぐれであった。メキシコのサンタアナ、アルゼンチンのロサス、ベネズエラのパエスは、この時代に一国の政治を左右した代表的なカウディーリョであり、これらすべての特徴を彼らに見出すことができる。

メキシコを支配した典型的なカウディーリョとされるサンタアナは、ベラクルス州のハラパで生まれ、一六歳でヌエバ・エスパーニャ副王軍に入隊し、一八二一年に軍隊を率いてメキシコの独立戦争に参加した、典型的な軍人あがりの指導者であった。彼は、優れた統率力とカリスマ性とにより周辺の小カウディーリョたちを統合し、再征服を試みたスペイン軍に対して独立直後の弱体な中央政府に代わって戦い、国民的英雄となった。一八三三年から一八五五年にかけてメキシコは三六回大統領が交代するほど政治不安の時代を経験したが、サンタアナはこの間に計一一回大統領の地位に就いている。しかし彼は、一八三六年にテキサスの独立を許して国土の一部を失ったほか、メキシコ・アメリカ戦争（一八四六―四八）に敗れて今日アメリカ合衆国の一部となっている広大な領土を失い、さらにその後、国土の一部をアメリカに売却した（ガスデン売却）。こうしてサンタアナは、愛国的カウディーリヨであったと同時に、現在のメキシコの国土面積を上回る領土をアメリカに譲り渡した売国奴としても記憶されている。

アルゼンチンのロサスはブエノスアイレス州の農園主の家に生まれ、一八一〇年代に食肉塩漬け工場をつくって成功した。一八二〇年代の混乱期にブエノスアイレス市を首都とする中央集権国家建設を目指す動きに反対し、分権主義を主張して連邦主義派のリーダーとなった。一八二九年にはブエノスアイレス州知事となり、一八三二年に州知事を辞したが、一八三五年に再び知事の座に就き、一八五一年まで実質的にアルゼンチンの独裁者として君臨した。この間、ウルグアイをめぐってイギリスとフランスと対立し、これらの国に二度にわたってラプラタ川を封鎖されたが、徹底抗戦に出て封鎖を失敗させた。メキシコのサンタアナと同様に干渉する外国勢力と戦った愛国者として高く評価されながら、反対派を徹底的に弾圧したその国内政治姿勢への批判も強く、ロサスはカウディーリョを象徴する武力による圧制と野蛮のシンボルとなっている。

パエス

ベネズエラのパエスは、平原地帯リャノスの牧童から独立戦争の英雄となったカウディーリョである。一八一〇年に独立運動がはじまると、パエスはリャノスの独立派勢力を率いる指導者の一人として台頭し、ボリーバルとともにベネズエラの独立を決定したカラボボの会戦（一八二一）で英雄となった。グランコロンビアからの分離独立を望む勢力とともに画策して一八二九年にベネズエラ共和国を誕生させ、その初代大統領となった。大地主や大商人からなる寡頭勢力を基盤にして一八三一年から一八四八年まで、大統領の座を退いていた期間も含めて、実質的な独裁者としてベネズエラに君臨した。パエスは寡頭勢力を通じてイギリスやドイツの資本家とも手を結んだが、一八四〇年にはじまる経済の混乱の続く中で保守派と自由主義派の抗争が激化し、パエス自身は国外亡命を繰り返した。一八五八―六三年の「連邦戦争」と呼ばれている保守派と自由主義派による内戦で、保守派に担がれて保守派陣営のために戦ったパエスは敗れ、一八六三年に亡命し、その後、祖国に戻ることなく一八七三年にニューヨークで死亡した。

ソラノ・ロペス

以上のようなサンタアナ、ロサス、パエスのほかにも数多くのカウディーリョたちが各地で輩出したこの時代に、パラグアイはカウディーリョによる内乱を経験しなかったが、ロペス父・子による独裁体制の下でパラグアイ戦争（三国同盟戦争とも呼ぶ）を勃発させ、人口と国土を半減させた。前章でとりあげたように、パラグアイは一八四〇年まで独裁者フランシアによって鎖国政策がとられ、多くの新生国家とは異なり政治の混乱期を経験しなかった。フランシアの死後に実権を握ったロペスは一転して開国政策をとり、ヨーロッパの技術と文化を導入して富国強兵を目指した。その背景にはラプラタ川河口を牛耳るアルゼンチンやパラナ川流域の制覇を狙うブラジルの脅威があった。ロペスはイギリス人技師を多数雇用して造船所、製鉄所、武器・弾薬製造工場などを建設して、軍事大国を築きあげた。一八六二年に父の死後を継いで大統領となった息子のソラノ・ロペスは、ウルグアイの内紛を契機に一八六五年にブラジルに戦争を仕掛け、のちブラジルと同盟を結んだアルゼンチンとウルグアイをも相手にして一八七〇年に戦死するまで三国の同盟軍を相手にして六年にわたって戦った。敗れたパラグアイは、人口を半減させ、しかも成人男子人口の九〇％が戦死したといわれるほど致命的な打撃を受けて、二〇世紀半ばまで国力を回復することができなかった。

ブラジル帝国の成立と発展

スペイン系アメリカでは短期的に君主制を経験したメキシコを除くと、他の国々は共和国として独立した。これに対してポルトガル領ブラジルでは、ポルトガル王家の皇太子ペドロを擁立してペドロ一世の下に君主国家が建設され、一八八九年までの六七年間、帝政が続いた。すでに述べたように、スペイン系諸国は独立後約半世紀にわたって「カウディーリョの時代」と呼ばれる政治・経済の混乱期を経験したが、ブラジルもまた広大な領土を統合していく過程で、多くの内紛と二つの対外戦争を経験し、多難な時代を経なければならなかった。しかしブラジルは、広大で多様な地域を抱えていたにもかかわらず、一つの国家として存続した。その最大の理由は、君主国家として独立したことにあり、六七年間続いた帝政がスペイン系アメリカに比べてより安定した政治環境をつくったといえる。

ブラジルは独立を達成すると、一八二三年に各地方の代表から成る制憲議会を招集し、憲法の制定にとりかかった。しかし各地域から選出された代議員たちは君主制の扱いで対立し、憲法を制定することができなかった。その結果、ペドロ一世は議会を解散して国家評議会を新たに設置し、そこで起草させた憲法を翌一八二四年三月に帝国憲法として公布した。同憲法は立法、行政、司法の三権分立を明記したが、その他に調整権という名の下で大幅な権限を皇帝に付与していた。これに対して連邦制を主張する北東部では、君主制反対派が同年七月に「赤道連邦共和国」を樹立した。南部でも、リオ・グランデ・ド・スールで共和国宣言がなされた。いずれの反乱も鎮圧されたが、植民地時代を通じて形成された実質的な地域分権主義の伝統は根強く、そのうえペドロ一世をとりまくポルトガル人たちへの反感もあり、独立国家ブラジルの建設の道は多難であった。しかも問題は国内だけでなく、領土の南部シスプラチナ県（現在のウルグアイ）の独立をめぐってアルゼンチンと武力対決さえしなければならなかった。

バンダ・オリエンタル（ウルグアイ川東岸地帯）と呼ばれた現在のウルグアイ地方は、植民地時代からポルトガ

ペドロ二世

ルとスペインがしばしば覇権を競った地域である。ブラジルの独立とともにシスプラチナ県としてブラジルに帰属したが、一八二五年にシスプラチナ県はラプラタ諸州連合（現在のアルゼンチン）への帰属を表明してブラジルからの分離独立を宣言した。この分離独立に対して、ブラジルはラプラタ諸州連合に宣戦布告を行ない、両国は戦争へと突入した。この戦争でブラジルは約八〇〇〇名にものぼる戦死者を出し、イギリスの調停によって一八二八年にバンダ・オリエンタル地方をアルゼンチンとブラジルの緩衝地帯として独立させることに同意した。こうしてウルグアイ共和国が誕生したのである。

戦争に敗れて領土を失い、また国内統合にも失敗したペドロ一世は、一八三一年に王位をわずか五歳の皇太子に譲って臣下とともにポルトガルへ戻った。その後九年間、摂政政治が続いたのち、ペドロ二世の統治時代がはじまった。摂政時代の一八三四年に憲法の修正が行なわれ、地方の自治権が大幅に認められて君主制への不満が弱まり、ペドロ二世の時代は安定した政治と経済の発展期となった。とくに一八四四年にイギリスとの不平等条約が失効し、それに伴って関税自主権が戻ると、輸入関税が大幅に引き上げられ、ブラジルの工業化がはじまった。またコーヒーが砂糖と綿花に代わる輸出産品として台頭し、コーヒー・プランテーションがサンパウロ州を中心として急速に拡大した。ペドロ二世が実権を握った一八四〇年に皇帝はわずか一四歳であったが、ブラジル生まれのペドロ二世はその後約半世紀にわたって、立憲君主国ブラジルの統合のシンボルとして大きな役割を果たした。

帝政時代を通じてブラジルが直面した大きな問題は、奴隷制の問題である。のちにとりあげるようにスペイン系アメリカのほとんどの国では、奴隷制度の廃止は独立宣言の中に盛り込まれ、のちに法制化されて一九世紀半ばまでに廃止されている。その理由は、奴隷制がそれらの国々の経済構造の中ですでに重要な役割を果たしていなかったことにあった。しかしブラジルでは一九世紀を通じて奴隷制が経済の基軸となっており、一八二二年の独立が奴隷制廃止へと結びつくことはなかった。奴隷貿易は一八五〇年に禁止されたが、その後もただちに奴隷解放へと進展することはなかった。なぜならこの頃からブラジルでは「コーヒー経済の時代」という新たな経済発展期を迎えており、労働力は依然として不足していたからである。

しかし一八六五年にアメリカ合衆国が奴隷制を廃止したことで、ブラジルは奴隷制を保守する少数派として国際的にも孤立を深めた。さらに一八六五年から一八七〇年にかけて戦ったパラグアイ戦争では、近代戦争における奴隷制国家の不利が認識された。また南北戦争の終結によってアメリカ合衆国南部の綿花生産が復活し、他方でカリブ海域の砂糖生産が拡大の一途をたどっていたため、伝統的な砂糖と綿花の生産地であるブラジル北東部の奴隷制プランテーションによる輸出経済は不振に陥った。これらいくつもの異なる情勢の変化の中で、一八七〇年代に入るとさまざまな奴隷制廃止運動がブラジル社会に広がった。

ナブコ

その中でも議会を舞台にして奴隷制廃止運動を進めたナブコが一八八三年にロンドンで出版したブラジルの奴隷制を告発する書物『奴隷廃止論』は、海外のみならずブラジル国内にも大きな影響を与えた。ブラジルは段階的に奴隷解放に向けた法制化を進めていった。一八七一年に奴隷を母親とする新生児の解放令が出された。一八八五年には六五歳以上の奴隷の条件付き解放令が出され、一八八八年に即時無条件奴隷解放令が公布された。

奴隷制の完全廃止は、翌年に起こった共和革命による帝政崩壊の直接の原因となった。しかしすでに述べたように、共和制を求める動きは一八世紀末からみられた根強い動きでもあった。一八二二年の独立時にも連邦制を主張した各地方では、君主制に反対した武装蜂起が起こっていた。一八七〇年にパラグアイ戦争が終結すると、共和制を支持する動きは軍部や教会の内部においても生まれ、各地で「共和党」が結成された。そして奴隷制廃止を決定した帝政を見限り離反した大土地所有者層は、軍部急進派の実力者であるコンスタンを擁立して共和主義革命を成功させた。こうして六七年間続いたブラジル帝政は終った。

2　残存する植民地時代の遺産

植民地社会の残存と近代化思想

一八二八年までにスペイン植民地は九つの共和国へと分離独立し、ポルトガル植民地はブラジル帝国となった。しかしこれらの新生国家群の独立は、実質的には植民地時代の社会と経済構造をほとんど変えなかった。スペイン系アメリカ諸国では法律上の人種別身分制度が廃止され、やがて奴隷制度も廃止された。しかし人口の八〇%以上を占めた農村人口のほとんどは農奴的な状態で半封建的な大農園アシエンダに拘束されていた。ブラジルは君主国家として独立しただけに、いっそう変化しなかった。どの国でも独立国家の正式な市民権を与えられたのは、人口三〜四%の資産を有する男子だけだった。

一方、植民地社会を支配してきたカトリック教会も、独立後は国教の地位を与えられ、信教の自由やその保持する特権が論議されたものの、実態はほとんど変わらなかった。むしろ多くの地域でその経済力と影響力を強化さえした。なぜなら約一五年におよんだ独立戦争の期間中、教会はスペイン王党派に対しても独立派に対しても軍資金を提供しており、その担保として押さえていたアシエンダや都市の不動産などを戦後の経済混乱の中で取得していたからである。また独立国家形成の過程において独立派に与した多くの聖職者たちが政治活動に参加していたため、教会の政治的影響力はいっそう強化された。すべての国でカトリックは国教としての地位を憲法で保障され、植民地時代に与えられていた特権も認められた。このことは、植民地社会が独立後もほとんど変化しなかった重要な要因の一つとなった。

独立戦争は多くの農民を兵士として狩り出し、農村部もまき込んだ。一八世紀にスペインから移住してきたものたちは財産を失い、国外に追放された。そして彼らが所有していた土地の多くが没収され、売却された。しかし一般的に独立は、植民地時代に形成された大土地所有制に大きな影響を与えなかった。むしろアシエンダやエスタンシアは再編成され、強化されて植民地時代の遺産として残存した。

しかし独立運動が新生国家の経済活動に残した傷跡は大きかった。農地は放置され、大農園が各地で焼き打ちされ、食糧生産は激減した。鉱山の多くは排水機能が止まって水没した。通商網は切断され、商品が流通しなくなった。家畜が独立軍によって調達され、牧畜農業は大きな被害を受けた。多くの働き手が兵士となり死んでいったため、各種の分野で労働力が不足した。独立国家の経済を停滞させたのは、それだけではなかった。植民地体制の崩壊は、労働力の供給制度であったミタ制の廃止や伝統的な金融制度の破壊につながり、独立国家群が経済を建て直すには長い歳月を要したのである。

このような状況下で新生国家を担うことになった当時のエリートたちは、しばしばカウディーリョの台頭で国外へ亡命したが、いかにして近代国家を建設するかに腐心した。彼らの多くは自国にとらわれることの少ないコスモポリタン的な自由主義者たちであった。彼らは国外遊学の経験から、自国やラテンアメリカの新生国家群をアメリカ合衆国、イギリス、フランスなどと比較して、その低開発性と非近代性を認識していた。その結果、彼らはスペイン植民地時代の遺制からの脱却こそが近代化の道であると信じた。彼らにとっては、スペイン植民地支配体制こそラテンアメリカ諸国の近代化を阻害する諸悪の根源であり、植民地支配は圧政そのものであった。スペイン本国は産業の振興を抑圧し、人口の移動を厳しく制限し、植民地間の交流を禁止してきた。セビーリャと植民地の特定貿易港との間だけに許された交易は植民地内の物価を高騰させた。そのうえ、略奪的な鉱山開発および熱帯作物の栽培は、植民地の経済と社会の発達を著しく歪めた。植民地統治機関が置かれた各地の中心都市と主要生産地帯と貿易港を結ぶ商業ルートだけが発達し、とり残された地域は三〇〇年間にわたる植民地時代を通じてほとんど変化しなかった。さらに植民地の経済活動はインディオや黒人奴隷の労働力に依存し、一般市民に自らの手を汚して労働することを卑しいものと考える植民地精神を植えつけた。このように、エリートたちは考えたのである。

自由主義者たちは、スペイン植民地体制が強制してきた異教の排除も攻撃した。ラテンアメリカ諸国の近代化とはヨーロッパから移民を受け入れることであると信じた彼らは、信教の自由を確立する必要を早くから認識していた。さらに聖職者の政治介入の制限、カトリック教会が蓄積してきた富の接収と土地の流通化、初等教育における宗教教育の禁止、国民の日常生活全般を支配する教会権力の排除などが、近代化政策に掲げられた。その結果、一九世紀半ば以降多くの国で自由主義勢力が政権を握ると、教会を擁護する保守派勢力と改革を目指す自由主義政権とがしばしば武力で対決することになった。例えばメキシコでは、一八五七年に教会の土地接収を規定した自由主義憲法が制定されると、保守勢力は独自の大統領を擁立して三年間にわたる内戦を引き起こしている。

奴隷制の廃止

ラテンアメリカ諸国の独立は植民地時代の人種別身分制を廃止し、国民の自由と平等を名目的に確立した。奴隷制度についても独立運動の過程で廃止を宣言したところが多かったが、実際に廃止されるまでには独立後さらに多くの歳月を要した。また奴隷制廃止を実現させた直接の原因は、国によってかなり異なっている。

表2は、ラテンアメリカの独立国家および非独立地域が奴隷制廃止を宣言した年を一覧表にしたものである。ここからわかるように、スペイン系アメリカ諸国の多くでは、一九世紀半ば頃までに奴隷解放令が公布されている。一九世紀末までスペイン植民地として残ったキューバとプエルトリコおよびブラジル帝国とパラグアイで奴隷制が廃止されるのは一九世紀も後半に入ってからであった。パラグアイを別にして、この二つのグループにみられる年月の差は、ブラジルおよびカリブ海域の一部が植民地時代に確立した伝統的砂糖プランテーション地帯であり、黒人奴隷の労働力に依存した経済構造が確立していたことからきている。一方、スペイン系アメリカ諸国の中でもチリ、中米連邦、ボリビア、メキシコなどが独立後いち早く奴隷解放令を出したのは、これらの国々の独立が市民革命の要素を強く有していたわけでも人道主義が強かったからでもない。これらの国では奴隷制がそれほど重要な意味をもっていなかったため、政治的理由で容易に廃止が決定されたからである。とくに長期にわたった独立戦争で国土が荒廃し経済が破綻して、独立後に奴隷制を維持する基盤が著しく弱まっていたことは、奴隷制の廃止を容易にした。また独立戦争に動員された奴隷は、しばしば戦後に自由な身分を与えられていた。例えばチリの場合、独立によって約四〇〇〇名の奴隷が無条件で解放された。

表2　ラテンアメリカ諸国における奴隷解放年表

国　　名	奴隷解放年
ハイチ	1801
チリ	1823
中米連合	1824
ボリビア	1826
メキシコ	1829
カリブ海イギリス領	1833
ウルグアイ	1842
カリブ海フランス領	1848
コロンビア	1851
エクアドル	1852
アルゼンチン	1853
ベネズエラ	1854
ペルー	1854
カリブ海オランダ領	1863
パラグアイ	1870
プエルトリコ	1873
キューバ	1886
ブラジル	1888

きわめて政治的な意図で廃止されたのがメキシコの場合である。メキシコは北部領土の防衛と開発のために、一八二一年以来アングロサクソン系住民のテキサスへの入植を許可していた。しかしその急速な進展はメキシコの為政者にアメリカ合衆国の膨張と侵略の危機を認識させ

表3　18世紀末の地域別奴隷概数

地　域	奴隷概数（人）
カリブ海域	1,122,000
ブラジル	1,000,000
ペルー	89,000
ベネズエラ	64,000
コロンビア	54,000
ラプラタ	21,000
メキシコ・中米	19,000
チリ	12,000
合　計	2,381,000

た。その結果、アングロサクソン系の奴隷制を保持する移民社会がそれ以上拡張することを防ぐために、メキシコ政府は奴隷制の廃止を決定している。

一方、一九世紀後半まで奴隷解放が進まなかった国々は、基本的には奴隷への労働力依存が高い経済構造をもつ国である。**表3**は一八世紀末の地域別にみた奴隷人口の概数である。この表で示された奴隷人口の比較的多いペルーの場合、海岸地帯の砂糖プランテーションが主として奴隷の労働力によって成立していた。グランコロンビアを形成して独立したベネズエラやコロンビアの場合、植民地時代にカカオや綿花などが主要な輸出産品として生産されており、奴隷の労働力への依存が高かった。しかしベネズエラとコロンビアの場合、グランコロンビア時代の一八二〇年には奴隷から生まれた新生児の解放令が出されており、奴隷制が完全に廃止されるまでに実際の奴隷人口は同表で示されている数字よりも大幅に減少していたと考えられる。

スペイン系アメリカで最後まで奴隷制が存続したキューバは、一八九八年までスペインの植民地として残り、砂糖プランテーションを支える重要な労働力である奴隷の解放に抵抗した。しかしイギリスの強い圧力とアメリカ合衆国における南北戦争による奴隷解放がキューバをはじめとするカリブ海域に大きな影響を与え、プエルトリコは一八七三年に奴隷制を廃止し、キューバも一八八六年に廃止せざるをえなかった。

奴隷制を最後まで保持したブラジルの場合、奴隷制が経済・社会の基盤となっていたため、解放への過程はより長期にわたり、かつより複雑だった。一八五〇年に奴隷貿易は廃止されたが、砂糖およびコーヒー・プランテーションの労働力を奴隷に依存していたため奴隷労働力に代わるヨーロッパ移民やアジア移民を誘致するまで年月を要した。国の内外から奴隷制への批判が強まり、とくに一八六五年から一八七〇年にかけてパラグアイと戦った「パラグアイ戦争」に黒人奴隷が多数動員されたことから、戦後に奴隷解放への気運が高まり、すでに述べたように一八七一年には奴隷の女性から生まれた新生児の解放令が出された。さらに一八八五年には六五歳以上の奴隷の無条件解放と六〇歳以上の条件付き解放令が出され、さらに一八八八年に奴隷制が全廃された。

国家とカトリック教会

植民地時代を通じてカトリック教会はスペインとポルトガル国王の支配下に置かれたが、とくに一八世紀のブルボン改革とポンバル改革時代に国王は教会に対する権限を強化した。すでに述べたように莫大な富と権威を確立したアメリカ大陸のカトリック教会は、しばしば王権に対抗した。辺境地における布教活動と教育に実績をあげたイエズス会が一八世紀後半にポルトガル領からもスペイン領からも追放されたのは、そのようなカトリック教会と王権との対立が激しく衝突した結果であった。

アメリカ大陸で独立運動が発生すると、教会は王権を支持して独立に反対した。しかしメキシコの独立運動で指導的な役割を果たしたイダルコ神父やモレロス神父のように、各地で聖職者たちが独立を支持して積極的に独立運動に関わった。彼らのほとんどはアメリカ生まれのクリオーリョで、下級の聖職者たちであった。いかに多くの聖職者たちが独立運動に参加したかについては、次のような数字がある。メキシコでは初期の独立運動が失敗した一八一五年までに副王軍に捕えられ処刑された聖職者の数はイダルゴとモレロスを含めて一〇〇名以上にのぼった。また一八一〇年のラプラタ地域の独立宣言に署名した中に一六名の聖職者の名前があったし、グアテマラでは一三名の聖職者が署名していた。エクアドルのキトで出された一八〇九年と一八一四年の独立宣言には三名の聖職者が署名していた。独立運動への反応が最も鈍かったペルーにおいてさえ、一八二二年の議会には五七名の議員中二六名が聖職者であった。しかし彼らは、王権を支持したカトリック教会の権力中枢から遠い地位にあったクリオーリョの下位聖職者たちであった。教会中枢部が反独立運動の要であったことは共通している。

独立を達成したラテンアメリカ諸国がすべて共通して直面した重大な問題は、すでに述べたように、カトリック教会の扱いをめぐるものであった。植民地時代に王権が保有していた宗教保護権はローマ教皇から与えられたもので、聖職者の叙任権、教会の権力と収益の監督権、教皇大勅書に対する拒否権を含んでおり、王権による教会支配と管理権を認めたものであった。いずれの新生国家も、この国王が保有していた宗教保護権を国家が引き継ぐことを主張した。しかし教会側がこれを拒否したため、独立直後から国家と教会の対立がはじまった。ローマ教皇庁は独立運動初期には王権支持の立場に立ったが、やがてスペインで自由主義革命が成功すると、中立へと転向した。しかしやがてナポレオンが去ると、ローマ教皇庁はスペインおよび神聖同盟の強い要請を受けて、ラテンアメリカ諸国の独立を承認しなかった。君主国として独立したブラジルは一八二五年にローマ教皇から国家承認を受けたが、スペイン系諸国の場合一八三六年にメキシコが承認された。しかしそれより先に事実上の承認を与えていたコロンビアの首都サンタフェ・デ・ボゴタに、ローマ教皇庁は教皇使節代理を置き、旧スペイン領アメリカ全体を管轄させた。こうしてスペイン系アメリカ諸国のカトリック教会は、独立以降一九世紀を通じてローマ教皇庁とは無縁の状態に置かれ、新興国家群が主張した信教の自由、教会が保有してきた特権の撤廃などの問題をめぐって孤立状態で新生国家と激しく争わねばならなかった。

独立直後ブラジルを除くラテンアメリカの教会が最も大きな影響を受けたのは、聖職者の叙任に関するものであった。叙任権はかつては国王のもので、教会の高位聖職者はスペインで任命され本国から派遣されていた。したがって独立戦争の期間中と独立後に、その多くの高位聖職者たちが任期を満たして帰国したり任地で死亡し、また国によっては新生国家によって国外追放を受けたため、多くの大司教区が空白となり、教会の政治力は急速に低下した。また聖職者全般についてみると、在俗者と修道者を問わず、多くの聖職者を教会は失っていた。メキシコの場合、在俗者の数は一八一〇年の四二二九名から一八三四年の二二八二名まで減少し、修道者の数は一八一〇年の三一一二名から一八三一年の一七六二名になった。

教会の経済力もそれに伴って縮小した。まず一七六七年のイエズス会の追放によって深刻な打撃を受けていたうえに、独立運動によって各地で教会は資金源として狙われ、半ば強制的に多くの富を拠出させられた。さらに国土の荒廃と経済活動の停滞は、多くの土地を所有して商業的営農を営み、また都市不動産を所有していた教会に大きな被害を与えた。それでも独立直後の教会は、どの地域でも富の半分以上を所有していたといわれている。

一方、ブラジルのカトリック教会は、植民地時代を通じてスペイン系アメリカほど権力機構としての地位を確立していなかった。すでに第3章でとりあげたように、ブラジル植民地におけるカトリック教会は異端審問所を設置せず、比較的緩やかな宗教的統制を行なったきた。そのうえブラジルの独立がポルトガル王室のブラジル移転によって君主国家となったことから、独立国家が王権の宗教保護権を争う必要もなかった。しかもローマ教皇は一八二五年にブラジルの独立を承認したのち、一八二七年にはブラジル皇帝に宗教保護権を認めていた。

3　新生ラテンアメリカ諸国と国際環境

ラテンアメリカの独立と欧米列強

ラテンアメリカ諸国の独立がヨーロッパにおけるナポレオンの台頭を契機として発生したヨーロッパ情勢の変化の中で達成されたことを、前章でみてきた。こうしてスペイン系ラテンアメリカ諸国ではクリオーリョたちが独立により政治の実権をスペイン人に代わって握ったが、多くの国で経済は独立運動期に有利な地位を獲得したイギリス人の手に握られた。イギリス人は、ラテンアメリカ諸国が独立を達成するとほとんど同時に新生国家に貿易の自由化を迫り、門戸を開放させた。そのうえイギリスからの輸入商品に対しては低い関税率を適用させ、事実上ラテンアメリカ諸国から関税自主権をも奪った。その結果、一八一〇年から一八二五年までの間にイギリスとラテンアメリカの貿易額は一〇倍にも膨れあがった。このようなイギリスの経済的進出は、独立以降も進展した。

独立期のラテンアメリカ諸国にイギリス人が進出を果たした背景には、ヨーロッパ諸国による再植民地化の危機があり、それらの国々を牽制できるのは唯一イギリスであったという事情がある。独立直後のラテンアメリカ諸国は、旧本国によって再び植民地化されるのではないかという不安に常に脅かされていた。実際ヨーロッパではナポレオンが没落すると神聖同盟が結成され、ラテンアメリカ諸国の再植民地化を目指す動きが起こっていた。しかしスペインにも、ポルトガルにも、またフランスにも、独立を達成したラテンアメリカ地域に軍隊を派遣して再征服するだけの力はなかった。かつてナポレオンのイベリア半島侵攻に際してポルトガル王室のブラジル移転を助け、またスペインの反ナポレオン抵抗運動を支援したイギリスは、神聖同盟に加わったとはいえ、ラテンアメリカに領土的野心をもたず、先に述べたように専ら貿易の自由と市場の確保に関心を示したにすぎなかった。

その背景には、アメリカ合衆国の独立以来カナダやフロリダ半島などの領土をめぐってイギリスはアメリカ合衆国と争い続け、一八一二年から一八一四年には英米戦争へと突入していた。これらの経験から、広大なラテンアメリカ地域をスペインとポルトガルに代わって統治することの不可能さをイギリスは十分に認識していた。むしろ産業革命によって著しい成長を遂げたイギリスの工業製品の市場の確保こそ、イギリスの野心であった。こうしてイギリスは独立を達成した新生諸国に対して国家建設に必要な莫大な資金を提供することになった。一八二二年から一八二五年のわずか四年間に二〇〇〇万ポンドの資金がロンドンの金融市場で集められ、各国政府へ貸し付けられた。さらにメキシコ、ペルー、ボリビアなどの鉱山にも資金が投下された。しかし一八二九年までにラテンアメリカ側は返済不能な状態に陥っており、有名な「ロンドン金融市場のバブル崩壊事件」を発生させた。

一方、アメリカ合衆国はラテンアメリカで独立運動が勃発すると、一八一五年に中立宣言を行ない、静観する姿勢をとった。その大きな原因は、一八一二年から一四年まで自らもイギリスと戦っていたためラテンアメリカ地域の独立戦争を支援する余裕がなかったことや、フロリダ半島をスペインから購入すべく交渉中であったからである。しかしラテンアメリカ各地の独立派の密使が訪れ、また国内における武器弾薬の調達活動にも干渉せず、独立運動への好意的な姿勢は明らかであった。そしてアメリカはやがて独立派支援の態度を明確にしていった。マディソン大統領は各地の独立派に特使を送って支援し、特使の一人であるポインセットが南アメリカの総領事として活動した。一八二二年にグランコロンビアとメキシコを承認したアメリカは、つぎつぎと新生国家に国家承認を与えた。こうしてアメリカは、ラテンアメリカ地域に強い足場を築きつつあったイギリスに対して、明確な対決の姿勢を示すことになった。そのアメリカの決意表明が一八二三年に出された「モンロー宣言」である。

先に述べたようにヨーロッパ諸国が独立直後のラテンアメリカ諸国に再征服の野心をみせた時、イギリスはラテンアメリカ地域が他の国の支配下に入ることを両国が黙認しないという共同宣言を発表する提案をアメリカにもちかけた。しかしアメリカはこのイギリスの提案を拒絶し、独自に「モンロー宣言」を表明して西半球の独立を擁護し、ヨーロッパ諸国の干渉を断固として排除する旨を宣言した。モンロー大統領が議会に向けた教書の中で述べたこの宣言は、自らの国も含めて独立して間もないアメリカ大陸の国々がヨーロッパ諸国によって干渉され再征服されることを牽制したものである。しかし当時のアメリカは、ヨーロッパ諸国が企てた軍事的干渉と侵略を阻止するだけの力をもっていなかった。実際にスペインもフランスもイギリスも、ラテンアメリカ諸国に対して軍事介入を行なった。その中でもフランスは一八六四年から一八六七年にかけてメキシコを支配し、マキシミリアノ皇帝を擁立すらしたのである。

アメリカが「モンロー宣言」で表明した決意は、ほとんど実行力をもたなかった。それどころかアメリカは国内で膨張主義が急速に高まる中で、一八三〇年代から一八四〇年代にかけてメキシコ北部への領土的拡張を果たしていた。「モンロー宣言」がのちに明らかとなるアメリカの膨張主義をすでに潜めていたとするのは一つの解釈であるが、アメリカが等しくヨーロッパの植民地から独立した国としてラテンアメリカの新生独立国家群に好意的であったのは事実である。多くのクリオーリョたちが、自国の建国にあたりアメリカの経験と制度をとり入れようとした。アメリカ合衆国はラテンアメリカ諸国にとって一つのモデルであり、自由と平等、議会民主主義、連邦主義など、規範とすべきものを有する先達であった。

汎アメリカ主義と反米主義

汎アメリカ主義（パンアメリカニズム）とは、南北アメリカ両大陸を一つのグループと捉え、アメリカ大陸諸国が相互に援助協力しようとする思想と行動様式である。具体的な行動がはじまるのは一八八九年にアメリカ合衆国の首都ワシントンで開催された第一回米州諸国会議であるが、その源流は独立期にあった。ポルトガル植民地がブラジル帝国として独立し、スペイン系アメリカが多くの国に分離独立すると、その弱小国家群の将来についての懸念が多くの人々の間で指摘された。その中でも「南アメリカ大陸解放の父」と呼ばれるボリーバルは、スペイン系ラテンアメリカ諸国の統合が不可欠であることを説いた代表的な人物であった。

独立戦争は多くの英雄を排出したが、ボリーバルほど熱心に独立国家群の将来までを展望した指導者はほかにいない。彼は一八一〇年にカラカスで独立運動を開始してから実質的に引退した一八二八年までに、グランコロンビア、ペルー、ボリビアを独立させ、その政治体制の確立に大きな影響を与えた。ボリーバルの施策は時期により必ずしも一貫してはいなかったが、ボリーバルが常に指摘し続けたのはスペインの植民地政策への非難と分裂したスペイン系ラテンアメリカ諸国が何らかな形で統合する必要性とであった。なぜなら分離独立した国々はあまりにも弱体であり、独立国家として外国からの侵略に抵抗できないとボリーバルは考えていたからである。

一八二四年に、グランコロンビアとペルーの大統領の地位にあったボリーバルは、スペイン系ラテンアメリカ諸国の共同防衛と統合を目指して連合組織を結成するための会議の開催を呼びかけた。これが一八二六年六月から七月にかけてパナマで開催された「パナマ会議」である。出席したのは、グランコロンビア、メキシコ、中米連邦、ペルーの四ヵ国で、その他にイギリスとオランダが非公式に代表を送った。アメリカ合衆国も遅れて招待されたが、代表が途中で死亡するなどの事故があり、結局、出席できなかった。パナマ会議は、同盟国が外国から攻撃された場合には他の同盟国がただちに援助すること、戦争を回避するために紛争の調停役を果たすこと、相互に市民権を認め合うこと、奴隷貿易を廃止することなどを内容とした条約を締結した。しかしグランコロンビアを除くといずれの国も批准せず、同条約が発効することはなかった。ボリーバルが目指した汎アメリカ主義の芽はこうして失敗に終り、やがてラテンアメリカ地域はボリーバルが懸念したように長い混乱期を経験し、外国の侵略を受けることになった。

しかしそのラテンアメリカ諸国が最も用心すべき相手はヨーロッパではなく、同じアメリカ大陸で等しく植民地から独立したアメリカ合衆国であった。そしてボリーバルは、すでにアメリカを最も警戒する一人でもあったのである。ボリーバルは「モンロー宣言」に対して、アメリカの領土的・経済的野心を疑っていた。そしてパナマ会議にアメリカの出席を当初望んでいなかったのもボリーバルであった。

ラテンアメリカ側の反米感情は、早くも一八三〇年代にテキサスの独立をめぐってメキシコで燃え上がった。さらにその一〇年後にはテキサスを併合したアメリカ合衆国に対して、メキシコは宣戦を布告した。しかしメキシコは敗れて、国土面積の半分以上をアメリカに譲渡しなければならない屈辱と敗北を歴史に刻み込んだのである。

メキシコ・アメリカ戦争

メキシコとアメリカ合衆国との間で一八四六年から四八年にかけて戦われたこの戦争は、一八二〇年代に取り組まれたメキシコの北方領土テキサスの開発問題に端を発し、敗れたメキシコが国土の半分以上をアメリカに割譲した戦争である。メキシコ側からみると、人口稀薄な国境地域にアングロサクソン系住民の入植を促した移民政策の失敗であり、国家建設の過程で蒙った手痛い政策の誤りの結果でもあった。一方、アメリカ側からみると、新天地への膨張である西部開拓の過程で起こった戦争であった。

テキサス地域はメキシコの独立によってテキサス・コアウイラ準州（連邦政府直轄領）となったが、統治能力を欠いていたメキシコ連邦政府にとって、この地域は独立当初よりアメリカ合衆国の侵略の危機が存在する国境地帯であった。人口が極端に少ないこの地域を有効に支配するために、メキシコ政府は白人の入植を促す移民政策をとった。しかし一八二一年にアメリカ人三〇〇家族のテキサス入植を認めて以来、アメリカからの入植者数が急増した。この事態に危険を感じたメキシコは、一八二九年に奴隷解放令を公布した。すでに前節で述べたように、奴隷制の廃止がアメリカ人のテキサス移住を阻むことになると考えたからである。さらに翌一八三〇年にはアメリカからの新たな移民をすべて禁止した。しかしアメリカ人の移住者は増加の一途をたどり、一八三五年にはメキシコ人七八〇〇人に対して、アメリカ人入植者数が三万人に達していた。アメリカ人のほとんどはプロテスタントで、英語を話す新住民であり、メキシコ政府の統治下で生活することを望まなかった。彼らは一八三三年にテキサスをコアウイラから切り離して自治権を有するテキサス州へと昇格させるのに成功した。そして同年にサンタアナ大統領が連邦制を廃止して中央集権国家を目指すと、自治権が奪われることを恐れたテキサス人はテキサス独立運動を起こし、翌一八三六年に独立を達成した。この間、メキシコはサンタアナの率いる大軍をテキサスに送り、サンアントニオのアラモの砦に立てこもったテキサス義勇軍を全滅させるなど激しく戦ったが、敗れた。

テキサスの独立はメキシコにとって北方の巨人の南下を意味した。アメリカ合衆国によるテキサス併合を恐れ、世論はテキサスの再征服を主張した。しかし国内では、自由主義派と保守派の政争、インディオの反乱、フランスによる干渉とベラクルス港占領、ユカタン半島の分離独立運動、マヤ族による大反乱などが相次ぎ、メキシコはテキサス問題に有効な手を打つことができなかった。テキサス共和国はほぼ一〇年間、独立国家として存在したのちにメキシコが恐れていた通り一八四五年一二月にアメリカ合衆国に併合された。テキサスのアメリカへの併合は宣戦布告に等しいものであったが、アメリカを相手に戦う力を有していなかったメキシコは併合に反対してアメリカ政府との交渉に入った。しかしその過程でテキサスに出動していた両国の軍隊の間で武力衝突が発生し、事態は戦争へと発展した。

軍事力に勝るアメリカ軍は、陸上と海上から三手に分かれてメキシコ領になだれ込んだ。一手はメキシコ北西部から進軍し、無人に近い北部一帯をたちまち占領した。一手は太平洋艦隊の支援を受けて、大軍でカリフォルニアに侵入した。残るもう一手は、メキシコ湾からベラクルスに上陸した。このベラクルス港に上陸したスコット将軍の率いる軍隊は、一八四七年九月に首都メキシコ市を占領した。一八四八年二月二日、グアダルーペ・イダルゴ講和条約が調印され、敗れたメキシコはテキサスからカリフォルニアにいたる北部領土約二四〇万平方キロメートルを一五〇〇万ドルと引き換えにアメリカに割譲した。これはメキシコ領土の約五二％にあたった。

図17　メキシコの領土喪失（1836～1853年）

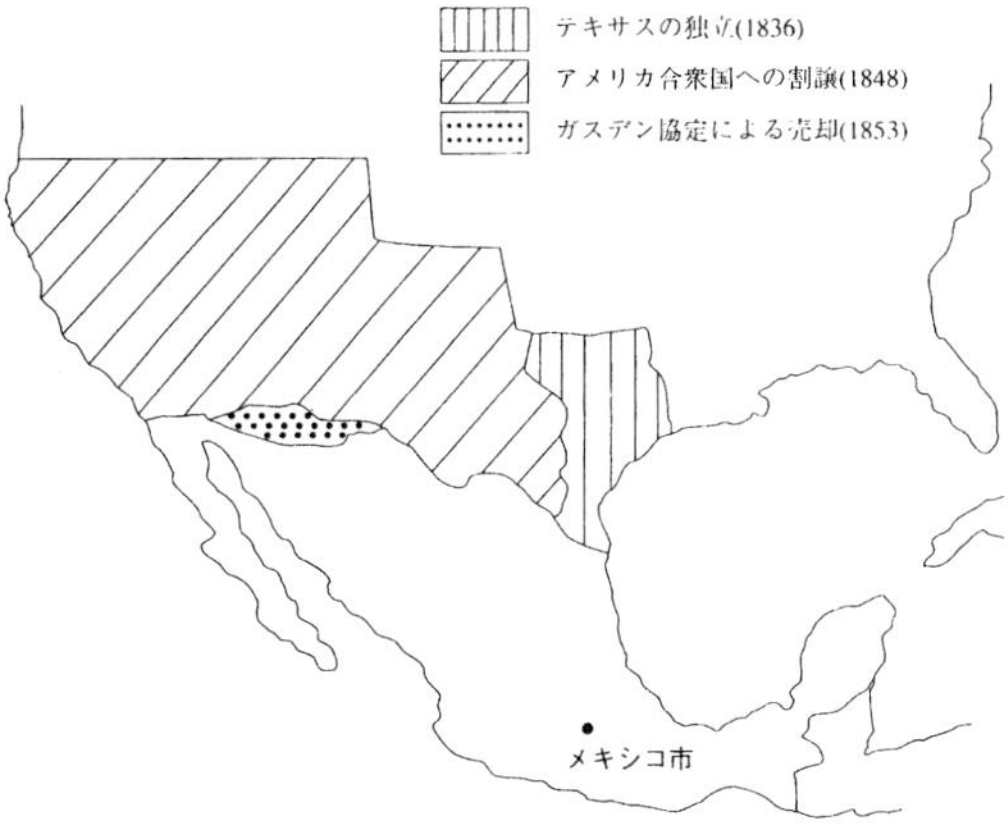

敗れたメキシコ人は自国の将来を悲観すると同時に、アメリカへの憎悪の念を深めた。植民地時代末期からメキシコの知識人にとってモデルであり賞賛すべき隣国であったアメリカ合衆国への感情は、一転して根深い反米感情へと変化した。同時に国土の半分以上を失って大敗した対米戦争は、メキシコ人に深刻な危機感をもたらした。戦後の再建に腐心する知識人たちの多くは、やがてメキシコがさらに膨張を企てるアメリカに吸収されるのではないかという危機意識をもった。戦後政治の混乱の中で一八五三年に「アユトラ事変」と呼ばれる政変が勃発し、やがて一八五〇年代後半から一八六〇年代にかけて行なわれた自由主義政権による「レフォルマ革命」は、メキシコ近代史上、独立革命に匹敵する大きな転換期となった。

第6章

近代化と従属化

メキシコ南部の密林にブームのコーヒー農園を拓く

1　近代化のスタート

寡頭支配体制の確立

「カウディーリョの時代」を経てラテンアメリカ諸国に安定した政治支配をもたらしたのは寡頭勢力であった。スペイン系ラテンアメリカ諸国の場合、オリガルキーアと総称される寡頭支配勢力は、主として独立運動期に頭角を現わしたクリオーリョ指導者層の中でも、政治と経済の混乱期を生き抜いたものたちから成る少数の人々である。彼らの中には植民地時代に経済力を築きあげた名門の家系もあったが、一般的には独立直後の混乱期にカウディーリョと手を結び、うまく立ち回ることによって富を蓄積してのし上がったものが多かった。とくに独立によってスペイン人が追放され、また一九世紀半ばから顕著となった教会財産の放出と国有地の分譲が大規模に行なわれた時期に、新たな富をさまざまな手段で手に入れた新興の富裕層が多くの国々で出現した。彼らは、大土地所有者となり、鉱山所有者となった。また土地と鉱山を所有する大商人もいた。ブラジルの場合、植民地時代に形成された支配階級と一八二〇年代にはじまるコーヒー経済の勃興によって富を築きあげた新興勢力が寡頭支配勢力を形成した。彼らは時の権力者と手を結び、独占的な政治力と経済力を築きあげた。

寡頭勢力は積極的に外国資本と提携した。彼らは外国資本の導入によって自国の近代化を実現できると信じたコスモポリタンでもあった。寡頭勢力は、自国の近代化に向けて、法体系の整備、軍部と教育の近代化、外国移民の受け入れのための整備などに力を入れた。この時期に多くの国がはじめて民法を制定して、自国の目指す社会の枠組づくりに取り組んだ。しかし寡頭勢力が構想した社会は、平等な国民から成る近代国家の形成を目指すものでは必ずしもなかった。植民地時代の遺産でもある人種別身分制度と奴隷制度は、多くの国ですでに廃止されていたが、実質的には国民の大多数を占める農民が半奴隷的状態に置かれており、家族関係や男女間の差別はほとんど植民地時代のままであった。国家の成員である市民は富裕市民を意味し、公民権が一定の資産を所有する男性にのみ認められていた状況に変化はなかった。

一九世紀末から二〇世紀初期にかけて最も目覚ましい近代化を達成したのは、アルゼンチン、ブラジル、メキシコ、チリである。アルゼンチンでは内陸部の諸州とブエノスアイレスとの対立が続き、国内統一が達成されたのはブエノスアイレスがラプラタ諸州連合に参加した一八六二年であったが、この間に対外貿易で富を築いたブエノスアイレスの大商人たちが牧畜産業へと進出していった。そして一九世紀後半のヨーロッパ市場の拡大と輸送手段および技術の革新ともあいまって、イギリスの資本がアルゼンチンに向かった。その提携者となったのが、ブエノスアイレスの寡頭勢力である。こうしてアルゼンチンでは一八八〇年代からイギリス資本が集中的に投下され、それまで開発されなかった広大なパンパを舞台にして農牧畜業が急速に発展した。

ブラジルでは、コーヒーの世界的な需要拡大に応えて富裕層がコーヒー産業に参入し、サンパウロを中心とする勢力が著しく台頭してきた。一八三〇年代にすでにコーヒーはブラジルの輸出の四〇%台を占めていたが、一九世紀末には六〇%に達しており、コーヒー農園主の政治的発言力が増していた。帝政から共和制へ移行した直後の一八九四年にサンパウロ州から最初の文民大統領が選出され、以後ブラジルでは一九三〇年までサンパウロ州の大コーヒー農園主とミナスジェライス州の大牧畜農園主から成る寡頭勢力が国政を支配した。

メキシコの場合、一八五七年に自由主義派による急進的な自由主義憲法が制定され、教会所有地の接収と共同体所有地の解体を経たのち、一八七六年に実権を奪取したディアスによる独裁時代が一九一一年まで続いた。この間、独裁権力と手を結んだ少数の富裕層が外国資本と提携して、多くの特権と富を独占した。とくにディアス大統領をとりまく少数のシエンティフィコス（科学主義者たち）と呼ばれたグループは、自由連合と称した一種の政党組織を形成して独裁者の支持母体となり、富と権力を独占した。

チリの場合、独立直後に保守派と自由主義派が激しく対立したが、一八三〇年に保守派が実権を掌握し、スペイン系アメリカ諸国の中では例外的に立憲政治の基盤がいち早く確立した。その結果、他のスペイン系アメリカ諸国がカウディーリョの時代を経験していた時期に、チリは政治の安定を背景にして経済を発展させた。一九世紀半ばには農業および鉱業が発達したが、とくに銅の生産は一八六〇年代には世界の銅生産の四〇%を占めるまでに増大した。これらの経済発展を支えたのはチリの企業家精神に富む少数の実業家たちであり、保守政権下でとられた産業保護育成政策であった。こうして伝統的な大土地所有層と新たに台頭した少数の企業家が保守政権と結び、チリの寡頭勢力を形成した。一八六九—七三年の太平洋戦争でボリビア・ペルー連合を破り、アタカマ砂漠の硝石資源を取得すると、チリの経済はさらに繁栄の道をたどることになった。それはまた、寡頭勢力と外国資本の提携への道でもあった。

近代化思想としての一九世紀自由主義思想

ラテンアメリカ諸国が急激な近代化を遂げた一八七〇年代から一九三〇年にかけてこの地域のエリートたちが共有した政治・社会思想には、二つの特徴がみられた。その一つは、この時代のラテンアメリカの支配層および知識人たちが主としてヨーロッパ文化圏の価値観の中で生活していたことである。二つ目の特徴は、この時代のエリート層が支持した価値観が自由主義思想に基づくものだったことである。その結果、一九世紀後半の近代化政策と社会・経済構造の再編成は、自由主義思想に基づいて行なわれた。

一九世紀のラテンアメリカ諸国の知識人たちが目指した自由主義の根底には、カトリック教会からの解放があった。それはまた、非イベリア化を意味すると同時に、共和主義思想に通じ、この流れに沿った思潮がいわばアメリカニスモ（アメリカ主義）であった。この意味で、一八六七年にメキシコに第二次帝政を出現させたナポレオン三世の送り込んだフランス軍を破り、マキシミリアノ皇帝を処刑したファアレスは、メキシコのみならずラテンアメリカのエリートたちからアメリカニスモの英雄として賞賛された。ファアレスはメキシコにおける自由主義改革である「レフォルマ革命」を推進した自由主義派のリーダーとして反教会政策を徹底して行なった。

ファアレス時代のメキシコは、この時期の自由主義思想が目指した急進的な反教会主義政策を実行した国である。他の多くの国でも教会の地位と特権が問題となったが、メキシコは教会に対して自由主義の理念に基づく政治・経済政策を最も顕著な形で実践した国となった。ファアレス政権は、教会財産の国有化を規定した「教会財産接収法」、結婚と住民登録を教会の管理から民事事項へ移した「婚姻民事化法」と「住民登録民事化法」、「墓地民事化令」、「信教の自由に関する法」、「宗教祝祭日低減法」など、いわゆる政教分離と教会権力の徹底的剝奪を目的とした法律と政令とからなる改革諸法を公布し、実施した。その結果、教会を支持した保守派と自由主義派の対立が決定的となり、一八五八年から六〇年まで約三年にわたってメキシコは内戦を経験した。さらに保守派がフランスをまき込んだため、ナポレオン三世下のフランスの干渉を受けるという結果を引き起こした。

ファアレス

このメキシコほど急進的ではなかったが、アルゼンチン、ブラジル、チリにおいても対教会関係で自由主義的政策が推進された。しかしカトリック教会からの自由と世俗化は、これらの国々ではメキシコよりずっと緩やかに推進され、いずれの国においてもカトリックは国教の地位にとどまった。

一方、近代化思想としての自由主義は、政治に関しては一九世紀後半になるとその性質を変化させていった。自由主義者たちはカウディーリョたちに支配されたラテンアメリカの農村を遅れたものとみなし、独立直後の自由主義派が主張した連邦主義とは反対に中央集権国家の建設こそ国家統合の要であり、近代化への道であると考えるようになった。その結果、大統領の権限が強化され、議会の機能はしばしば形骸化された。メキシコのディアス大統領のように、形式上は選挙で選出された寡頭勢力の支持する人物が実質的には独裁者となった。

独立後、長く君主国家の道を歩んだブラジルにおいても、一八七〇年に「共和国宣言」が自由主義者たちによって提示された。この時期のブラジルにおける共和制への強い要求は、一八六五年から七〇年にかけて戦ったパラグアイ戦争において、ブラジルが共和制をとるアルゼンチンおよびウルグアイと同盟を組んだ経験からも、強い影響を受けていた。しかしブラジルの共和制は中央集権体制とはならず、連邦制を選択する結果となった。それは広大な国土面積と各地方の多様性および孤立性に加えて、植民地時代に形成された分権主義の伝統によるところが大きかった。

一八七〇年代に入ると、自由主義思想に変化がみられた。それはカトリック教会と自由主義派の和解でもあった。その流れは、この時期のラテンアメリカ諸国の新しい憲法にみることができる。約半世紀前の独立直後に制定された各国の憲法は、フランス革命の人権宣言とアメリカ合衆国の憲法および一八一二年に制定されたスペインのカディス憲法の影響を受けた、古典的自由主義憲法の特徴を有していた。しかし一九世紀後半に多くの国々で改訂され、制定された新憲法は、より現実的な側面をとり入れており、また近代化のための経済施策を目指した目標を掲げていた。それはまた当時のヨーロッパにおける動きとも同じ歩調をとったものであり、フランス革命による教会弾圧が解除され、教会が復権した流れにも沿っていた。ラテンアメリカでは、強い大統領の出現、教会の特権の復活、急進的な平等論の衰退、経済発展と政治安定が目指された。

教育の近代化と新エリート層の出現

独立運動と独立直後の混乱期に、ラテンアメリカ地域では伝統的な教育機関が機能を停止し、また新たな展望を見出すことの困難な状態が続いた。しかし一九世紀後半に入り政治が安定すると、近代国家建設に向けた教育の近代化がはじまった。教育の近代化には、ラテンアメリカ諸国にほぼ共通した三つの特色があった。その一つは、カトリック教会に依存してきた教育を世俗化し、国家の管理下に置くことであった。二つ目の特色は、当時のヨーロッパで支配的であった実証主義に基づくカリキュラムを大幅に導入したことである。三つ目の特色は、国民皆教育にはほど遠かったとはいえ国民教育が目指されたことである。

ラテンアメリカでは植民地時代を通じて、教育はカトリック教会、とくにイエズス会に依存していた。大学を含めた高等教育は一五三一年にカリブ海のサントドミンゴに設置されたサント・トマス・デ・アキノ大学、一五五一年に開設されたメキシコ市とリマの大学を筆頭として、植民地時代末期まで二〇を超す高等教育機関が設立された。ここでは神学・医学・法学の三科目が主に教えられていた。しかし約一五年にわたる独立戦争とその後の政治・経済の混乱期に、教育機関のほとんどは機能を停止した。メキシコ大学の場合、一八三四年になって一時再開されたが、その後も閉鎖と再開を繰り返し、最終的に再建されたのは一八六五年になってからである。

一九世紀後半にはじまる教育機関の再建と近代化は、経済発展に結びついた国民統合の必要性と密接に関係している。政教の分離を近代化の指標としたラテンアメリカの自由主義者たちは、政治の安定を達成すると、国家が管理する体系的な科学的教育の制度化を目指した。多くの国で一八六〇年代から八〇年代にかけて、数学や科学を重視する新しいカリキュラムを取り入れた高等教育機関が創設された。メキシコではフランスのコントの下で長年学んだバレダを校長に迎えて一八六七年に創設された国立高等学校が、アルゼンチンでは一八七〇年にサルミエント大統領によって創設されたパラナ師範学校が、ブラジルでは一八七四年にコンスタン（のちの文部大臣）によって創設された士官学校が、またチリでは一八八九年に創設されたチリ大学教育学部の前身が、いずれも一九世紀末から二〇世紀前半にかけてその国のさまざまな分野で指導者となった多数のエリートたちを送り出した。

新しい教育を受けたエリートたちは、コントの実証主義とスペンサーの功利主義を学び、その思想に基づいて自国の近代化と国家発展の政策を模索した。社会進化論を信奉した彼らの多くは、白人とくにアングロサクソン系民族の優位性を信じ、スペイン人とポルトガル人の高慢と怠惰および先住民インディオの無気力をラテンアメリカの劣性と考えた。この考えは人種差別と白人至上主義につながり、エリート層の欧米崇拝志向をいっそう促進し、外国資本の積極的な導入、ヨーロッパ移民の誘致および極端なヨーロッパ文化崇拝主義へと発展した。

このような人種差別主義的な近代化の傾向がラテンアメリカ地域で一般的であったとはいえ、もちろん国によりその程度や時期には差があった。その中でも、メキシコの場合をとりあげてみよう。メキシコではとくにバレダが推進した実証主義精神が受け入れられ、バレダが校長を務めた国立高等学校から一九世紀末にメキシコの政治・経済の舵とりを実質的に行なったエリート官僚層が巣立った。彼らは、すでに述べたシエンティフィコスと呼ばれるエリート集団を結成し、ディアス独裁時代に権力の中枢部で活躍した。フランス移民の二世リマントゥールは大蔵大臣として財政に辣腕を振るった。しかしメキシコの場合には、アルゼンチン、ブラジル、チリにおけるほど人種差別主義は徹底しなかった。その大きな要素は、独立解放戦争の英雄の一人であるモレロスや一八五〇年代の自由主義革命の英雄であるフアレスに代表されるように、メスティソやインディオが国家的指導者として君臨することが可能な社会でもあったからである。

2　輸出経済の発展と従属構造の確立

外国資本の流入

政治の安定期に入った一八七〇年代に、ラテンアメリカ諸国は経済発展の時代を迎えた。多くの国々で自由主義を信奉するグループが政権を担当し、植民地時代の遺産である教会と軍部の特権を剝奪し、自由主義経済を推進した。一八八〇年代に入ると、これらの自由主義政権は外国資本を積極的に導入して経済開発を促したほか、ヨーロッパ移民の誘致を図り、近代化すなわち西欧化政策を推し進めた。

しかし外国資本がラテンアメリカ諸国に流入したのは、この時期がはじめてではない。独立直後にイギリスやフランスは借款を求める新生ラテンアメリカ諸国の要求に応じて国債や州債を購入し、また投資を行なった。しかし独立直後のラテンアメリカ諸国は、どの国も深刻な財政困難に陥って利息の支払いすら履行できず、独立後半世紀以上にわたって債務は放置されたままになった。一方、一九世紀後半にはじまる外国資本の対ラテンアメリカ投資は、政治の安定を達成した各国政府の外国資本に対する手厚い優遇政策の下で行なわれた。なかでもブラジル・チリ・アルゼンチン・メキシコの四ヵ国は、この順位で外国資本にとって進出条件の整った国となった。

ブラジルの場合、スペイン系アメリカ諸国と異なって君主国家として独立したことから「カウディーリョの時代」を経験せず、また奴隷制度も歳月をかけて段階的に廃止されたために、外国資本にとってはそれだけでも進出条件の整った安定した国であった。そのうえ需要が急速に高まっていたコーヒーの生産拡大に適した土地が無尽蔵ともいえるほど未開のままで残っていて開発を容易にしたことも、外国資本にとって魅力となった。

チリの場合には、のちにとりあげる太平洋戦争（一八七九―八四）で一時中断したとはいえ、一九世紀前半にはすでに政治が安定しており、戦後には大土地所有者層が商業資本と組んで経済の拡大に参加していたため、外国資本にとっては進出条件がいち早く整った国となっていた。チリが比較的早く政治の安定を確立しえた背景には、チリ社会が他のラテンアメリカ諸国と比較してより単純な構造をしていたという状況があった。突出した力を有した国土の中央部を支配する寡頭支配勢力と手を結ぶことで、外国資本は容易にかつ安全に進出できたからである。

アルゼンチンの場合、大土地所有者層から成る寡頭支配体制が外国資本と容易に結びついただけでなく、ブラジルの場合と同様にヨーロッパ市場が求める羊毛・小麦・食肉などの生産を増大しうる広大なパンパが外国資本にとって大きな魅力となった。

メキシコの場合には、一八七六年に実権を握り一九一一年まで続いたディアス独裁体制が政治の安定を保障し、外国資本を歓迎して積極的に受け入れたことが、豊かな鉱物資源とともに魅力となった。

この時期にラテンアメリカ諸国に進出した外国資本は、イギリスを中心とするヨーロッパ先進諸国とアメリカ合衆国の資本であったが、その投資相手国および分野についてそれぞれ特徴がみられた。一九一四年までラテンアメリカにおける最大の投資国であったイギリスは、ラテンアメリカ地域の多くの国々に投資していた。ただしその投資額についてはかなりの偏りがある。イギリスのラテンアメリカ向け直接投資額の約三分の一はアルゼンチンに投下され、約四分の一がブラジルに、約六分の一がメキシコに向けられ、これら三ヵ国だけでイギリスの対ラテンアメリカ投資総額の四分の三を占めた。次いでチリ、ウルグアイ、キューバ、ペルーの順であったが、これら四ヵ国に投下された投資額の合計は投資総額の一八%にすぎなかった。このように偏りがあったとはいえ、比較的多くの国々に投下されたイギリスの資本と対照的なのがアメリカの資本である。

アメリカ合衆国の対ラテンアメリカ投資は一八九〇年代まで額も小さく、ほとんどがメキシコとキューバに限られていた。一八九七年の投資額をみると、直接投資の八〇%はこれらの二国に向けられていた。二〇世紀に入るとチリとペルーが投資対象国となり、メキシコとキューバを加えた四ヵ国に対ラテンアメリカ投資総額の九〇％近くが投下されていた。一方、フランスの資本は、ブラジル・アルゼンチン・メキシコの国債、鉄道、鉱山および金融関係に投下された。ドイツ資本は、アルゼンチン・ブラジル・メキシコに向かい、鉱山、製造業に投下された。

第一次世界大戦にいたるまでの期間にラテンアメリカ地域に投下された外国資本は、およそ八六億ドルに達したと推計されている。その中の六〇％はイギリス資本が占め、つづいてフランスとアメリカ合衆国の資本が約一八％ずつ占めていた。これらの外国資本は全般的にみると、政府に対する借款（国債・州債の購入）のほか、鉄道・港湾・電信電話・上下水道などの社会基盤の設備建設、鉱山開発、プランテーション経営などに最新の技術を伴って進出し、ラテンアメリカ諸国の農業と鉱山の開発や工業化を促し、経済の発展に大きく貢献した。

同時に外国資本による経済開発は、欧米市場に直結した特定の産品を生産輸出するモノカルチャー経済構造を確立することになった。メキシコ、ペルー、チリ、ボリビアのような鉱山資源開発に外国資本が集中した国々、ブラジル、コロンビア、エクアドル、中米、カリブ海域のようにコーヒー、砂糖、バナナなどの熱帯農産物の生産国となった国々、アルゼンチンやウルグアイのように羊毛、食肉、小麦などを生産する国々など、それぞれの国が保有する資源の集中的な開発が進められた結果、ラテンアメリカ地域の特色となるモノカルチャー経済構造がこの時代に形成された。

支持された国際分業思想とモノカルチャー経済の確立

以上で述べたような外国資本の導入とモノカルチャー経済構造の形成は、必ずしも欧米先進諸国から強制されたものではない。ラテンアメリカ側のこの時代の指導者たちは、一九世紀の自由主義経済理論に沿った国際分業論を支持していた。広大な土地と豊かな資源をもち、人口の少ないラテンアメリカ諸国にとっては、比較生産優位説に基づいて一次産品の輸出に特化することこそ経済繁栄の道であると信じられていた。この時期のラテンアメリカ諸国は外国資本を誘致するための宣伝を積極的に行ない、免税措置を設け、収益を上げるためのさまざまな優遇措置を提供した。その結果、経済開発は急速に進展した。一九世紀半ばから第一次世界大戦までの約半世紀の間に最も顕著な発展を遂げたアルゼンチン・チリ・ブラジル・メキシコの場合を、次に具体的に紹介しよう。

一九世紀半ばのアルゼンチンでは、まだ経済発展がはじまっていなかった。広大なパンパでは野生の馬が駆け、伝統的な塩漬肉と皮革が主な輸出商品だった。小麦もトウモロコシも国内需要を賄う程度の生産にすぎなかった。しかし一八八〇年頃から作付面積が急速に拡大され、一八九五年の耕地面積は一八七九年の耕地面積の約一二倍へと拡大した。さらに一九一四年には一八九五年の耕地面積の五倍以上にまで拡大していき、小麦、トウモロコシ、アルファルファなどが栽培された。この急激な開発を促したのは、イギリスの資本によって建設された鉄道である。一八五七年に最初の鉄道が建設され、その後、鉄道の延長キロは急速に延びた。一八八〇年に二五〇〇キロだった鉄道延長線は、一九〇〇年には一万六五〇〇キロへ、一九一四年には三万三五〇〇キロへと延びた。鉄道はブエノスアイレス市を中心にして内陸部に向かって扇状に延び、パンパの開発を促した。そのほか港湾施設の建設、食肉加工工場、電力など、さまざまな分野にイギリス資本が投下され、同時に新しい技術も導入されて、パンパはヨーロッパの一大食糧生産基地へと変貌した。

アルゼンチンとともに外国資本を大規模に受け入れ、銅と硝石の輸出国へと急成長したチリは、一八八〇年代に世界最大の銅産出国となった。一八七八年の生産量でみると、チリは世界の銅生産量の約四四％を占めた。銅生産に占めるチリの地位はこの後下降するが、一九〇〇年から一九三〇年にかけて硝石生産が伸び、国内総生産の十数％を占めただけのこの硝石の輸出にかけられた関税から国庫に入る収入は、国家財政の半分以上を占めていた。硝石は北部チリの無人のアタカマ砂漠で、また銅はアンデス山岳地帯で生産され、ともに海岸へ最短距離で輸送されて、そこからイギリスへ輸出された。

コーヒー経済に特化したブラジルの場合、一八七〇年代から一九一一年までの間、コーヒーはブラジルの輸出総額の半分以上を占めた。同時に世界のコーヒー生産量に占めるブラジルの割合は、一八三〇年代の三〇%台から一九世紀末には六〇%近くにまで高まった。しかしブラジルの場合には、コーヒーのほかにも伝統的な輸出商品である砂糖をはじめとして、カカオ、天然ゴム、綿花、タバコなどの輸出産品も、輸出総額に占める割合は小さかったが存在した。また一九世紀末には世界の自動車産業の興隆によって、アマゾン地帯で産出する天然ゴム・ブームを経験している。

メキシコの場合には、この時代に確立した輸出産品は鉱山資源だけでなく多様であった。コーヒー、サイザル麻、バニラ、ゴム、牛、果実など多くの産品が輸出された。しかし輸出総額に占める割合でみると、金・銀・銅をはじめとするメキシコの豊かな鉱山資源がほぼ九〇%を占めていた。二〇世紀に入るとメキシコは石油産油国として重要な地位を占め、アメリカ合衆国、ロシアに次ぐ世界の三大産油国となっていた。メキシコの輸出の約四分の三は国境を接するアメリカ合衆国へ向けられた。

これら主要な国だけでなく、その他のラテンアメリカ諸国でもモノカルチャー経済構造が確立した。ペルーでは砂糖と銅の生産が突出した。ボリビアでは錫が、コロンビアではコーヒーが、エクアドルと中米諸国ではバナナが、キューバでは砂糖が主要な経済活動となり、輸出総額の五〇%から八〇%を占めた。ラテンアメリカ諸国で生産されたこれらの輸出産品は国際価格の変動が大きく、また経済不況が数年間隔で生産国に大きな影響を与えたため、これらの数字は必ずしも固定したものではない。むしろ変動は大きかった。しかし少数の特定輸出産品の生産に合わせて、その国の経済構造が形成され確立したのである。

このようなモノカルチャー経済の確立は外貨をもたらし、その富は少数の富裕階層をますます富ませた。同時に近代的な港湾施設の建設、首都の整備と美化などが行なわれた。しかしラテンアメリカ諸国の国民生活を全般的に豊かにすることはなかった。多くの国で人口の圧倒的多数を占める農民は、伝統的な大農園やプランテーションあるいは孤立した村落共同体で生活し続けていた。

輸出経済を支える飛び地的な生産地帯と輸出のための港が直結され、社会・経済基盤はそこだけが近代化されたにすぎなかった。鉄道網は国内統合を目指さず、鉱山地帯と港を、またプランテーションと港を直結した。輸出経済も、また国内経済全体を刺激しなかった。なぜなら雇用された労働人口は比較的限られており、労働者の賃金は低く抑えられ、国民の生活向上を図ろうとする思想がまだ存在していなかったからである。それでも外国から出稼ぎ労働者が大量に流入した。のちに述べるように、この時期にはヨーロッパからもアジアからも出稼ぎ労働者がラテンアメリカの多くの国々に導入された。

資源をめぐる二つの国際紛争

スペイン系アメリカ諸国は植民地時代の一八世紀後半に導入されたインテンデンシア領をほぼその境界線として独立したが、すでに述べたようにその国境は必ずしも確定されたものではなかった。そのため独立から今日にいたるまで国境にまたがる地域をめぐって、ほとんどの国が隣国との国境紛争を経験してきた。現在でも解決していない地域は少なくない。これらさまざまな国境紛争の中で、とくにその地域が経済活動の生命線となり、有望な資源が発見されて国際資本の注目を浴びたため、地域紛争に終らず戦争へと発展したものがある。一九世紀後半から二〇世紀初期にかけて起こったこの種の戦争として、チリがボリビア・ペルー連合軍を相手にして戦った太平洋戦争（一八七九—八四）とブラジルとボリビアの間で戦われたアクレ戦争（一九〇二—〇三）を次にとりあげてみよう。

太平洋戦争は、当時のボリビア領アタカマ砂漠の硝石資源をめぐってチリとボリビアの間で勃発した戦争に、ボリビアと軍事同盟を結んでいたペルーがまき込まれた資源戦争である。今日のペルー南部の海岸地帯からチリ北部の海岸地帯に広がるアタカマ砂漠地帯には膨大な硝石が埋蔵されており、チリとイギリスの資本がボリビア政府から採掘権を得てこの地域に進出していた。しかし一八七八年にボリビアが採掘権への課税率を引き上げ、それに反対したチリの硝石鉱山を接収したことから、事態は戦争へと発展した。

しかし戦闘は主にチリとペルーの間の海戦によって勝敗が決まり、一八八一年にチリ軍はペルーの首都リマを占領した。ペルー軍はアンデス山岳地帯でゲリラ戦を展開したが、一八八三年一〇月に結ばれたアンコン講和条約によって、ペルーはタラパカをチリに割譲した。またタクナ・アリカ地域は一〇年間チリ軍の占領下に置かれたのち住民投票によってその帰属を決定することになったが、実際にタクナがペルーに、またアリカがチリへと、その帰属が確定したのは一九二九年になってからである。一方、ボリビアは一八八四年にチリと休戦協定を結び、一九〇四年に講和条約を締結してアタカマをチリに割譲し、海への出口を失い、現在の内陸国となった。この結果、チリは国土の約四分の一に相当する面積を拡張させ、アタカマ地帯の硝石資源を独占することになった。

図18　太平洋戦争と領土の再編

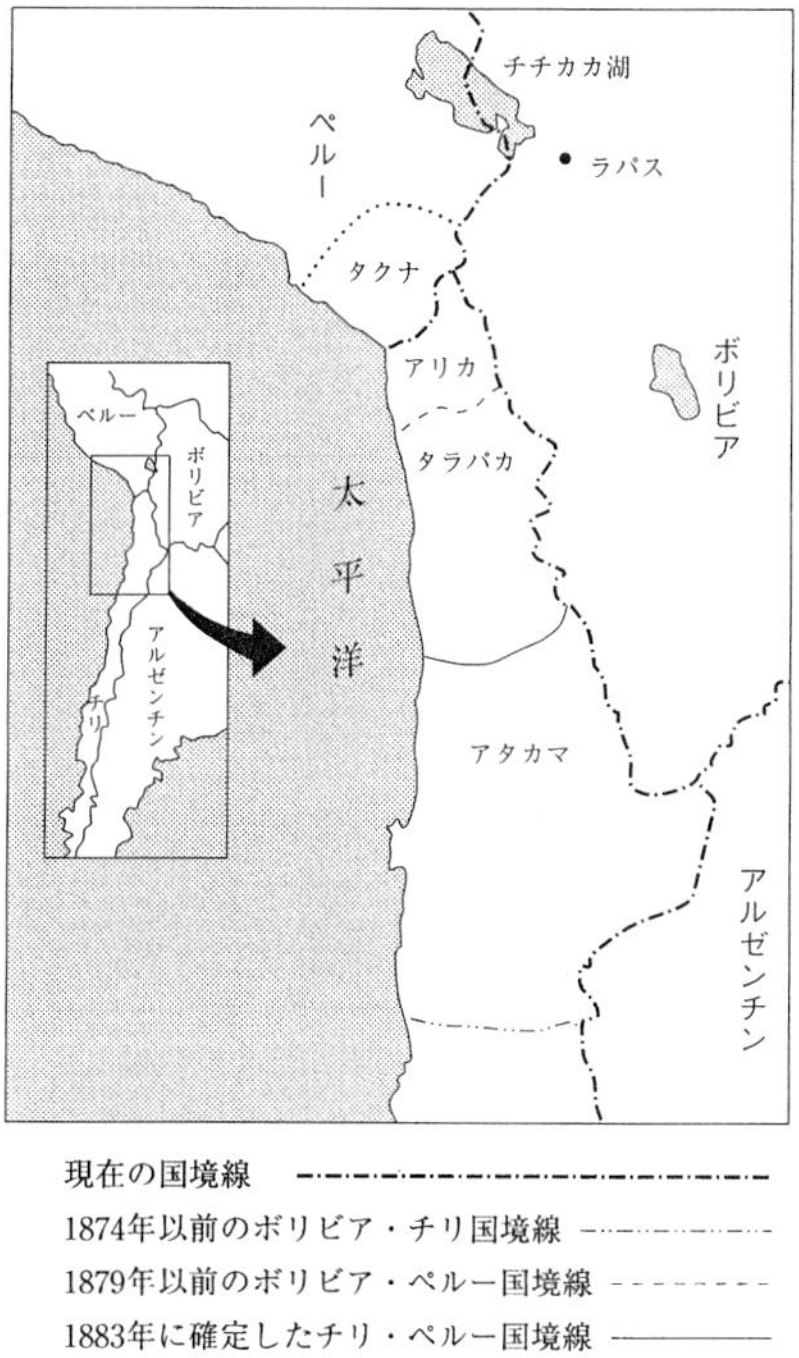

太平洋戦争に比べると、アクレ戦争は一年で終結し、規模もまたその影響もラテンアメリカ地域における戦争の歴史の中ではそれほど大きな戦争ではない。しかし国際商品ゴムを原因として起こった戦争として、またブラジルの膨張を典型的に示す戦争として、さら

に弱小国ボリビアが経験した国土喪失の戦争として、重要な意味をもっている。

アクレ戦争は現在のブラジル領アクレ州をブラジルがその力で奪った戦争であった。植民地時代からブラジルが周辺部へ拡張を続けてきたその過程については、すでに第3章でとりあげた。一八九〇年代に自動車産業が急速に発達し車のタイヤ用のゴム需要が高まると、世界で唯一のゴム産出地帯であったアマゾン川流域はゴム景気に見舞われた。ゴムの集散地となったアマゾン川中流域に位置する都市マナウスが一八五〇年の人口五〇〇〇から一九世紀末には四万へと発展したことや、今日でも残っている華麗なオペラ・ハウスからも想像できるように、ゴム景気はそれまでほとんど関心が払われなかったアマゾン川流域に国際資本と人々を集めたのである。当時ボリビア領であったアクレ地域の土地をボリビア政府がイギリスとアメリカ資本に売却したことに端を発し、スペイン人によるアクレ共和国宣言、ブラジル人住民の蜂起などの事件が絡んで、一九〇二年にブラジル政府がアマゾン川経由で行なわれていたボリビアのゴム輸出へ関税をかけたことから、事態は戦争へと発展した。そして翌一九〇三年一月にブラジルのペトロポリスで結ばれた講和条約によってボリビアはアクレ地域をブラジルに割譲した。ゴム景気は第一次世界大戦の終結とともに終ったが、一八九〇年代にゴムはブラジルの輸出総額の一五%を占め、一九〇〇年から一九一二年までの間にはその占める割合が三分の一にまで達した重要な国際商品となった。

キューバとパナマの独立

一九世紀前半にスペインから独立した国々が独立直後の混乱期をのり越えて経済発展の時代に入った二〇世紀初頭に、カリブ海域のキューバと中央アメリカ南端のパナマが独立した。キューバはプエルトリコとともにカリブ海域にとり残されたスペイン植民地の最後の砦であったが、米西戦争の結果、アメリカ合衆国の保護国として一九〇二年に独立した。パナマはコロンビアの一部としてすでにスペインから独立していたが、運河の建設を計画したアメリカ合衆国の画策によってパナマ地域がコロンビアから分離し、一九〇三年に独立国家となった。アメリカの介入によって独立したキューバとパナマは、ともにアメリカの保護国の地位に長く置かれることになる。

キューバは米西戦争の結果として独立したとはいえ、一八六〇年代から激しい独立運動を二次にわたって展開していた。第一次独立運動は、一八六八年に島の東部オリエンテ地方の砂糖プランテーション所有者たちによって起こされた。キューバは一九世紀初頭の独立戦争によって衰退したハイチに代わる砂糖生産地域として急速に発展し、一九世紀半ばにはイギリス領カリブ海諸島やブラジルの砂糖生産量を追い抜く勢いで発展してきた。一八四五年にはラテンアメリカで最初の鉄道が建設され、大規模な砂糖プランテーションがつぎつぎに開かれた。多数の黒人奴隷が輸入され、一八五四年には世界の砂糖生産量の四分の一を生産するまでになった。経済力を貯えたクリオーリョ層はスペインの植民地政策の改善を求めたが、スペインはその要求を強圧的に抑え込んだため、一八六八年に東部オリエンテのクリオーリョたちが武装蜂起し、翌一八六九年に奴隷制廃止を明記した共和国憲法を制定して独立を宣言した。しかし圧倒的多数の奴隷を所有していた西部のクリオーリョたちの離反で、約一〇年にわたる独立運動は失敗した。第二次独立運動は、「キューバ独立の父」とされるマルティを中心に準備され、一八九五年に勃発した。その最中の一八九八年四月にハバナ港に停泊していたアメリカ軍艦メイン号が原因不明の爆沈を遂げると、アメリカ合衆国がスペインに宣戦布告した。アメリカ軍は四ヵ月でスペイン軍を駆逐し、米西戦争を終結させた。そして講和条約により、スペインはキューバの独立を認め、プエルトリコ、グアム、フィリピンをアメリカに割譲した。ただしキューバは一八九九年一月から一九〇二年五月までアメリカ軍の占

マルティ

領下に置かれ、独立へ向けた憲法制定などの準備が行なわれた。

一九〇二年五月に実現したキューバの独立は、アメリカ合衆国の保護国としての独立であった。キューバが制定した憲法には「プラット修正」と呼ばれる修正条項が付されており、外交と内政わたる重要事項の決定はアメリカの承認を必要とすることが明記されていたからである。さらに重要なことは、アメリカ資本がすでに一九世紀半ばから進出していたことである。とくに第一次独立運動によって荒廃し衰退した東部オリエンテの砂糖プランテーションの多くがアメリカ資本に買い取られていたが、さらにアメリカ軍の占領下にあった三年半の間に膨大なアメリカ資本がキューバに進出した。アメリカ資本はプランテーションに投下されただけでなく、鉄道・港湾・電力・電信電話・都市の整備・金融などあらゆる分野に進出した。その結果、スペイン植民地の遺産を強く残していたハバナは急速に近代化された。しかしそれは、キューバの新たな独立への出発を意味するものではなく、アメリカによる支配とアメリカへの従属の出発であった。

一方、パナマの場合、スエズ運河を建設したフランス人のレセップスによってパナマ地峡で運河の建設が一八八〇年に開始され、やがてパナマ運河会社は破産し、運河の建設工事が途中で放置されていた。早くから中米地域に運河を建設する夢を抱いていたアメリカは、一九〇三年に運河の建設と運河の管理を認めた条約をコロンビア政府と締結したが、コロンビアの議会は条約を批准しなかった。同年一一月三日にパナマ地区でコロンビアからの分離独立を目指す運動が発生し、パナマ共和国の独立が宣言された。アメリカ政府は軍艦をコロンに派遣しコロンビア軍によるパナマにおける反乱の鎮圧活動を妨げると同時に、三日後にはパナマの独立を承認した。そして数日後には前述のコロンビアと締結した条約よりも有利な条約をパナマ新政府との間で締結した。同条約によってアメリカは、パナマ新政府からパナマ運河の建設と管理権、幅一〇マイルの運河地帯の永久租借権を獲得した。こうしてパナマ運河の工事はアメリカ合衆国の手で再開され、第一次世界大戦が勃発する直前の一九一四年八月に開通したが、パナマはアメリカの保護国に等しい地位に置かれたままで独立国家の歴史を歩むことになった。

3　都市文化の開花とヨーロッパ移民の流入

西欧への接近と欧化政策

政治の安定と経済の成長期を迎えた一八七〇年代以降のラテンアメリカ諸国は、フランスを中心とするヨーロッパ文化を積極的にとり入れ、さまざまな分野で近代化を図った。ここでいうヨーロッパとはイベリア半島を除いた、主としてイギリス、フランス、イタリア、ドイツなどのヨーロッパ諸国を指している。一九世紀前半の政治の混乱期を通じて多くの政治家や知識人たちがアメリカ合衆国やヨーロッパに亡命したほか、富裕階層の子弟の多くがヨーロッパで教育を受けたことは、一九世紀後半のラテンアメリカ諸国における非イベリア文化の摂取に拍車をかけた。主要都市でヨーロッパ風の建物や都市計画がとり入れられ、上流階級の人々の間ではヨーロッパのファッションや家具調度品などがもてはやされ、物資的にも西欧化が流行した。教育や文学・芸術の分野においても、非イベリア西欧文化が大きな影響を及ぼした。そして多くのエリートたちは自国内の先住民の存在や土着的なものを、遅れたもの、野蛮なものとみなした。そのようなエリートの一人がアルゼンチンのサルミエントである。

サルミエント

サルミエントはアルゼンチンの大統領（在任一八六八—七四）となった政治家であると同時に、教育者として、また文筆家としても知られている。大統領時代のサルミエントは、教育の近代化、ヨーロッパ移民の誘致、イギリス資本による鉄道建設などを積極的に推進して、アルゼンチンの近代化を図った。サルミエントは一八四五年に『ファクンドー文明と野蛮』を発表したが、その中でスペイン的伝統を後進的なものとし、文明化すなわち西欧化を提唱している。

ラテンアメリカ諸国の西欧化政策は、この時期の急激な経済発展によっていっそう促進された。各国とも外国資本によって開発された一次産品の輸出にかける関税で莫大な財政収入を得ることができたため、独立以降半世紀以上にわたり困窮していた財政問題を一挙に解決したほか、さまざまな分野における近代化政策を推進した。潤沢な財政収入を社会資本の整備に投下した国もあったが、多くの国は首都の近代化に過度な投資を行ない、国全体の調和ある発展のための近代化政策を推進した国はあまりなかった。こうして遅れた農村や地方を無視した首都への一極集中的な近代化政策が進められた結果、ラテンアメリカ各国の首都は植民地時代に形成されたイベリア的外観を急速に変えた。最も西欧化が進んだのはアルゼンチンで、第一次大戦前のブエノスアイレスは南アメリカ大陸のパリとまで呼ばれるほど、その都市景観と都市機能を大きく変えた。アルゼンチンの場合、その傾向に拍車をかけたのがヨーロッパ移民の流入である。

新移民の流入

経済の発展と西欧主義は、ラテンアメリカ諸国に新しい移民の流入を促した。まず経済発展は、奴隷貿易と奴隷制度の廃止とあいまって、深刻な労働力不足をもたらした。メキシコやペルーのように潜在的には多数の先住民人口を抱えていた国でも、労働力不足は深刻であった。なぜなら先住民人口のほとんどは伝統的な農村の大土地所有制の中で半農奴的に身分を拘束されていたため、新たな産業が興り労働力を必要としても、国内の労働力の移動がほとんど起こらなかったからである。またブラジル、コロンビア、ペルーのアマゾン地域における先住民などのように、全く労働力の対象外にあった人口も少なくなかった。その結果、一八四〇年代には、中国人労働者がキューバ、ペルー、メキシコ、ブラジルなどに導入された。この時期にラテンアメリカ諸国の中で最も多くの中国人労働者を受け入れたキューバとペルーへは、一〇万を超す中国移民が一八四五年から七五年までに入国した。しかしその奴隷にも等しい扱いが国際問題となり、中国人労働者のラテンアメリカへの導入は一八七五年に中止された。その中国人のあとに受け入れられたのが、一九世紀末から主としてペルー、メキシコ、ブラジルに移住した日本移民である。

一方、ラテンアメリカのほとんどの国は、独立直後から広大な領土を開発する目的でヨーロッパ移民の導入を計画していた。アルゼンチンのアルベルディの有名な「統治することは植民することである」という言葉は、ラテンアメリカのほとんどの国がスローガンとして掲げたものであった。しかも土着的なものを遅れたものとみなしたこれら新興独立国家の指導者たちは、ヨーロッパの白人移民を誘致することで自国の開発と近代化を達成できると信じていた。こうして渡航費の補助や土地の有利な分譲など、ヨーロッパ移民誘致のための政策が各国でとられた。しかし一九世紀後半から二〇世紀前半にかけてヨーロッパ大陸からアメリカ大陸に移住した人口の大半はアメリカ合衆国へ向かい、ラテンアメリカはヨーロッパ移民を惹きつけるには全般的に魅力が乏しかった。ちなみに一八〇〇年から一九三〇年までの大量移民の時代を通じて、ヨーロッパからアメリカ合衆国へは約三三〇〇万人が移住した。一方、この間にラテンアメリカへ向かった数は、七〇〇万人から九〇〇万人と推計されている。

アルゼンチンは、ラテンアメリカではヨーロッパ移民の流入によって最も大きな利益を得た国である。一八七一年から一九一五年にかけてアルゼンチンに入国して定住したヨーロッパ移民は約二五〇万人とされ、当時の人口の約三〇%がヨーロッパ生まれであったほどである。そのうちの圧倒的多数はイタリア人とスペイン人だった。少数派にはフランス、イギリス、ロシア、ドイツ、オーストリア、ハンガリーなどほとんどのヨーロッパ諸国が含まれていた。ブラジルもまた大量移民を受け入れ、アルゼンチンに次いでヨーロッパ移民の恩恵を得た国である。ブラジルはコーヒー生産が活況を呈した一八七〇年代以降とくに大量の移民を受け入れたが、移民の約八〇%はサンパウロ州に向かい、その多くはイタリア移民であった。アルゼンチンでもブラジルでも、移民は農業労働者としてはじめ受け入れられている。

その他の国では、ウルグアイ、チリ、キューバなどが相当数のヨーロッパ移民を受け入れたが、これらヨーロッパ移民の大多数も労働者であった。そのほかに商人、企業家、技術者を代表とする専門職のヨーロッパ人がどの国へも少数ながら移民として移住し、重要な経済的・社会的役割を果たした。そしてヨーロッパ移民の多くはやがて都市部に集中していった。

このような都市部に集中したヨーロッパ移民は、さまざまな面でラテンアメリカ社会に影響を与えた。移民自身がヨーロッパの労働運動や社会主義あるいはアナーキズムの紹介者となり、社会改革運動の担い手になっただけでなく、早くも二世の中から政界や経済界で活躍する人材が輩出した。アルゼンチンのカルロス・ペリェグリーニやアルトゥーロ・フロンディシ、チリのアルトゥーロ・アレクサンドリやエドゥアルド・フレイ、ブラジルのジェトゥリーノ・クビシェッキやエルネスト・ゲイゼルは、いずれもそれぞれの国の大統領となった人物名で、ヨーロッパ移民の二世が政界の頂点の座に就いた例である。ヨーロッパ移民に遅れて移住した日本移民の中からも、一九九〇年にはペルーでアルベルト・フジモリが大統領となっている。

新しい移民は主として労働移民であったが、ラテンアメリカ諸国の政府が独立直後に計画したフロンティア開発に貢献した少数の外国移民もあった。ブラジル南部、チリ南部、アルゼンチン北東部に入植したドイツ移民は、各国のフロンティア開発に大きく貢献したことで評価されている。二〇世紀に入ってはアマゾン地区に入植した日本移民やパラグアイのチャコ平原に移住したメノナイト信徒集団もまた、ラテンアメリカのフロンティア開発に貢献した外国移民として広く認められている。

都市化と都市の変貌

一八七〇年代から二〇世紀はじめにかけて、ラテンアメリカの都市は人口規模・都市機能・都市の景観・都市住民の生活などで大きな変化を経験した。都市化の規模が当時どの程度であったかについて、いくつかの数字を挙げてみよう。ラテンアメリカ全体の人口は、一九世紀半ばの三〇五〇万人から一九三〇年の一億四一〇〇万人へと約四・六倍に増加していた。この間の一八七〇年前後の統計数字によると、人口二万人に達したものを都市と定義した場合、主な国の都市化率はキューバの約二〇%を筆頭にして、アルゼンチンの一四%、チリの一一%となっており、その他の国々はいずれも都市化率は一〇%以下であった。しかし二〇世紀に入るまでに都市化は急速に進み、アルゼンチンでは一九一四年の総人口の三三・五%が都市人口となっていたことに代表されるように、多くの国々で急激な都市化を経験していた。

この期間に各国の主要都市で起こった変化には、いくつかの共通点がみられた。まず第一の変化は、都市の空間的な拡張である。それまで長い間、中央広場に隣接した狭い地域で伝統的な生活様式を保ってきた上層階級が郊外の良好な環境へ住居を移転させたことである。その結果、新しい高級住宅街が出現し、そこでは西欧風の建物が建てられた。メキシコでは、レフォルマ大通りに沿ったチャプルテペック公園に向かった地域が瀟洒な住宅街となった。ブエノスアイレスではバリオノルテ地区が、サンパウロではパウリスタ大通りが、リオデジャネイロではリオブランコ大通りが、リマではアレキッパ大通りから太平洋に向かった南西地区が、ボゴタでは北部の高台とチャピネロ地区が、カラカスでは南部のエルパライソ地区が、新しい近代的な住宅地となった。

第二の変化は、都市住民の生活様式の変化である。上流階級の住宅地区の移動は、単に空間的な都市の拡張にとどまらず、住民の生活様式を変えた。閉ざされたパティオ（中庭）を中心にして潜むように暮らしてきた伝統的な生活空間が、外に開かれた生活様式へと変化した。新しい住居は入口を広くとった広間から成り、手すりのあるラセン状の階段が二階に続くイタリア、フランス、イギリス風が好んで建てられた。生活も戸外の娯楽が盛んになり、ゴルフ、ポーロ、テニスなどが富裕階級の間で盛んになった。またメキシコ市ならチャプルテペック公園、ブエノスアイレスならパレルモ公園、リオデジャネイロなら植物園、リマならコロン大通りが、午後の散策でにぎわった。

この時期における都市の近代化のもう一つの特徴は、郊外への拡張と同時に都心部も都市の顔として再建され、生まれ変わったことである。中央広場に面した古い寺院や市庁舎の修復が行なわれ、場合によってはギリシャ・ローマ式の壮大な建築物に大変身を遂げさえした。各国のそれまで植民地風であった首都に、パリのシャンゼリゼに似せた広い並木道と公園、記念碑の建つ広場、立派な鉄道駅、一流の劇場やホテルまた豪華な中央銀行や中央郵便局などの公共建造物が出現し、都心部の景観は著しく変化した。メキシコ市を例にとれば、現在でもその優美な姿をみせているイタリアから輸入した大理石で造られた国立芸術院や中央郵便局の建物が、またブエノスアイレスでは有名なコロン劇場が、この時代に建設されている。

メキシコ市の中央郵便局

一九世紀から二〇世紀初期にかけて激変したラテンアメリカの都市は、一面では先に述べたように西欧志向の強い近代化という共通性をもっていたが、他方では都市の多様性をも生み出していた。とくにスペイン系アメリカ諸国では、きわめて画一的であった植民都市の構造に大きな変化をみた時期でもある。なぜならこの時期の経済成長は世界経済に直結して起こったため、どのような産業が発達し、またヨーロッパ移民を大量に受け入れたかどうかなどの要素によっても、都市の近代化の姿は変わったからである。

第7章

革新とナショナリズムの時代

アメリカ資本で開発されたカナネア銅山と精練所

1　新しい社会と革新勢力の台頭

中間層の拡大と革新運動

中間層とは、一般的に大土地所有者、鉱山所有者、商業資本家などから成る上流階級と零細農民および労働者から成る下層階級の中間に位置する層を指す。ラテンアメリカ諸国では、限られた規模ではあったが植民地時代から中間層がすでに形成されていた。植民地統治機関の中級以下の役人、商人、中小自営農民、カトリック教会の教階位制中級以下の聖職者、一八世紀後半に設置された民兵制に登用された中・下級将校、医者、法律家、知識人などである。これらの伝統的な中間層のほかに、独立後、とくに一八八〇年代以降には、ラテンアメリカ諸国の輸出経済部門の発展と都市化の進展、近代教育の促進などによって各国の中間層に新たな職種が加わった。輸出産業の発展と貿易・金融などの拡大は技術者と銀行・企業で働くホワイトカラーを著しく増やし、学校教育の近代化と普及は教職員層を拡大させ、どの国においても中間層は大幅に増大した。もちろん中間層の規模を正確に量ることは不可能である。職業・所得・資産・社会的地位などの要素をどのように組み合わせて基準とするかで、その規模は異なる。国によりかなりの差があるが、一九二〇年代のラテンアメリカにおける中間層の規模は、人口の一〇%から三〇%を占めていた。

しかし拡大したこれらの中間層の経済状態は、どの国においても恵まれたものではなかった。そのうえ経済の発展とともに外国資本と提携した寡頭支配層による富と権力の独占がいっそう強まり、それは政治の腐敗と社会的不公正を生んでいた。その結果、その是正を求める動きが各国で生まれた。その中でヨーロッパから大量移民を受け入れたアルゼンチン、チリ、ウルグアイなどでは、のちに述べるような中間層の利益を代弁する政党の結成を目指す運動が一九世紀後半にすでにみられた。またメキシコのようにヨーロッパ移民が大量に到来しなかった国においても、教育を受けた中間層の間で政治意識が高まり、政治運動が起こった。例えば一九〇五年に結成された「メキシコ自由党」は、一九〇〇年に起こった反教会運動を契機として中間層の自由主義者たちによって結成された「自由クラブ」を母体にして形成され、やがて急進的な労働運動を展開して、一九一〇年に勃発するメキシコ革命の先駆的役割を果たした。のちにとりあげるように、メキシコ革命は中間層主導による民主化運動として勃発し、農民の土地問題や労働条件の改善とも取り組みながらも、中間層の利益を優先した社会革命を実践したのである。

アルゼンチンでは、保守派の支配に不満をもつ層が一八九〇年代にはさまざまな政党を結成したが、都市の中間層と農村部の中小自営農民を結集して組織された中間層の政党である急進党が出現した。急進党は、一九三〇年までの約四〇年間にわたり中間層の利益を代弁して、社会改革に大きな力を発揮した。一九一二年に男子普通選挙法が制定され、有権者層を一挙に拡大したこの新選挙法の下で一九一六年に実施された最初の選挙では、急進党の推したイリゴージェンが大統領に選出された。イリゴージェンの率いる急進党政権時代は一九三〇年まで続き、この間に労働法、女性と児童の労働に関する労働法、年金法などが制定されている。しかしこのような労働者保護政策を進めた急進党政権も、急進的な社会改革と取り組むまでにはいたらなかった。

イリゴージェン

チリは、独立後、政治の混乱と経済の荒廃を経験した多くのラテンアメリカ諸国の中では、例外的に安定した順調な建国の道を歩んだ。その理由は、植民地時代にチリで形成された社会が地理的にも人種的にもまとまりのある社会であったことに見

アレサンドリ

出せる。植民地時代を通じてペルー副王領の辺境地として比較的孤立して緩やかに発達したチリ社会は、一九世紀半ばになってもサンチアゴを中心とする国土の中部を支配する大土地所有層とその支配下に置かれた農民層に分かれたままであり、人種的にも比較的単純な社会構造をもっていた。独立後の政治的混乱も短期に終り、一八三三年には保守派の支配下で憲法が制定され、強力な権限を有する大統領制の下で中央集権体制が確立した。その後、自由主義勢力が政治力を緩やかに拡大するという政治発展を経験した。この間にすでに述べたような銅と硝石の輸出経済の成長によって、チリ社会は大きく変化した。教育の普及が図られ、都市が整備され、中間層が拡大した。一八六三年に急進党が結成されていたが、第一次世界大戦後に硝石景気が衰退して経済不況が強まった一九二〇年に労働法の制定を約束した急進党のアレサンドリ候補が、北部の鉱山労働者と都市部の中間層に支持されて大統領に当選した。アレサンドリ大統領（在任一九二〇—二五、一九三二—三八）は議会の保守勢力の抵抗を受けながらも、経済不況と財政悪化の中で遅配していた給与の支給を求めた軍部に支援されて、八時間労働を規定し組合の結成を認めた懸案の労働法を一九二四年に制定した。

ウルグアイではバッジェ＝イ＝オルドニェス大統領時代（在任一九〇三—〇七、一九一一—一五）に、国家主導の経済政策がとられ、社会保障制度が整備されて、社会福祉国家の建設が目指された。ウルグアイは保守派と自由主義派が激しく対立した国の一つであったが、一八七〇年代に入って政治が安定するとイギリス資本の導入による経済開発が進められ、ヨーロッパ移民が流入した。外国移民の大部分が首都モンテビデオに集中し、主として商業とサービス業に従事し、やがて都市中間層を形成していった。一九〇三年に自由主義派のコロラド党から立候補したバッジェは大統領に就任すると自由放任主義経済が主流であった当時、電力、電信・電話、上下水道事業などを国家の管理下に置き、さらに一九一一年に労働法を制定し、社会改革に向けた政治路線を敷いた。バッジェが大統領職を退いたのちの一九二〇年代前半に、老齢年金法、労災保障法、農業労働者最低賃金法が制定され、社会福祉国家建設を目指したウルグアイは、二〇世紀前半にアルゼンチンとともに世界の先進国の一つとなった。また「近代ウルグアイの父」とされるバッジェの指導の下で実現されたウルグアイの社会改革の政治は「バッジスモ」と呼ばれ、ラテンアメリカにおける社会改革運動の先駆となった。

労働者階層の拡大と労働運動

ラテンアメリカにおける輸出経済の急激な発展は、どの国においても社会を大きく変化させたが、最も顕著な変化の一つは新しいタイプの労働者階層が出現したことである。輸出経済部門の労働者、鉄道港湾施設の労働者、織物工場に代表される軽工業における労働者が、従来の農業労働者や職人に加えて急増した。これらの労働者階層の規模がどの程度であったかを正確に知ることは難しいが、前章でとりあげた新移民の流入数はその規模を知る指標の一つである。

バッジェ

第一次世界大戦以前に労働者層が拡大した国は、アルゼンチン、ブラジル、チリおよびメキシコの四ヵ国である。そのほかの国々で労働者層が拡大するのは第一次世界大戦後であった。これらの四ヵ国のうち軽工業が発達したアルゼンチン、ブラジル、メキシコの工場労働者については、次のような数字がある。

メキシコの一九一〇年の国勢調査では総人口一五一〇万のうち工

場労働者の数は六万弱であった。この時期のメキシコにおける大規模な近代工場は紡績工場である。アルゼンチンの場合、一九一四年の国勢調査によると、総人口約八〇〇万のうち工場労働者数は二四万であった。ブラジルでは一九二〇年の産業調査によると、総人口約三〇〇〇万のうち工場労働者は二八万弱で、そのうち約四〇%は紡績工場で働いていた。

一九世紀末から二〇世紀はじめのこれら四ヵ国の労働者をとりまく社会環境は、輸出部門の経済活動に従事する労働者とそれ以外の分野の労働者とでは、大きく異なっていた。輸出部門の鉱山やプランテーションで働く労働者たちは、他の職種の労働者たちから孤立した状態に置かれていた。しかし比較的多数の労働者が集中して特定の地域で働いたこと、また輸出経済部門という海外市場への輸出日程に管理されて働く労働者であったことから、ストライキやサボタージュによる経営者側への打撃効果が大きかったため、労働条件の改善交渉などには比較的有効な影響力をもっていた。とくに輸出経済の要を握っていた鉄道労働者は最も早く組織され、最も強い交渉力をもっていた。これらの輸出経済部門を除く労働者は、さまざまな職種に分散して従事していたため、労働者を組織し、労働条件の改善を要求するには困難な環境に置かれていた。それでも各国の首都における印刷関係の労働者は比較的早く組織され、ストライキなどの戦術によって労働条件の改善に取り組んでいた。

しかし一般的には、労働条件は鉱山労働者から工場労働者にいたるあらゆる分野で劣悪だった。一日に一二時間から一六時間も働き、労働環境は不健康で、賃金は極端に低く抑えられていた。このような労働条件の改善を目指す労働運動が、一九世紀末に多くの国々で出現した。それらの運動は、社会主義、無政府主義、アナルコ・サンディカリズムなどの思想をヨーロッパからもち込んだ移民によって主として推進された。最も強力な労働運動が展開されたアルゼンチンでは、一八七〇年代から労働者の組織化が進められた。政府は、抵抗法（一九〇二）や社会防衛法（一九一〇）を制定して、労働運動を弾圧した。労働者を基盤とした政党としては、アルゼンチンの社会党

（一八九六）とチリの社会労働党（一九一二）が第一次大戦前に結成されたが、全体的にみればこれら二国は例外であった。ラテンアメリカの初期労働運動には、アナルコ・サンディカリズムが強い影響を与えており、政治に参画することによって地位の改善を目指すことよりも国家体制の破壊を目的とした急進的な政治思想の下で労働運動が展開され、政党結成につながらなかったからである。実際にストライキ、サボタージュ、ボイコットなどの直接行動を戦術として採用し、どの国においても政府から厳しい弾圧を受け、むしろ労働組合は政治に背を向けていた。

リオブランコのストライキ

ストライキはどの国においても一八七〇年代から頻発したが、二〇世紀に入ってストライキの規模も力も大きくなると、各国政府はいっそう厳しく弾圧した。メキシコで起こった一九〇六年のリオブランコ紡績工場のストライキとカナネア銅山のストライキでは、鎮圧のために送り込まれた軍隊によって多数の労働者が殺害された。チリでは二〇世紀初頭からストライキと弾圧が繰り返されてきたが、一九〇七年に起こった「イキケの虐殺」の名で知られる硝石鉱山労働者のストライキでは、労働者とその家族も含めて一〇〇〇名以上が政府の命令で出動した軍隊に殺害された。アルゼンチンでも一九〇七年から一九一三年にかけて多くのストライキやデモが政府の厳しい弾圧にあった。ラテンアメリカ諸国の政府は労働運動が外国移民の急進的分子によって煽動されているとみなし、外国生まれの労働運動家をつぎつぎと国外に追放した。

労働運動の置かれた環境が大きく変化したのは、第一次世界大戦後である。世界大戦は、欧米市場に極度に依存するモノカルチャー経済をつくりあげてきたラテンアメリカ諸国に大きな影響を与えた。生活物資の多くを輸入に依存するようになっていたため、戦争により輸入が止まり、物資が不足すると、経済は混乱を極めた。その結果、ゼネストが頻発した。そして戦後は世界的な民主化の動き、ロシア革命の勃発、のちにとりあげるメキシコ革命と一九一七年の革命憲法の制定などが、戦後の労働運動と労働法の制定に大きな影響を与えた。すでに述べたようにウルグアイは社会福祉政策を推進したバッジェ政権下ですでに労働法が一九一一年に制定されていたが、ウルグアイは例外的な存在である。ラテンアメリカの多くの国は、第一次世界大戦後に労働者のストライキ権・八時間労働・最低賃金・年金・労災保障などを含む労働者のための法制化と取り組むことになる。

メキシコ革命

メキシコでは、一八七六年にクーデターによって大統領の座に就いたディアスが一九一一年まで実権を握り、三五年間におよぶディアス独裁時代が続いた。その後一九一〇年に勃発した革命運動により、メキシコはラテンアメリカで最も急進的な社会変革を二〇世紀初期に経験することになった。その原因の根底にはカトリック教会の問題があるが、大衆蜂起の引き金となったのは一九世紀末からメキシコが経験した輸出経済の急激な発展によって生じたさまざまな変化と社会・経済のひずみおよび政治の腐敗・不公正であった。

メキシコは、ディアス独裁体制の下で外国資本を積極的に導入し、近代化を図った。一部で目覚ましい経済発展と近代化が進んだが、他方でメキシコ経済は外国資本に支配され、社会の不公正と富の偏在が顕著となった。外国資本は、一九一〇年までに鉄道の九八％、石油の九七％、鉱山資源の九七％、国土の約二五％を所有するにいたり、鉱山・工業・商業などの経済活動の主力となっていた。これら外国資本の下で働く労働者は、差別され、厳しい労働条件の下で働かされた。一方、農業部門においてもまた、輸出向け商品作物の生産が急速に増大し、基礎的食糧すら輸入しなければならないという歪んだ不均衡な経済発展を遂げていた。農民の九七%は土地をもたず、農業労働者として過酷な労働を強いられていた。

革命への引き金は、一九〇八年にディアス大統領がアメリカの雑誌記者に語った民主化発言であった。この発言に鼓舞されて『一九一〇年の大統領継承』という書を発表して政治の民主化を訴えたマデロの下に結集していった中間層を中心とするグループが、やがてディアス大統領の再選反対と公正な選挙の実施をスローガンにして全国的な運動を組織した。しかし政府の妨害とディアス再選の結果、このマデロ運動はディアス独裁者打倒を目指す武装蜂起へと発展し、一九一一年五月にディアスの追放に成功した。こうして革命の第一段階は政治の民主化を要求するグループによって達成されたが、やがて農地改革を要求する南部モレロス州のサパタ農民運動に代表される農民勢力の台頭により、革命運動は根本的な社会改革を目指す、より急進的な性格をもつようになった。サパタ勢力が一九一一年一一月に発表した「アヤラ計画」は農地改革の具体的な提案であり、のちにメキシコ革命が実現することになる農地改革の骨格となった。

革命動乱期は一九一六年まで続いた。穏健な改革主義者にとどまったマデロが一九一三年二月に保守派によるクーデターで暗殺され、ウエルタ将軍による反革命政権が成立すると、これに反発した民主勢力が北部コアウイラ州知事カランサの掲げた護憲主義の下に結集した。護憲派勢力は一九一四年七月にウエルタ政権の打倒に成功したのち、激しい内戦を経て一九一五年秋にほぼ全国を制圧した。こうして一九一〇年から一九一六年にかけて展開された革命動乱時代は国内諸勢力間の激しい武力抗争期であり、またアメリカ海軍によるベラクルス港占領（一九一四―一五）やアメリカ陸軍による北部国境侵犯事件（一九一六―一七）など、対米関係で重大な危機に直面した時期でもあった。しかし第一次世界大戦の勃発により欧米列強の本格的な武力干渉が回避されるというメキシコにとっては幸運な国際環境の中で、メキシコ革命は国内諸勢力間の抗争と妥協の中から独自の社会改革のプログラムを創

サパタ農民軍

出した。一九一七年二月五日に公布された憲法によって、メキシコ革命が目指す改革の理念とメキシコの将来像が示された。とくに土地・地下資源・水を根源的に国家の所有とした第二七条は、メキシコ革命最大の成果であった。この二七条の規定に従って、農地改革・外国資本の国有化・教会財産の没収などが、その後一九二〇年代と三〇年代にかけて実施された。

一九二〇年代を通じてメキシコ革命は、国民統合に向けた民族主義的運動を強力に推進した。バスコンセロス文部大臣の下で現代メキシコの国民意識形成に大きく貢献した壁画運動が、リベラ、オロスコ、シケイロスのような現代メキシコが世界に誇る画家たちを中心にして展開された。この壁画運動は公共建造物の壁に描いたメキシコの歴史や風物を通じてメキシコ民族意識を国民に植えつける役割を果たすと同時に、ヨーロッパ文化から脱却したメキシコ絵画の創造でもあった。メキシコ民族主義の台頭は、メキシコ革命が農民・労働者・軍部などの各勢力を政治力として統合するにあたり大きな力となった。

革命が自由主義派の中間層主導ではじまったとはいえ、その初期に農民層もまた各地で武装蜂起した。武力闘争の担い手の主力は、どの派閥勢力でも基本的には農民たちであったが、それをもって革命運動そのものが農民運動であったわけではない。中間層出身の革命指導者の間にも、農地改革を社会正義として強く要求したものたちが少なくなかった。しかし伝統的な砂糖生産地帯であるモレロス州で蜂起した農民勢力が、伝説的な革命の英雄サパタらの指導の下で中間層主導の革命運動に妥協することなく抵抗したことは、これら中間層の革命指導者たちが革命憲法に農地改革を盛り込む原動力となった。

このような農民勢力に対して、労働者層はその規模も小さく、全国規模での革命運動勢力とはなりえなかった。しかし革命動乱期の厳しい勢力争いの過程で首都圏の労働者が護憲派革命軍の一部に組み込まれ、武力闘争に参画したため、労働勢力はその功績によって農民勢力より早い一九二〇年代に労働環境の改善を革命政権から勝ちとった。一九一八年に結成されたメキシコ労働者地域連合は、その後の労働運動に道を開いた。この労働者勢力に遅れて農民層も、一九三四年に大統領となったカルデナスの政権下で大規模な農地改革の実施を得るのである。

2 国民国家形成とナショナリズム

ラテンアメリカ諸国のナショナリズム

民族主義から国家（国粋）主義までを含む概念規定の広いナショナリズムは、時代によりそのもつ意味も役割も変化するが、広い意味でのラテンアメリカのナショナリズムは、一八世紀末頃から明確になってきた。アメリカ大陸で生まれ育ったエリート層の中に、アメリカ大陸への帰属意識を強め、スペインやポルトガルの植民地支配に反発するものたちが誕生していた。スペイン植民地の場合、一八一〇年代から一八二〇年代の独立戦争は、その帰属意識をいっそう高め、反スペイン主義を強化した。しかしすでにみてきたように、独立はただちに国民国家形成を意味しなかった。なぜなら新生国家の新しい支配者となったのは、スペイン人に代わって権力を握ったクリオーリョ白人と少数の混血メスティソやムラートたちであり、人口の圧倒的多数を占めた農村人口は実質的には国家の一員とは考えられていなかったからである。ポルトガルから独立したブラジルは、すでに第4章でみたように、独立の経緯がスペイン植民地の場合と異なっている。

新しい支配層はやがて寡頭支配体制を確立し、圧倒的多数の下層大衆をそのままにして、自国を近代化させ、発展させる道を、イギリス、フランス、イタリア、ドイツに代表される西欧に求めた。また経済発展を遂げるために外国資本を導入し、ヨーロッパ移民によって未開の国土を開発させることで近代化が達成できると信じていた。その結果、法体系・官僚機構・軍隊・公教育・思想・文化など、ほぼあらゆる分野で西欧化が進んだ。彼らの帰属意識はヨーロッパであり、彼らはヨーロッパ世界の一員として近代ラテンアメリカの形成を目指す、いわばコスモポリタンであった。しかしこのような近代化政策は、自国の国民統合を遅らせ、厳しく階層化された社会を温存させ、国家の総合的な開発への展望を欠いた外国資本や特定の個人に広大な土地や資源を独占させることになった。この実態を最もよく示しているのがラテンアメリカ諸国の鉄道である。前章で述べたように、この時期に急速に進展した輸出産品の開発は鉄道建設を伴ったが、鉄道建設はどの国でもほとんどが外国資本によって建設された。今日でも機能しているこの時代に建設された鉄道路線をみると、鉄道がその当時に開発された輸出商品を生産地から港に運ぶために建設されており、国内の統合という視点を欠いた鉄道網になっていることがわかる。

このように国民国家形成という視点を欠いたラテンアメリカ諸国の近代化の過程で、新たな行動を起こしたのは経済発展によって拡大した中間層であった。すでに述べたように一八八〇年代から急速に拡大したこの中間層は、伝統社会の下層階級から中間層へと社会上昇を果たした新しい中間層を含んでいた。彼らは外国資本に支配された自国のあり方に疑問を抱くと同時に、抑圧され、搾取される下層労働者や農民層に注目し、国家のあり方を模索した。とくに彼らは、一九世紀末から急速に台頭してきたアメリカ合衆国をラテンアメリカの最大の脅威であるとみなした。キューバ独立の父マルティは、一九世紀末に合衆国の野心を指摘し、ラテンアメリカ諸国の団結の必要を説いた一人であったが、少なからぬ知識人たちがアメリカ帝国主義の危険性を早くから警告していた。ラテンアメリカのナショナリズムは、このように外国資本による経済発展の中で拡大した中間層の出現に伴って、寡頭支配層がもたなかった民族意識として高まり、反米主義へとその性格を明確にしていったのである。

第一次世界大戦は、世界の他の地域と同様に、ラテンアメリカの民族主義運動にとっても大きな転換期となった。民族意識が高まると同時に、労働運動をはじめとして社会改革を目指す大衆運動が組織され、寡頭勢力に対する大衆の挑戦が開始された。そして巨大な外国資本に支配されたラテンアメリカ諸国の大衆運動は、必然的に反帝国主義運動へと発展していった。その反帝国主義を最も集約的に表現したものが、すでにとりあげたメキシコ革命の成果としての「一九一七年憲法」である。同憲法は第二七条で地下資源と水を根源的に国家の所有とし、外国資本や特定の個人が独占することを排除したが、その理念に基づいてメキシコは外国資本の接収を含む急進的な改革の政治を実行した。メキシコ革命に刺激されたペルーのアヤデラトーレは一九二四年にアメリカ革命人民同盟（アプラ運動）を結成し、ラテンアメリカ各国で反米運動を開始した。アプラ運動はアメリカ帝国主義に反対し、ラテンアメリカの政治的統合を目標に掲げた急進的な民族主義的社会改革運動へと発展した。

アヤデラトーレ

こうして第一次世界大戦後のラテンアメリカ諸国は、自国の抱える問題を凝視しそれらの問題と真剣に取り組む過程で、反米主義を含む激しい民族主義運動を展開することになった。インディオと総称された先住民を多数抱えている国では、自国のアイデンティティを先住民の存在とその歴史文化に求めるインディヘニスモ運動が出現した。またアメリカ合衆国の資本が大量に流入し、アメリカの干渉を受けたメキシコ、カリブ海域および中米諸国では、激しい反米運動が展開された。

アメリカの膨張と反米ナショナリズム

ラテンアメリカ諸国の反米感情は、アメリカの海外膨張主義の台頭と同時に出現している。アメリカはすでに一九世紀前半にメキシコから膨大な領土を奪っており、その潜在的な脅威はメキシコ人の間でとくに強かった。しかしアメリカが対外膨張政策を明確にするのは、一八六〇年代の南北戦争を経たのちである。すでにみたようにディアス時代のメキシコへのアメリカ資本の進出は著しく、またカリブ海域、とくにキューバへの進出も一八七〇年代以降急速に進展した。アメリカは一八九〇年に国内のフロンティア消滅を宣言し、のち対外膨張政策を急速に進めていったが、対ラテンアメリカ関係では一八九八年が一つの転換期となった。同年に勃発した米西戦争はキューバ独立運動を舞台にして起こったが、アメリカのカリブ海域への干渉を露骨に示したものであった。同戦争はわずか四ヵ月で終結し、キューバは独立した。しかし「プラット修正」と呼ばれたキューバへのアメリカの干渉権を認めた憲法の修正条項が一九三三年に撤廃されるまで、キューバはアメリカの保護国の地位に置かれた。

アメリカがカリブ海域で介入したのはキューバだけではなかった。ドミニカ共和国とハイチもまたアメリカの干渉を受け、キューバがアメリカの強要によって憲法を修正させられた「プラット修正条項」とほぼ同様の内容を含む条約を締結して、アメリカの保護国となった。ドミニカ共和国は対外債務の返済が不能となった一九〇四年にアメリカの干渉を受け、翌年から関税の徴収権をアメリカに委ねて実質的にアメリカによる財政管理下に入った。さらに一九〇七年にアメリカとの間で二国間条約が締結され、アメリカによる内政干渉と財政の管理が正当化された。やがて反米主義を掲げた政権の誕生を牽制してアメリカは、一九一六年に武力干渉を行ない、ドミニカ共和国をその後六年間米軍の支配下に置いた。ハイチもまた一九一五年に起こった政治の混乱を契機としてアメリカの干渉を受け、ドミニカ共和国が締結したものと同様の条約を一九一六年にアメリカと交わして、事実上アメリカの保護国となった。

中米地域でも、アメリカの露骨な干渉がつぎつぎに行なわれた。その中でもすでに前章でとりあげたパナマの独立は、アメリカの野心的な膨張を最もよく示した事件であった。パナマ地峡とともにニカラグアは一九世紀から地理的に運河建設が有望視されていたが、パナマ運河の建設が着工されたのちもアメリカの野心的侵略の対象となった。一九〇九年に発生した米海兵隊員二名の殺害事件を契機として、ニカラグア国内の秩序回復を名目に軍事干渉を行なったアメリカは、ニューヨークの銀行団と共同で一九一一年にニカラグアの税関管理にのり出し、のち四〇年間にわたってニカラグアの財政を支配した。さらに一九一四年には、アメリカに対してニカラグアにおける運河の建設と管理権および海軍基地設置権、コーン諸島の九九ヵ年租借権を与えたブライアン・チャモロ条約が締結され、また一九一八年に制定されたニカラグアの新憲法によって、ニカラグアも事実上アメリカの保護国となった。ニカラグアでは一九二七年のアメリカ海兵隊派遣に反対した反米ゲリラ運動がサンディーノの指揮下で展開され、一九三三年に海兵隊が撤退するまで続いた。

このようなアメリカによる中米地域への干渉は、進出していた巨額なアメリカ資本を保護するためであった。中米地域は一八七〇年代から二〇世紀初頭にかけてアメリカ資本を中心とする外国資本を受け入れ、アメリカとヨーロッパの市場へ向けた輸出用の熱帯農産物の栽培地帯として急成長した。はじめはコーヒーが栽培され、コスタリカからメキシコ南部にいたる地域で輸出用コーヒー・プランテーションが拡大された。さらにコーヒーに遅れてバナナがこの地域の主要な輸出産品となった。とくに一八九九年に設立されたアメリカ資本のユナイテッド・フルーツ社は、グアテマラからホンジュラス、ニカラグア、コスタリカ、パナマ、コロンビアにかけてバナナ帝国と呼ばれるほど大規模なバナナ・プランテーションを拓いていた。

こうして中米とカリブ海域におけるアメリカの影響力は絶大なものとなり、アメリカの資本と結びついた各国の寡頭勢力が巨額な富を手にして国家を支配する状況が出現した。そしてアメリカ資本とアメリカ人の保護を口実と

カランサ

して、アメリカ政府はこれらの国々にしばしば武力干渉を行なった。アメリカは一九世紀末から一九二〇年代を通じて、カリブ海域と中米地域を自国の裏庭とすることに成功したのである。先にとりあげたアプラ運動は、このようなアメリカの帝国主義的膨張に対するラテンアメリカ規模での反米闘争を目指したものであり、アメリカの経済的侵略と武力干渉に反対するラテンアメリカ諸国の統一戦線の結成を目的とした最初の運動であった。

アメリカの経済的・軍事的進出は、各国で反米感情を高揚させた。メキシコは革命動乱期にアメリカから軍事的侵略を含むさまざまな干渉を受けたが、革命動乱を終結させたカランサ大統領は、アメリカによる内政干渉を排除するために他国への内政干渉を禁止する「カランサ・ドクトリン」を提唱し、その支持を求めてラテンアメリカ諸国に積極的に働きかけた。このような反米感情の高まりは、一九二〇年代に開催された二回の米州諸国会議にはっきり現われている。一九二三年にチリのサンチアゴで開催された第五回会議においても、また一九二八年のハバナにおける第六回会議においても、アメリカの干渉政策を厳しく批判する声があがった。とくにハバナ会議においては、「いかなる国も他国の内政に干渉しない」とする、いわゆるカランサ・ドクトリンを盛り込んだ不干渉宣言の採択をめぐってアメリカはラテンアメリカ諸国と激しく対立した。不干渉宣言はアメリカが調印を拒否したため成立しなかったが、やがて後でとりあげるように、一九三〇年代にアメリカは不干渉主義を言明した善隣外交政策をとることになり、対ラテンアメリカ政策を転換する。

インディヘニスモとは、先住民を多数抱えているラテンアメリカ諸国で起こったナショナリズムの一つの表現であり、先住民の存在と歴史に自国のアイデンティティを求める運動である。同時に政治的には、ラテンアメリカの先住民を擁護し、その権利の回復を目指す運動を指している。ラテンアメリカ諸国の中でも中米のグアテマラ、南米のエクアドル、ペルー、ボリビアなど、いわゆるインド・アメリカ地域とも分類される、人口に占める先住民の割合が高い国々で高揚したナショナリズムの中で、インディヘニスモは出現した。このインディヘニスモという言葉は、一九二〇年代にペルーの先住民の復権を主張したマリアテギによって提言された。しかし先住民の擁護と権利回復を目指した運動そのものは、一六世紀前半のラス＝カサスのインディオ擁護論にはじまり、植民地時代に各地で起こったさまざまなインディオの反乱にも見出すことができる。そして近代ナショナリズム運動としてのインディヘニスモの起源については、一八七〇年代にペルーで起こったペルー・アイデンティティの模索の時代に求めることができる。

マリアテギ

ペルーでは一八七九―八三年にかけてチリと戦った太平洋戦争における完敗が、ペルー近代化の歴史に大きな転機をもたらした。この敗北を契機としてペルー支配層は、議会政治の導入および自由主義経済の確立といったブルジョア改革の政争から一挙にペルー国家の存亡に関わる根本問題に取り組むことになった。太平洋戦争における完敗とチリによる国土占領は、対外姿勢としての国家意識のみならず国内の改革運動への目覚めとなり、国民意識を広く支配層・知識人の間で高揚させた。こうして国家意識に目覚めた知識人たちは、とくに戦争における敗北と屈辱の中からペルーの現状を凝視することを学び、ペルーの後進性と退廃ぶりに痛烈な反省と批判を下した。その結果、一八七〇年代に文民政治へと盛りあがった気運は一八八〇年以降ペルーの近代化と改革運動へと発展していった。一九世紀末から二〇世紀初頭にかけてこのペルーの改革運動に大きな影響を与えたゴンサーレス゠プラダは、インディオを国民国家に統合することの必要を強く説いたインディヘニスモの先覚者である。そしてすでに述べた一九二四年のアプラ運動の創設者であるアヤデラトーレはその主張を行動に移し、インド・アメリカ主義という主張を掲げた政治運動を展開した。一九二五年から二八年にかけてペルーの評論誌『アマウタ』を主宰したマリアテギは、「インディオの救済こそペルー革新のための政策であり目的である」としてペルーの後進性を分析し、問題の所在を指摘したのである。

一方、メキシコでは革命動乱の中から根本的な社会改革を目指す変革のプログラムがつくられ、メキシコ民族運動の中に先住民の利益擁護と復権を目指すプログラムが策定された。メキシコ革命のナショナリズムが最も高揚した一九三〇年代のカルデナス政権時代に、メキシコの古代史研究や民族学が興隆した。一九三九年には国立人類学歴史研究所が設立され、メキシコの民族問題に関する調査研究の中心的役割を果たすことになった。そして翌一九四〇年にはメキシコ中西部のミチョアカン州パックアロで第一回米州インディヘニスモ会議が開催され、インディオの固有の文化と伝統を軽視せずに国民統合を目指すことが議論された。そして各国に国立インディヘニスモ研究所を設立することが合意され、メキシコに米州インディヘニスモ研究所を置くことが決定された。こうしてインディヘニスモは、近代国家への先住民族統合運動としてラテンアメリカ規模で取り組まれることになった。

インディヘニスモは、ラテンアメリカ文学運動としても独自の思潮を形成し、この地域のナショナリズムを高揚させた。ヨーロッパ文化至上主義の時代であった一八八九年にペルーの作家マット゠デ゠トゥルネルが『巣のない鳥』という小説を発表して、インディオの置かれた過酷な状態を告発し、インディヘニスモ文学の先駆者となった。その後一九二〇年代から三〇年代にかけてマリアテギの土着社会主義の思想に支えられ、インディオ問題をテーマにした作品が数多く書かれた。インディヘニスモ文学は、インディオ問題を作品の中で告発する役割を果たしただけでなく、インディオ自身の社会意識の育成にも大きな役割を果たした。

3 危機の一九三〇年代

世界恐慌とモノカルチャー経済の破綻

一九二九年にはじまった世界恐慌は、ラテンアメリカ諸国のモノカルチャー経済に大きな打撃を与えた。先進諸国の経済破綻はラテンアメリカ諸国が生産する一次産品の国際市場を著しく縮小させ、その輸出を大幅に減少させたからである。この影響を真っ先に受けたのは、モノカルチャー経済を推進し、外国資本と提携していた寡頭勢力であった。欧米諸国の投資と輸入が停止し、輸出産品の生産活動は縮小へと追い込まれた。各国で失業者が増大し、賃金が低下した。しかし影響はそれだけではなかった。輸出によって獲得した外貨で輸入してきた工業製品をはじめとするさまざまな物資が輸入困難となり、ラテンアメリカ諸国の経済生活は混乱し、破綻をきたした。経済不況は、ほとんどすべての国で深刻な政治不安と社会の混乱を引き起こした。しかしその混乱の度合いと時期は、国によってかなりの差がある。

アルゼンチン、ブラジル、チリ、メキシコのような都市人口が発達し一定水準の軽工業が発達していた国では、世界不況が多数の失業者を生み、困窮した農村人口が都市に流入し、街では失業者が群れをなした。物資の不足と物価の上昇は、国民とくに都市部に形成された中間層の生活を直撃した。しかしコーヒーとバナナから成る輸出商品が輸出総額の七〇%から九〇%も占め、都市人口の割合が低い中米諸国のような地域では、世界不況による打撃はより緩やかであった。しかしその影響は、長期にわたって国内の政治と経済に影響を与えた。

世界恐慌がラテンアメリカ諸国のモノカルチャー経済にどれほどの打撃を与えたかについて、具体的な数字でみてみよう。一九三〇年を境にしてその前後の五年間の交易条件を比較した研究によると、ラテンアメリカ全体で輸出量は恐慌前の八・八%減であったが、輸入能力では実に三一・三%も減少した。ラテンアメリカが輸出する一次産品の価格が急落したため、交易条件が悪化して輸入能力が大幅に減少したからである。国別でみると、銅が輸出の九七%を占めていたチリでは、輸出量が三三%下落したのに対して、輸入能力の低下は五八%にも達した。同じく鉱山資源の輸出が全体の九五%を占めていたメキシコにおいては、輸出量の二五%下落に対して輸入能力は五五%も低下した。ブラジルでは輸出量が一〇%のプラスに転じていたが、輸入能力では二七%の減少を示した。アルゼンチンの場合には、輸出量で八・八%の減少を経験したが、輸入能力では三一%の減少を経験したのである。これらの数字は、ラテンアメリカ諸国の輸出商品の国際価格がいかに激しく下落したかを物語っている。世界不況による国際市場の縮小で輸出量が減少したうえ、それに加えて国際価格の暴落があり、モノカルチャー経済国は相乗的に大打撃を受けたのである。

輸出商品の種類によって、世界恐慌の影響の度合いはやや異なった。例えばコーヒーとバナナをとりあげてみよう。中米諸国の場合、世界恐慌まで輸出収入の七〇%から九〇%をコーヒーとバナナに依存するモノカルチャー経済を形成してきた。そのうちバナナ産業はアメリカ資本によって一九世紀末に開発がはじめられた比較的新しい産業であったが、世界不況によりアメリカ資本によって開発されたバナナ・プランテーションはいち早く大きな打撃を受けた。しかしコーヒー産業の場合には、一九世紀半ばにはじまっており、また民族資本が約半分を占めていたことやコーヒーの木が一定期間放置しておいても決定的な損失をもたらさなかったこと、さらにコーヒー産業はすでに幾度も不況を経験していたため、世界恐慌の影響を受けてもコーヒー産業ではただちにすべてが崩壊するような破滅的な結果とはならなかった。

輸入能力が大幅に低下すると、日常生活に必要な工業製品から食糧にいたるまで輸入していた多くのラテンアメリカ諸国は、はじめ輸入が困難となったため急激な物価上昇を経験した。しかしまもなく輸入困難となった外国の工業製品の代わりに、それを国内で生産する政策がとられることになった。またどうしても輸入しなければならない工業製品を確保するためには、まず外資を獲得しなければならず、そのためにはそれまで輸入に頼っていた多くの農産物と食糧を自給する農業生産を促進する必要があった。しかしこれらの目的を達成するためには、抜本的で長期的な計画が必要である。こうしてラテンアメリカの主な国々は、世界恐慌を契機として農業の改革と輸入代替工業化政策を推進することになった。

しかしラテンアメリカ諸国が一律に輸入代替工業化政策をとることによって、危機を克服しようとしたわけではなかった。中米諸国のように世界恐慌の波及による経済危機に対して、従来の自由主義経済政策を変えず、財政支出の削減と強権政治によって克服しようとした国もあった。したがってこれらの国々では、積極的な輸入代替工業化政策はとられなかった。バナナとコーヒーの輸出が減少し、輸出入に課けられた関税収入の激減によって財政収入が悪化すると、財政支出を削減するという自由主義経済の理論通りの不況対策をとった。こうしてこれらの国々が輸入代替工業化政策をとるのは第二次大戦後になってからである。

危機脱出の政治的選択

このような世界恐慌にはじまる危機的状況の中で、ラテンアメリカ諸国は大きく分類すると二つの対応を選択した。その一つは独裁政権による強権的政治による危機打開の道であり、もう一つは社会主義と民族主義を旗印にして国民大衆を体制の中にとり込む、ポピュリズムと呼ばれる上からの大衆動員型政治への道である。

前者を選択した国は、キューバ、ドミニカ共和国、ハイチ、エルサルバドル、グアテマラ、ホンジュラス、ニカラグアであり、当時ラテンアメリカ二〇ヵ国の三分の一に及んだ。これらの国々の中で軍人がクーデターで権力を掌握し、やがて独裁者として抑圧的な政治を行なったのは、キューバ、ドミニカ共和国、エルサルバドル、グアテマラおよびニカラグアである。

キューバでは、軍曹であったバティスタが一九三三年にクーデターで台頭し、やがて実権を握ると、カストロの率いる革命軍に倒される一九五八年末まで独裁的にキューバを支配した。ドミニカ共和国では、陸軍参謀長官であったトルヒーリョが一九三〇年にクーデターで権力を掌握し、一九三〇―三八年と一九四二―五二年の二期にわたって大統領の座に就いたが、一九六一年五月に暗殺されるまで実質的に三一年間独裁権力を握った。エルサルバドルでは、陸軍参謀長官の地位にあったエルナンデスが一九三一年にクーデターで実権を掌握したのち一九四四年まで抑圧的な支配を続けた。グアテマラでは軍人出身のウビコが一九三一年の大統領選挙で選出されて大統領の座に就いたが、のち国民投票による特別措置により独裁権力を握り、一九四四年にゼネストに訴えた国民の反政府運動によって権力の座から下ろされた。ニカラグアでは、国家警備隊長のアナスタシオ・ソモサが一九三六年にクーデターで実権を掌握し、二期にわたり大統領の座に傀儡を据えたのち一九四七年に自ら大統領となった。彼自身は一九五六年に暗殺されたが、のち息子と実弟が実権を継承し、一九七九年に「ニカラグア革命」で倒されるまでソモサ一族が権力を独占した。

一方、ホンジュラスとハイチでも長期独裁政権が出現したが、以上でとりあげた軍人独裁者が支配した五つの国とは異なる展開がみられた。ホンジュラスではカリアスが一九三三年から一九四九年はじめまで長期独裁政権を保持したが、一九〇三年にはじまるカリアスの政治家としての経歴と業績は先に挙げた軍人独裁者たちのそれとは非常に異なっている。また一九三三年の実権掌握も一九二三年と一九二八年の大統領選挙に立候補して敗れたのちの選挙によるものであった。しかし不況を克服する手段としてとった緊縮財政と経済改革を求める大衆運動への弾圧は、軍人独裁のそれに劣らず厳しかった。これに対してハイチで一九三〇年から一九四〇年まで政権を握ったヴァンサンは、弁護士出身の外交官として活躍したのち国民党の党首として政界で活動し、反米主義を掲げてアメリカ軍の撤退を要求したハイチ民族主義派の政治家であった。ベネズエラでは一九〇八年より一九三五年までゴメス独裁政権が続いたのち、一九四五年まで軍人大統領による強権政治が行なわれた。

以上のような独裁政権を出現させたカリブ海諸国および中米諸国に対して、ポピュリズム型政治体制を選択した国はブラジル、アルゼンチン、メキシコ、チリなどであった。ポピュリズムとは、輸出経済発展の時代に外国資本と結びついた寡頭勢力に対抗してこの間に拡大してきた中間層の中から出てきた政治運動であり、基本的には大衆を支持基盤にした政治運動の形をとりながら、異なる階級間の利害を政府自らが調整することによって政治の安定を図る、一種の権威主義的な政治体制である。したがってポピュリズムの道を選択したこれらの国では、前者のグループと比較して中間層がかなり形成されていたことが大きな特徴である。

ポピュリズム型政権の支持基盤は特定の階級に限定されず、農民や労働者層から中間層および上層階層まで含み、多階級的な性格を有するため、各層との妥協策も多様であった。その結果、一般大衆の利害に配慮を示すため、限定的な農地改革や労働条件の改善などが行なわれた。同時に上層階級に対しても一定の譲歩が必要となり、社会改革は徹底されなかった。そして階級間の調和と協調を維持するために、外国資本の国有化政策のような民族主義的な政策を積極的にとることによって、利害関係を超えた国民意識の統一が目指された。このポピュリズム型の典型的な政治については、次章でとりあげるメキシコのカルデナス政権、ブラジルのヴァルガス政権、アルゼンチンのペロン政権の例でみることができる。ラテンアメリカ諸国の中でも著しい経済発展を経験し、同時に中間層が比較的拡大していたこれらの国で出現したポピュリズム型政治は、いずれも強烈な民族主義を掲げ、工業化を推進し、国民を統合していった。

アメリカ合衆国の対ラテンアメリカ政策の変更

世界恐慌を契機としてラテンアメリカの多くの国々で寡頭支配体制が崩壊した一九三〇年代に、アメリカ合衆国はF・D・ローズヴェルト大統領の下でその対ラテンアメリカ政策を大きく変更した。この新しい政策は善隣政策と呼ばれている。善隣政策は、一九世紀からカリブ海域・中米・メキシコに対してアメリカがとった武力による内政干渉の政策を撤回し、内政不干渉の原則の下でラテンアメリカ諸国との間に友好的な協調関係をとりもどし、西半球の集団安全保障体制の確立を目指そうとしたアメリカの新たな西半球政策であった。このようなアメリカの対ラテンアメリカ政策が大きく変更された背景として、次の三つの要因を挙げることができる。

第一は、前述したようなラテンアメリカ諸国における反米感情の高まりと反米運動の出現である。アメリカの対ラテンアメリカ政策は、一八二三年の「モンロー宣言」にはじまり、一八九八年の米西戦争を契機としてラテンアメリカに対する武力干渉政策へと発展した。そして一九二〇年代にはラテンアメリカで反米主義と民族主義運動が高まったことについては、すでに紹介した通りである。

第二は、ヨーロッパ列強によるアメリカ大陸への干渉の危機である。一九二九年にはじまった世界恐慌が世界各国で政治・経済の混乱を招き、ヨーロッパでは全体主義が台頭した。そしてヨーロッパ列強によるラテンアメリカへの干渉の危機が高まる中で、アメリカは従来のラテンアメリカ政策に大きな変更を迫られたのである。

第三は、自国経済の破綻と国内経済の立て直しのために、カリブ海と中米に派遣していた軍事力を縮小する必要に迫られていたことである。同時にラテンアメリカ諸国との貿易を拡大する必要があった。国際経済のブロック化の中で、ラテンアメリカはアメリカの重要な経済圏であった。

善隣外交政策を打ち出したF・D・ローズヴェルト大統領は、一九三三年にウルグアイのモンテビデオで開催された第七回の米州諸国会議で、アメリカが前回の会議で拒否した内政不干渉宣言に調印した。翌一九三四年にはキューバへの内政干渉権を認めていた「プラット修正条項」を撤廃し、またハイチから海兵隊を撤退させた。一九三六年にはパナマと結んでいた不平等条約の一部を改訂した。そして一九四〇年にドミニカ共和国に関税管理権を返還して、カリブ海と中米地域におけるアメリカの直接干渉政策を放棄した。このような対ラテンアメリカ政策の変更と同時に、アメリカは経済と文化面においても新しいラテンアメリカ政策を打ち出した。互恵通商条約の締結を通じて、より緊密な経済関係の樹立が図られた。それは、従来の一方的なアメリカ資本の進出を図るものではなく、ラテンアメリカ諸国の経済発展と貿易の拡大に対する配慮を含んだものであった。

このようなアメリカ合衆国の対ラテンアメリカ政策の変更は、先に述べたような海兵隊の撤退ばかりでなく、アメリカの利害が絡む重大な事態が発生した時にも明確に現われた。例えばアメリカ資本が支配してきたメキシコ石油をメキシコが国有化した時にも、アメリカは軍事力を行使しなかった。石油産業で労働争議が深刻化し、この紛争を契機としてメキシコ政府は一九三八年三月二〇日に石油の国有化宣言を行なった。石油資本はアメリカ政府に対して軍事介入を要請したが、F．D．ローズヴェルト大統領はそれを拒否した。こうしてメキシコは、民族主義的な石油国有化政策の最初の障害をのり越えることに成功したのである。

ところでアメリカはカリブ海および中米に派遣していた軍事力を縮小するにあたり、アメリカ合衆国が自ら育成した国家警備隊に国内治安の維持機能を移管したが、その任を委嘱されたニカラグアのソモサ少佐とキューバのバティスタ軍曹はやがてそれぞれの国の実権を掌握し、独裁者として君臨した。すでに述べたように、ソモサ一族は一九七九年のニカラグア革命で倒れるまで独裁権力を握り、バティスタもまた一九五九年のキューバ革命で打倒されるまでキューバの独裁者となった。第二次世界大戦後の冷戦構造の中で、アメリカはラテンアメリカ諸国にしばしば干渉することになる。善隣政策はアメリカ合衆国の対ラテンアメリカ政策を大きく変えたが、対等な善隣関係を保障したものではなかったのである。

第8章

躍進と変革の時代

無償教科書の配布を受けるメキシコの先住民

1　第二次世界大戦後のラテンアメリカ

第二次世界大戦とラテンアメリカ

ヨーロッパで戦争が勃発すると、ラテンアメリカ諸国はアメリカ合衆国主導による汎アメリカ主義の下で結束を固め、やがて枢軸国（ドイツ・イタリア・日本）に宣戦布告をした。もちろん二〇ヵ国から成るラテンアメリカ諸国が同じ歩調で親米・反枢軸の姿勢をとったわけではない。イタリア戦線に軍隊を派遣したブラジルや太平洋戦争に空艇部隊を送ったメキシコのように積極的に連合国側に加担した国があった一方で、チリやアルゼンチンのように親枢軸姿勢を戦争末期まで維持し続けた国もあった。しかしラテンアメリカ諸国の多くは、日本とアメリカが戦争に突入した直後に枢軸諸国との外交関係を断絶し、やがて参戦したのである。

ラテンアメリカ諸国がとったこのような対アメリカ協調政策は、すでに前章で述べた一九三〇年代前半のF・D・ローズヴェルト大統領による善隣政策がもたらした成果であった。その後のアメリカとラテンアメリカ諸国の関係は、一九三六年にブエノスアイレスで開催された米州平和特別会議、一九三八年にリマで開催された第八回米州諸国会議および同会議で決定されて設置された米州外相会議を経て、緊密な協調関係へと発展していった。米州外相会議は、一九三九年にパナマで、また翌一九四〇年にはハバナで開催され、アメリカ大陸規模の集団安全保障体制を確立した。一九四二年一月にリオデジャネイロで開催された第三回米州外相会議では、枢軸国との国交断絶勧告案が採択され、米州諸国が一体となって第二次世界大戦に参入することになった。またこの過程で確立された経済協力体制は、ラテンアメリカ諸国がアメリカ合衆国主導の米州協調体制に積極的に賛同する要因となった。例えば一九三九年に設置された経済諮問委員会によって、米州諸国間の経済協力体制づくりが進められた。アメリカは、軍事援助、軍事顧問の派遣、公衆衛生の普及計画への支援、経済開発のための資金と技術の提供など、軍事的にも経済的にも支援活動を展開した。そしてその見返りとして、アメリカは戦略物資の優先的買い付けや軍事基地設置などラテンアメリカ諸国から便宜を受けることに成功した。

このような汎アメリカ主義の高揚と米州協調体制の確立は、第二次世界大戦がラテンアメリカ諸国にもたらした最も顕著な影響の一つであった。その結果、この地域におけるアメリカの影響力は、絶対的といえるほど強化された。イギリスの地位はすでに第一次大戦を契機として低下していたが、このイギリスを含めて、ドイツ、フランスなどヨーロッパ諸国の影響力は大幅に低下した。そして大戦中にアメリカ合衆国の主導で確立された米州協調体制は、戦後の一九四七年に米州相互援助条約（リオ条約）の締結へと発展し、いっそう普遍化されたのである。

第二次大戦がもたらしたもう一つの大きな影響は、ラテンアメリカ経済の景気拡大と輸入代替工業化の促進である。ブラジルやアルゼンチンでは一九二九年の世界恐慌を契機として輸入代替工業化が進み、第二次大戦中には重化学工業化を目指した経済開発が行なわれていた。この二国に遅れてメキシコも、大戦を好機として輸入代替工業化を促進させた。しかしその他の国々が工業化を進めるのは、大戦終結後の一九五〇年代に入ってからである。

ポピュリズム型政権の出現

すでに前章で述べたように、一九三〇年代の経済危機から脱出する政治的選択としてポピュリズムと呼ばれる大衆動員型の政治が、中間層の比較的発達した国々で行なわれた。本項では第二次世界大戦を挟んだ一九三〇年代から一九五〇年代にかけてポピュリズム型政権が出現した状況を、メキシコ、ブラジル、アルゼンチンを中心にして簡単にみていこう。

メキシコでは、すでに述べたように一九一〇年に勃発した革命動乱の中で中間層を中心とする革命勢力によって

カルデナス

民族主義的な革命憲法が制定され、一九二〇年代には労働者の組織化が進み、民族主義を前面に掲げた文化運動が展開された。世界恐慌が発生した一九二九年までに革命が目指した経済・社会改革はまだ目覚ましい成果をあげてはいなかったが、農地改革はすでに着手されており、革命が目指した最大の目標の一つであった教会問題では「クリステーロの乱」と呼ばれた狂信的なカトリック信徒集団と保守勢力による大規模な反乱（一九二七―二九）が鎮圧されたばかりであった。そして革命期最後のカウディーリョとも呼ぶべき実力者カーリェスに代わって革命勢力を率いることになったカルデナスは一九三四年に大統領に就任すると、いわゆるメキシコのポピュリズム型政治を強力に推し進めた。カルデナスは、革命目標として掲げられてきた農地改革を大規模に実施し、労働環境の整備・国民教育の向上・女性の地位の改善などのための政策を積極的に進めた。また鉄道と石油の国有化を断行し、中小企業の保護育成を促進し、メキシコ経済の自立化を目指した。そして革命勢力を結集して一九二九年に結成されていた国民革命党を改組し、労働者・農民・一般・軍人の四つの社会勢力をそれぞれの部会に統合したメキシコ革命党を編成し、調和と協調を目指したポピュリズム型の政治体制を確立した。

ブラジルでは、一九三〇年の大統領選挙に敗れたヴァルガスが、彼を支持した青年将校団と都市中間層および労働者層を率いて蜂起し、実権を掌握した。その後ヴァルガスは、一九三〇―四五年および一九五一―五四年と二度にわたって大統領の座を占め、民族主義的な中央集権体制の下で工業化政策を推進した。鉄道・船舶・鉄鋼などの基礎産業に国家が参入し、戦後に「ブラジルの奇跡」と呼ばれた高度経済成長時代を出現させる基盤がヴァルガス時代に築かれた。ヴァルガス政権は、労働組合法の制定、八時間労働、女性・児童の労働条件の改善などを含む改革の政治にも着手し、労働者保護政策を強く打ち出した。その結果、ヴァルガス時代を通じてブラジルの労働者は組織化され、大きな影響力をもつにいたった。

アルゼンチンでは、一九三〇年にクーデターで急進党政権が倒れたのち、寡頭勢力が実権を握り、イギリスへの農牧畜産品の輸出保障と引き換えにイギリス資本の特権を認めた「ロカ・ランシマン協定」を締結して経済危機からの脱出を図った。しかしこのようなイギリスと提携する寡頭勢力の政策は、アルゼンチン軍部の近代化に大きな影響を与えたドイツ・ナチズムに傾倒する軍部青年将校層に反発と危機感を抱かせた。そして低賃金と生活の困窮にあえぐ労働者の不満が爆発し、ストライキが頻発すると、救国を目指す青年将校たちがクーデターで実権を握り、一九四三年に軍事政権を成立させた。この状況の中で台頭したのが軍事政権の労働問題担当官となったペロン大佐である。労働立法や社会保障政策を通じて労働者層の利益を優遇したペロンは、一九四六年に熱狂的な労働者層に支えられて大統領に選出された。ペロン政権は、一九四八年にそれまでイギリスが支配してきた鉄道を国有化し、同時に工業化政策を積極的に進めた。その結果、鉄鋼・化学・エネルギーなどの重化学工業がアルゼンチンで発達した。ペロン政権がとった民族主義的政策と工業化政策および労働者保護政策の下で、拡大した組織労働者層はその経済的・社会的地位と生活条件を著しく改善させた。しかし一九五〇年代に入ると、外貨不足と工業化の行き詰まりからアルゼンチン経済が悪化した。政情不安が高まった一九五五年九月に、ペロンはクーデターにより失脚した。

ヴァルガス

これら三つの国のほかにも、ポピュリズム型政権として分類される政権がさまざまな国で台頭した。チリでは、すでに述べたように、

ペロン

一九二〇年代にアレサンドリ急進党政権の下で労働者層の地位向上や国家主導型の経済政策が推進されていたが、一九三〇年代には左翼連合による人民戦線政権が成立した。またグアテマラでは一九三〇年にクーデターでウビコ軍人独裁政権が出現したが、一九四四年に青年将校集団のクーデターでウビコ大統領が追放されたのち改革を目指す革新勢力の支持を受けたアルベンス政権が出現し、寡頭勢力の追放と農地改革を含む社会・経済改革を目指したポピュリズム型政権が登場した。しかし反共産主義を掲げるアメリカ合衆国の干渉を受けて、アルベンス政権は一九五四年に崩壊した。ボリビアでは一九五二年から一九六四年にかけて農地改革を含む「ボリビア革命」を実現した民族主義的革命運動党（ＭＮＲ）によるポピュリズム型政権が誕生した。ペルーでは、一九二〇年代に結成されたアプラ運動（アメリカ革命人民同盟）にはじまるペルー・アプラ党が一九三〇年代から反寡頭支配体制運動を展開し、大衆動員による急進的な社会・経済構造の改革を要求した。この大衆を基盤にしたアプラ党の民族主義的社会改革運動はペルーの改革の政治に影響を与えたが、アプラ党が実際に政権を担当するのは一九八〇年代になってからである。

経済の発展と中所得国層への躍進

一九二九年にはじまった世界恐慌とそれに続く第二次世界大戦は、ラテンアメリカ経済にとって大きな転機となった。一九三〇年代に輸入代替工業の育成をはじめたブラジルとアルゼンチンに続いて、一九四〇年から輸入代替工業化政策を積極的に推進したメキシコでも、工業化が進んだ。なぜならヨーロッパを戦場とした大戦は、農牧畜産品と鉱物資源を輸出し工業製品を輸入してきたラテンアメリカ経済にとって工業化への絶好の機会となったからである。

戦争が勃発すると、まず工業製品の輸入が困難になった。一方、輸出が好調な伸びに転じただけでなく、戦略物資の確保を目指したアメリカ合衆国がラテンアメリカの資源に多大な関心を払ったため、ラテンアメリカ諸国の経済開発はアメリカの資金と技術援助を得て進展した。その結果、輸入代替工業化はいっそう発展した。同時に教育改革や医療・公共衛生の普及など、国民一般の生活向上のための政策も進められ、経済と社会の近代化が進んだ。カリブ海域や中米諸国のように、軍部が実権を握り、独裁政権の樹立を許した国においても工業化政策がとられた。しかしこれらの国々では伝統的な寡頭勢力がいっそう巨大化し、国民生活の向上には結びつかなかった。

このような差異はあったが、ラテンアメリカは全般的にみると、長期にわたって比較的高い経済成長率を保った。一九五〇年代から一九七〇年代にかけて最も高い経済成長率を長期にわたって保持したブラジルは、一九六〇年代の年平均六・一%から一九七〇―七四年の年平均一一・二%という高成長率を持続し、「ブラジルの奇跡」と賞賛された。ブラジルに続くメキシコ、エクアドル、ベネズエラ、コスタリカ、ドミニカ共和国、ペルー、ニカラグアも、一九七〇年代半ばまで年平均五%を超える経済成長率を保有していた。ペルーとニカラグアの二国だけは一九七〇年代後半から成長率を大幅に低下させたが、その他の国々はいずれも一九八〇年まで五%を超す成長率で経済を拡大している。これらの国のほかにボリビア、コロンビア、グアテマラ、パラグアイ、パナマなどでも、一九五〇年代の成長率こそ五%に達しなかったが、一九六〇年代および一九七〇年代にはほぼ五%を超えており、長期にわたる経済成長を維持した。二〇世紀前半に世界の先進国並みの経済発展を遂げていたアルゼンチンとチリは全般的にみると低い経済成長率を続けたが、総合するとラテンアメリカ諸国はハイチを除いて世界の中所得国層に位置するところまで経済成長を達成していた。ちなみに中所得国とは、世界の国々を経済水準によってグループ化するための指標の一つで、先進国に対する発展途上国集団をさらに中所得国と低所得国に分けたものである。一九八〇年の指標では、一人当たり国民所得が四〇〇ドルを超えた国が中所得国層に分類されていた。

経済発展の内容は、国によって多様である。しかし多くの国が輸出総額に占める工業製品の割合を大幅に拡大させた。一九七八年の数字をその割合が大きい順でみると、ウルグアイの四六％、ブラジルの四五％、アルゼンチンの三五％、メキシコの三四％、ハイチの二六％となっており、これらの国々の輸出総額に占める製造工業製品の割合は、ラテンアメリカ全体の平均二五・七％を上回っていた。製造工業製品の輸出の割合が極端に低かったベネズエラ（二％）、ボリビア（六％）、パナマ（六％）、ペルー（七％）の四つの国の数字は、これらの国々の特殊な経済構造からきていた。パナマの場合には運河と中継貿易が経済の基礎であり、ベネズエラ・ペルー・ボリビアの三カ国はいずれも石油資源保有国で、この時期には石油の輸出が急増していた。

一九六〇年に首都をブラジリアに移転したブラジルを例外として、輸入代替工業は首都に集中し、多くの国々で首都の拡大に拍車をかけた。首都では多様な技術労働者を集めやすかったし、国内最大の市場でもあったからである。また輸入代替工業化は中央政府の強い指導の下で保護育成されたため、複雑な輸出入規制、免税措置、多くの許認可事項があり、企業はその指導を受けるため中央政府官庁と密接な関係を保つ必要があった。したがって首都に工場を設置することは、最も合理的な方法であった。

カリブ海諸国の独立

カリブ海域では、一九六二年にジャマイカが独立すると、続いてつぎつぎと小国が独立した。一九八三年までに一二の国がイギリスから独立し、オランダから独立した南アメリカ大陸の北部スリナムを含めると、表4でみるように合計一三の新興独立国家群がカリブ海域に出現した。一九世紀初頭にラテンアメリカ諸国が独立した時期を

表4　カリブ海域の新興独立国（1985年）

国名	独立年	旧宗主国	面積（千km²）	人口（万人）	一人当り国民所得（ドル）
ジャマイカ	1962	イギリス	11	220	940
トリニダード・トバゴ	1962	イギリス	5.1	120	6,020
ガイアナ	1966	イギリス	215	79	510
バルバドス	1966	イギリス	0.4	25	4,630
バハマ	1973	イギリス	14	23	7,070
グレナダ	1974	イギリス	0.3	10	970
スリナム	1975	オランダ	163	39	2,580
ドミニカ	1978	イギリス	0.8	8	1,150
セントルシア	1979	イギリス	0.6	14	1,240
セントヴィンセント・グレナディン	1979	イギリス	0.4	12	850
ベリーズ	1981	イギリス	23	16	1,190
アンティグアバーブーダ	1981	イギリス	0.4	8	2,020
セントクリストファー・ネービス	1983	イギリス	0.3	4	1,550

［出所］ 国連統計

「第一次独立時代」と呼ぶなら、これは「第二次独立時代」とも呼ぶべき画期的な時期となった。

一九六〇年代から一九八〇年代初期にかけて起こったカリブ海域の小国群の独立は、一九世紀初頭の独立と比較するといくつか大きく異なる点がある。まず第一に、これらの国々がオランダ領から独立したスリナムを除くと、すべてがイギリスを旧宗主国としていることである。第二に、これらの国々の独立が主として武力を伴った独立戦争を経なかったことである。はじめ植民地から自治領に昇格し、やがて独立するという段階を経ている。第三に、表4で示されているように、これらの国はいずれも面積・人口ともに極小国である。ジャマイカとトリニダード・トバゴを除く一一ヵ国はいずれも人口が一〇〇万以下であった。しかし一人当たり国民所得でみると、経済格差が大きいことがわかる。バハマが高い経済水準にあったのは、税金逃避地（タックスヘイブン）による国際金融基地としての役割とアメリカに近いという立地条件から発達した観光によるところが大きかったからである。一方、トリニダード・トバゴの場合には、恵まれた石油資源がこの国の経済を潤していた。

カリブ海世界の形成についてはすでに第3章と4章でとりあげたが、この地域は他のラテンアメリカ諸国と異なる歴史発展の過程を経てきた。一七世紀と一八世紀にかけてフランス、イギリス、オランダ、デンマーク、スウェーデンなどによる略奪行為が繰り広げられ、コロンブスの「発見」によって得たスペインの領有権は、フランス、イギリス、オランダの手に渡った。しかし一九世紀初頭に大陸部の植民地が独立を達成した第一次独立時代には、イスパニョーラ島のハイチだけが独立したにすぎなかった。一八四四年にイスパニョーラ島の東部がドミニカ共和国としてハイチから分離独立した。一九〇二年のキューバの独立は米西戦争の結果アメリカ合衆国の保護国としての独立であったし、プエルトリコはこの戦争でアメリカの保護下に置かれたまま、現在ではアメリカの自治州となっている。その他の諸島は長くヨーロッパの植民地支配下に置かれてきたが、イギリス領の島々では一九三〇年代の世界恐慌の影響を受けて経済不況が深刻化すると、多くの島々で労働運動が激しくなり組合が組織された。やがて労働組合を基盤にして政党が結成され、つぎつぎと自治権を要求する声が高まった。第二次世界大戦を経た一九五八年に、これらの島々は西インド連合を結成した。しかし一九六二年のジャマイカとトリニダード・トバゴの独立によって西インド連合は解体し、やがてつぎつぎと島を単位とする小国が誕生した。このように多くの小国に分離独立した理由は、主要な島がその周辺の小島を含めて植民地経済の単位となっていたため、長い植民地時代を通じて独自の権力構造と地域社会が成立していたからである。これら旧イギリス領西インド諸島では、一七世紀から砂糖産業の盛衰を経たのち、一九世紀の奴隷貿易禁止と奴隷制の廃止によって中近東、インド、中国から労働移民を受け入れたため、現在では非常に複雑な人種構造をもつ社会が出現している。

2　戦後社会の大衆化と変容

伝統社会の変貌

ラテンアメリカ諸国は、第二次世界大戦を経た一九五〇年代から一九六〇年代を通じて、大きく変化した。人口の爆発的増加、伝統的農村からの人口流出、都市における大衆社会の出現、経済発展、現代医学と科学技術による生活の変化、教育の普及、世界的潮流としての平等と人権思想などによって、ラテンアメリカの社会は大きく変貌した。

一般にラテンアメリカの伝統社会と呼ばれるものは、カトリック教会の強固な支配、家父長的大家族制度、男性の絶対的優位主義の思想と制度、人種別身分制、大土地所有制などを基盤として培われた慣習や価値観を保有する工業化以前の社会である。その中でカトリックの信仰と家父長的大家族主義の強いラテンアメリカ社会は、現代医学の発達と公衆衛生の普及とによって急激な人口増加を経験することになる。

一方、経済の発展は都市労働者と中間層を拡大させると同時に、各国政府が意欲的に取り組んだ教育政策によって就学率が飛躍的に伸びた。教育の普及は人々の意識や生活様式にも大きな変化を与えた。そしてこの間に進展した都市への経済活動と人口の集中は、都市の様相を変えた。近代的な集合住宅や高層ビルが建設され、都市は周辺部に拡大し、そこに近代的な住宅街やアメリカ風の大規模なスーパーマーケットが出現する一方で、生活に困窮する貧民層の居住地区が急速に拡大して、都市の様相を激変させた。このような戦後の急激な変化は、ラテンアメリカ社会の伝統的な価値観をもゆっくりではあるが確実に変化させた。

カトリック教会の影響力については、政治と教育の分野で国により大きな差があるが、八〇%以上の国民はカトリック信者であるとされているラテンアメリカ諸国でカトリック教会が保有する社会的影響力は依然として無視できない。しかし多くの国は一九世紀後半から二〇世紀初頭にかけて信教の自由を憲法で保障し、政教分離を確立しており、教会の影響力はとくに一九七〇年代以降かなり弱まってきた。なかでもメキシコは例外的に厳しい反教会主義政策を一九一〇年代の革命以来とり続けてきた国である。反教会主義条項を一九一七年憲法に盛り込んだメキシコは、政治と初等教育への教会の介入を禁止し、すべての教会財産を国有化し、さらに一九一五年という早い時期に離婚法を制定した国である。しかしこのような反教会主義政策を二〇世紀初期にとったメキシコは例外であり、多くのラテンアメリカ諸国が離婚法を制定したのは第二次世界大戦後である。

また聖職者になろうとする若者が激減したのも戦後の特徴である。とくに農村部では宗教行事を司る聖職者が不足し、多くの外国人聖職者がそれを補ってきた。そして都市部ではミサに出席する人々の数が激減した。一方、社会の不公正と貧困に深刻な危機意識をもつと同時に教会内部の伝統的な立場に不満を抱いた聖職者たちの中から、教会人が自ら社会の中に飛び込んで貧民の救済を目指す「解放の神学」派が出現した。またカトリック教会が紛糾する政治の仲介役をかって出る場合もあった。しかし一般的にみて、教会が長年にわたって支配してきた社会規範や国民の意識の変化は戦後社会に起こった最も大きな変化の一つであり、それは教会の地位と役割を著しく低下させている。

ラテンアメリカ社会を特色づけた大家族主義と家父長的家族制度も、第二次世界大戦後に大きく変わった。家父長的家族制度はイベリア半島からもち込まれた伝統であるが、未知のフロンティアである新大陸で生き残る重要な手段の一つとして、いっそう強固な制度となった。家長は血縁集団の結束と財産の保全に対して絶対的な権限を行使し、法的にも実際上でも一族を支配した。家族の生き方を支配した父親の権威から最初に自由となったのは子供で、最後まで家長の権威が保持されたのは妻に対する夫の権威であった。夫は法律的にも実際上でも妻に対して絶対的支配者の立場にあり、妻は完全に従属した存在であった。このような社会から女性も人間であることを主張した女性解放運動が、ブラジルやアルゼンチンのように多数のヨーロッパ移民を受け入れた国では一九世紀半ばにはじまった。メキシコでは一九一〇年代の革命運動の中で起こったが、全般的にみるとラテンアメリカの女性解放運動は第二次世界大戦後に大きな社会運動になったといえる。しかし一九世紀初期という早い時期に独立し欧米文化の影響を受けたラテンアメリカでは、一九世紀末から高等教育における男女の機会均等を要求する運動が起こっており、大学なども二〇世紀前半には女性に対して門戸を開放していた。女性の参政権の確立は、一番早かったエクアドルで一九二九年に認められたが、全般的には各国とも戦後になってから認められており、一番遅かったパラグアイでは一九六一年に確立している。

一九七〇年代に入ると、ラテンアメリカでは経済的・社会的格差が、国と国との間だけでなく一つの国内の社会階層間でもいっそう大きくなった。経済の発展によって各国とも中間層が拡大したが、この中間層の生活水準は先進諸国の中間層の水準に劣らないか、それを上回るレベルに達した。また女性をめぐる環境も著しく変化し、法の下での男女平等が進み、教育水準の向上とともに一部の高等教育を受けた女性の社会進出は先進諸国のそれに劣らなくなった。

人口の増加と都市化の進展

第二次世界大戦後のラテンアメリカ諸国が経験した人口の急増と都市化は、世界的な水準でみても著しかった。ラテンアメリカ諸国の人口は一九五〇年の約一億六四〇〇万から一九八〇年には三億六四〇〇万へと二倍強に増大した。この間、一九四〇年代半ばから一九七〇年代半ば頃までラテンアメリカの人口増加率はアジアやアフリカよりも高く、爆発的な人口増加を続けた。その結果、脹れあがった農村人口は都市へ流出し、都市部を急膨張させた。

表5　ラテンアメリカ諸国の人口増加率と都市化の推移

国　名	人口増加率(%)		都市化率（%）	
	1950年	1980年	1950年	1980年
ベネズエラ	3.8	3.3	53	83
コスタリカ	3.5	2.3	34	43
ホンジュラス	3.2	3.4	18	36
メキシコ	3.1	2.9	43	67
ブラジル	3.1	2.3	36	65
ドミニカ共和国	3.0	2.4	24	51
グアテマラ	2.9	2.9	31	39
コロンビア	2.9	2.2	37	70
ニカラグア	2.8	3.3	36	53
パナマ	2.8	2.2	36	54
エクアドル	2.8	3.1	28	45
パラグアイ	2.7	3.0	35	39
エルサルバドル	2.7	2.9	37	41
ペルー	2.3	2.8	36	67
ボリビア	2.1	2.7	20	33
アルゼンチン	2.0	1.2	65	82
チリ	2.0	1.7	58	81
キューバ	1.9	0.6	49	65
ハイチ	1.7	2.5	12	25
ウルグアイ	1.4	0.8	78	84

［出所］　国連統計

一九五〇年代から一九六〇年代を通じて多くの国々で輸入代替のための工業化が推進され、国内交通網が発達したことも、農村から都市への人口移動を加速化させた。もちろん**表5**にみるように、人口増加率と都市人口の割合には国によってかなりの格差があり一律に論じることはできない。この人口増加率が低下するのは一九八〇年代になってからである。

一方、都市化率の変化をみると、二〇世紀前半にすでに都市化が進んでいたウルグアイ、アルゼンチン、チリおよびベネズエラを除くと、一九五〇年のラテンアメリカ諸国の都市化率は四〇%台以下であった。しかし三〇年間にラテンアメリカの都市化は進み、一九五〇年の全体平均都市化率四一%は一九八〇年には六五%へ上昇していた。都市化の最も進んでいた先の四ヵ国の場合、一九八〇年にはいずれも八〇%台にまで都市化は進んだ。そしてこの間に起こった際立った現象は、ブラジルを例外として首都への人口集中が進んだことである。ブラジルの場合、新首都ブラジリアが建設されて一九六〇年にリオデジャネイロから首都が移転したという事情があったほか、ラテンアメリカの他の国々と異なってサンパウロとリオデジャネイロという二つの巨大都市が存在している。こうしてラテンアメリカ諸国に出現した巨大都市は、一九八〇年には人口一〇〇〇万を超えた世界の一〇大都市のうちの四つを占めるまでに肥大化していた。メキシコ市が一五〇〇万人、サンパウロが一三五〇万人、リオデジャネイロが一〇七〇万人およびブエノスアイレスが一〇一〇万人となっていた。

以上のような首都およびサンパウロとリオデジャネイロへの人口の集中化は、政治・経済・文化・教育などほとんどすべてを巨大都市に独占させることになった。そして首都に集中した人口を吸収するだけの、住宅をはじめとする生活の基本的な施設や雇用機会が不足し、各国の首都は深刻な事態に陥った。農村から首都へ流入した人口の多くは貧困街に居住し、定住していった。やがて彼らは自己増殖し、人口の肥大化にいっそうの拍車をかけた。これについては、次の第9章でとりあげる。

教育の普及

ラテンアメリカ諸国では、アルゼンチン、ウルグアイおよびチリのように一九世紀末から多数のヨーロッパ移民を受け入れた国を除いて、学校教育が農村および都市下層にまで浸透するのは第二次世界大戦以降である。もちろん先進諸国の基準からすれば、一九五〇年代から一九六〇年代にかけてはまだ就学率も低く、学校施設も不十分であった。しかしその後の国民統合と近代化を目指す各国の教育政策によって、教育の普及と識字率の向上は目覚ましい進展を遂げた。

表6は、戦後に独立したカリブ海の新興独立国を除いたラテンアメリカ諸国とアメリカ合衆国における成人識字率の変化を比較したものである。二〇世紀初期に世界の先進国並みの経済的・社会的水準に達していたウルグアイとアルゼンチンが二〇世紀半ばに高い識字率を有していたことは自然であるが、これら二ヵ国に続くチリとコスタリカの識字率もまた二〇世紀半ばには八〇%前後に達していた。これらの四ヵ国に次ぐキューバ、パナマおよびパ

表6　ラテンアメリカ諸国の識字率の推移

国　　名	成人識字率(%)（15歳以上） 1950年	1980年
アメリカ合衆国	97	98
ウルグアイ	90	94
アルゼンチン	86	93
チリ	80	92
コスタリカ	79	93
キューバ	76	96
パナマ	70	85
パラグアイ	66	86
コロンビア	62	86
メキシコ	57	84
エクアドル	56	81
ベネズエラ	49	82
ブラジル	49	74
ドミニカ共和国	43	84
ペルー	41	81
エルサルバドル	39	65
ニカラグア	38	66
ホンジュラス	35	69
ボリビア	32	63
グアテマラ	29	53
ハイチ	10	29

［出所］　国連統計

ラグアイの場合も、一五歳以上の人口の三人に二人は識字者であった。一方、二〇ヵ国から成るラテンアメリカ諸国の約三分の一にあたる六ヵ国の識字率は三〇%台以下であり、とりわけハイチの識字率は一〇%以下という極端に低い状態にあった。しかしこのような状況は、三〇年後の一九八〇年には大きく変化していた。二〇ヵ国のうち一三ヵ国の識字率が八〇%を超えていた。八〇%に達していなかったとはいえ、ブラジル、ホンジュラス、ニカラグア、エルサルバドル、ボリビアの五ヵ国も、六〇%を超す識字率を達成していた。とくにこれら五ヵ国のうちブラジルを除く四ヵ国はいずれも三〇%台から六〇%台へと識字率を伸ばしていた。そしてこの間の識字率が最も低かったハイチもまた一〇%から二九%へと識字率を向上させており、一九五〇年から一九八〇年にかけて教育がかなり普及したことが推測できる。そして二〇世紀末のラテンアメリカ諸国の大半は成人の識字率を九〇%前後にまで高めている。

このような義務教育の普及と識字率の飛躍的な向上は、中等および高等教育への進学率を当然ながら高めた。一九七〇年代前半の年平均値によると高等教育への進学率が二〇%を超えていた国は、エクアドルを筆頭にしてアルゼンチン、ウルグアイ、パナマ、ベネズエラ、コスタリカ、ペルー、キューバの順であった。高等教育への進学率が最も低かったのはハイチの一%で、グアテマラとホンジュラスがハイチに続いて低かった。しかし一九六〇年から七五年の間に進学率は二倍から一一倍もの幅で増加した。ほとんどの国で公立大学の授業料が無料に等しいほど低く抑えられており、大学進学を中間層の下層にまで可能にしていた。

以上のような教育の著しい普及は、国家財政の大きな負担によって達成された。多くの国で、国家予算の二〇%から三〇%にも達する財源が長期にわたり毎年教育に割り当てられてきた。例えば一九五〇年当時ハイチとグアテマラに次いで最も進学率が低かったボリビアでは、一九五二年に革命政権が成立したのち、はじめて無償義務教育制度が発足した。そして一九六四年に革命政権が軍部に倒されたあとも、歴代政権は今日にいたるまで教育予算を国家財政の二〇%から三〇%の幅で負担し続けてきた。その結果、学校教育が上流階級と都市部の中間層のものにすぎなかったそれまでの状況は一変した。農村師範学校で教育を受けた教師がどのような僻地へも送られ、粗末な教室一つだけの学校においても、読み書きの基本が教えられるようになっている。

人口移動の加速化

ラテンアメリカ諸国がかつてスペインとポルトガルの植民地として発達した歴史過程から、とくにスペイン系諸国ではスペイン語という共通の言語とカトリックという共通の宗教をもち、イベリア半島の伝統を共有してきたため、国境を越えた人の往来は早くから比較的自由であった。しかしラテンアメリカ域内および域外への大規模な人口移動がはじまったのは、第二次世界大戦以降である。

ラテンアメリカでは第二次世界大戦までにヨーロッパからの大量移民の時代は終り、一九五〇年代以降はアメリカ合衆国を含むアメリカ大陸域内移動の時代に入った。この大陸域内移動を促進した原因は国によってさまざまだが、いくつかの共通する要因を見出すことができる。その一つは経済問題から発生する出稼ぎ労働者の移動で、最も大きな人口移動となった。ラテンアメリカ全体をながめると、出稼ぎの目的地は大別して三つあった。アメリカ合衆国とベネズエラおよびアルゼンチンである。

アメリカ合衆国へは、ジャマイカ、ドミニカ共和国、ハイチなどのカリブ海諸国から、またグアテマラ、エルサルバドルなどの中米諸国およびメキシコから数百万という労働者が流入した。メキシコとアメリカの間には一九四二年から一九六四年まで「ブラセロ計画」協定が存在していた。ブラセロ計画とは、アメリカが戦時の労働力不足を緩和するためにメキシコ人農業労働者を受け入れたもので、中止された一九六四年までに約四〇〇万のメキシコ人労働者がアメリカへ出稼ぎに行った。メキシコ人労働者に対するアメリカ国内の不満が高まった一九六四年にブラセロ計画は破棄されたが、その後も多くのメキシコ人労働者が不法入国を続け、常時四〇〇万人にのぼるメキシコ人不法労働者がアメリカ国内に停留していると推定されている。アメリカ国内のヒスパニック系人口（スペイン語を母語とする人口）は増大の一途をたどっており、ニューヨーク、マイアミ、ロサンゼルスはヒスパニック系人口が集中する代表的な大都市となった。

ベネズエラへの労働者の流入は一九四〇年代にはじまり、石油を基礎にした経済成長期の労働力不足を補ってきた。コロンビア、パナマ、エクアドル、エルサルバドルから入国する季節労働者と不法労働者を合わせて、推定二〇〇万人から四〇〇万人の外国人労働者がベネズエラ国内に滞在していた。

アルゼンチンへはボリビア、パラグアイ、ウルグアイ、チリから流入した。とくにアルゼンチン北部に流入しているボリビア人とパラグアイ人の数はそれぞれ五〇万から一〇〇万人に達した。この間のボリビアとパラグアイの総人口が五〇〇万と三〇〇万人台であることを考えると、ボリビアやパラグアイからアルゼンチンへ移動した出稼ぎ労働者の数がどれほど大きなものであったかがわかる。

以上のような単純労働に従事する出稼ぎ労働者に続く第二の労働力移動は、専門職のいわば頭脳流出である。医師、技術者、研究者はもとより看護婦などの人材が、ラテンアメリカ諸国からとくにアメリカ合衆国に流出した。

国によっては税制上の恩典や職場を確保してアメリカからの帰国を促す政策をとってきたが、給料水準と職場環境の大きな格差のために流出した頭脳を呼び戻す政策はほとんど効果を上げなかった。

第三の人口移動グループは、政治に絡む人材の流出である。政治亡命者が隣国や思想の自由を保つ国へ亡命するのは独立戦争時代からあったが、一握りの指導者層の亡命にとどまらず中間層も含めた大量の亡命者を流出させたのも一九五〇年代以降の特徴である。まず一九五九年のキューバ革命で、多くの高学歴の人材がキューバからアメリカへ脱出した。人口約八〇〇万のキューバから約六〇万の政治亡命者がアメリカへ移住した。また軍部が政治を支配した一九六〇年代と一九七〇年代にかけて、キューバ以外の国からも多くの亡命者がアメリカやメキシコへ移住した。例えば、チリでは一九七三年のアジェンデ政権の崩壊と軍事政権の出現によって、多くの左翼知識人が亡命した。アルゼンチンからは一九七六年の軍部の台頭により、多数の知識人が国外へ脱出した。このグループの中で最も特殊でありかつ大規模な亡命は、最初に挙げたキューバからアメリカへ移住した政治亡命者である。

さらに一九八〇年代に深刻化した中米地域の武力紛争は、多数の難民を生んだ。難民たちは国境を越えて移動し、その多くのものたちは国境周辺の設置された難民キャンプで生活を続けた。和平が成立した九〇年代に入り、難民の多くが戻ったが、生活の再建に多くの困難を抱えている。

3　冷戦体制下の革命運動

冷戦とラテンアメリカ

ラテンアメリカ諸国にとって経済成長の契機となった第二次世界大戦が終結すると、アメリカの最大の関心がヨーロッパとアジアの復興へと転じ、ラテンアメリカ政策は二次的事項となった。とくに米ソの冷戦関係が進展するにつれてアメリカの反共主義は強化の一途をたどり、戦時中に形成された米州の協調体制はアメリカの強力な反共政策による米州反共防衛体制の強化へと転じた。この過程は、国連の指導下で地域機構として発足した米州機構を中心に展開された。

米州機構は、米州諸国間の政治・経済・社会・文化における協力関係を緊密化する目的を掲げた米州機構憲章に基づいて設置された、アメリカ大陸の地域機構である。同憲章は一九四八年にボゴタで開催された第九回米州諸国会議で調印され、一九五一年に発効した。このボゴタ会議は、ラテンアメリカにとって対米関係の新たな転換点となった。集団安全保障と協調関係の要となる米州機構が設置されたというだけでなく、急速に進展した米ソ間の冷戦において米州機構がアメリカ大陸の反共体制の砦となったからである。同時に米州機構の出現は、ラテンアメリカ諸国の戦後政治の方向を決定したからでもある。とくに一九五〇年代から一九六〇年代にかけてラテンアメリカ諸国に出現した革命運動と急進的な革新政権は、アメリカ合衆国主導による米州機構の決定を通じて孤立させられ、封じ込められた。その典型的な例は、一九五〇年代のグアテマラ革命の挫折であり、一九五九年に出現したカストロの率いるキューバ革命がたどった道であり、一九六五年に挫折したドミニカ革命である。

例えばグアテマラ革命では、共産主義革命であるとみなしたアメリカがCIA（中央情報局）の工作を通じてグアテマラ国内に反革命勢力を組織し、社会改革と取り組むアルベンス政権（一九五〇—五四）を転覆させて、社会革命を挫折させた。グアテマラは、二〇世紀初頭から中米にバナナ・プランテーション経営を目指して進出してきたアメリカ資本のユナイテッド・フルーツ社に大規模な土地所有を認めた国の一つであった。一九三一年から政権を握ってきたウビコ大統領が一九四四年にゼネストを含む激しい反政府運動によって倒れ、翌一九四五年に改革派のアレバロが社会改革を公約し国民の圧倒的多数の支持を得て大統領に選出された。アレバロ政権は、先住民の国民統合・教育改革・社会保障制度の整備など一連の社会改革と取り組んだ。アレバロ政権の改革の政治は、左翼勢力と軍部の支持を受けて一九五〇年の大統領選挙で選出されたアルベンス政権に受け継がれた。アルベンス政権は一九五二年に農地改革法を制定して大土地所有制の解体と小規模自作農の創設を目指したが、可耕地の約半分を所有していた「バナナ帝国」とも呼ばれたユナイテッド・フルーツ社と真正面から対立することになった。アメリカはこのような農地改革を含む急進的な社会改革を目指したアルベンス政権に共産主義政権のレッテルを張り、CIAが組織し援助する反革命勢力を通じて一九五四年にアルベンス政権を倒したのである。

キューバ革命の展開過程については後に詳しくとりあげるが、グアテマラ革命と同様に農地改革法を制定して社会・経済構造の根本的改革に着手したカストロ政権もまた、アメリカ資本の利害と真正面から対立することになった。アメリカとの妥協を許さなかったカストロら革命指導者たちは、ソ連と貿易援助協定を結ぶことによってキューバ革命を社会主義革命へと転じさせる第一歩を選択した。やがてキューバは「アメリカ帝国主義」との闘争を呼びかけた「ハバナ宣言」を出し、ラテンアメリカ諸国の急進的左翼勢力による革命運動を支援して、アメリカと決定的な対立関係に入った。これに対してアメリカは、一九六二年の第八回米州外相会議でキューバを米州機構から除名し、さらに一九六四年の第九回外相会議で対キューバ外交・貿易関係の断絶の決議を採択させ、アメリカ大陸におけるキューバの孤立化に成功した。しかしキューバは、ソ連の援助と東ヨーロッパ社会主義諸国との関係強化によって、アメリカと対決し続けた。

ドミニカ共和国では、一九三〇年から独裁政権を維持してきたトルヒーリョ大統領が一九六一年に暗殺されたのち、一九六二年に行なわれた三〇年ぶりの選挙でドミニカ革命党から立候補したブッシュが大統領に選出された。しかし左右両派の激しい対立の中で退陣に追い込まれ、その後、国内は民主主義を求める国民運動が展開され、一九六五年の大統領選挙に絡んだこの左右両派の対立は内戦へと発展した。アメリカは米州機構と国連を動かし、米州平和軍を派遣して内戦を鎮圧した。こうしてアメリカは、ドミニカ共和国の場合には内戦の段階で左翼勢力の排除に成功し、第二のキューバ化を防いだのである。このドミニカ革命と同様に、アメリカの積極的な政策が根本的な社会変革を目指す急進的な革命政権を穏健な改革派に転じさせるのに成功したのが、一九五二年に革命政権が樹立されたボリビアであった。

ボリビア革命

ボリビアでは、一九五二年に民族主義的革命運動党（ＭＮＲ）が政権を武力で奪取した。ＭＮＲは、ボリビアがチャコ戦争（一九二八—三五）でパラグアイに敗れた一九三〇年代に高まった民族主義運動を背景にして、近代化と変革を求めた若手革新勢力によって一九四一年に結成された政党である。ＭＮＲに結集した若手革新勢力は、その結成以前に、重要な輸出産品の一つであった錫の開発を独占してきた三大錫財閥およびそれと結託する外国資本に反対して民族主義的政策を追及したブッシュ軍事政権（一九三七—三九）に官僚を送り込んだ経験を持っており、その民族主義的な政策立案に貢献していた。政党を結成したのちの一九四二年に多数の労働者が軍部に虐殺されたカタビ錫鉱山のストライキ事件を契機として、ＭＮＲは錫鉱山労働者の組織化を推進した。翌一九四三年に革新派青年将校団を率いて政権を奪取したビリャロエル政権（一九四三—四六）に協力したＭＮＲは、党の指導者層を閣僚に送り込んだ。しかし一九四六年のクーデターでビリャロエル政権が倒れると、六年間ＭＮＲの指導者層は亡命するか地下に潜らなければならなかった。しかし一九五〇年の大統領選挙では国外亡命中であったパス＝エステンソロとシレス＝スワソをそれぞれ大統領と副大統領候補にたてたＭＮＲは、選挙で勝利を収めた。これに対して軍部はクーデターを決行して実権を掌握した。その結果、一九五二年四月に、ＭＮＲ・鉱山労働者・一般市民・国家警察部隊の連合が武装蜂起し、成功してＭＮＲ革命政権を成立させたのである。

ＭＮＲ政権は、パス＝エステンソロ（在任一九五二—五六、一九六〇—六四）とシレス＝スワソ（在任一九五六一六〇）の二人の大統領の下で一二年間にわたって社会改革の政治を遂行した。非識字者を含めた男女に選挙権を与えた普通選挙法が制定され、伝統的な大土地所有制を解体して土地なき農民に土地を与えると同時に、東部低地の広大な未開地への入植と農業開発を促す東部開発計画を含んだ農地改革法が制定され、三大錫財閥の解体と鉱山の国有化が実施された。またＭＮＲ政府は義務教育と公用語としてのスペイン語の普及に力を注いで国民の統合を進めると同時に、アンデス高地と東部平原という地形的に分断されている国土の統合を図った。一二年間に及んだＭＮＲ政権による改革の実績は「ボリビア革命」と呼ばれているが、独立以来、長い間停滞してきたこの国の近代化を大きく推進した一二年間となった。

この間、ボリビア革命を支えたのがアメリカの援助である。革命政権の樹立と急進的な改革政策によってボリビアが混乱状態に陥ると、アメリカはボリビア革命が社会主義化することを危惧して、経済・社会開発のための資金と技術の援助を拡大した。しかしアメリカの対ボリビア援助は、突然この時期にはじまったわけではない。一九四〇年代はじめの第二次世界大戦時中に、アメリカは西半球の戦略構想の中でボリビアを重要な戦略物資の供給国とみなしていた。その結果、鉱物資源の開発と増産を含むボリビアの経済・社会開発計画がアメリカの主導で作成され、それに基づく援助政策が実施されていた。例えばボリビア近代化の要ともいうべきアンデス高地の中心部と石油資源を有する東部低地の中心部を結ぶアスファルト道路は、アメリカの援助資金で一九四三年に建設がはじめられ、一九五四年に完成している。ＭＮＲの革命政権樹立後もアメリカは、開発のための資金と技術援助政策を続けた。一九五二年から一九六四年のＭＮＲ革命政権時代にアメリカがボリビアに与

パス＝エステンソロ

えた援助額は約三億八〇〇〇万ドルにのぼり、国民一人当たり援助額としてはラテンアメリカの中で最高の水準に達した。ボリビアの国家予算の歳入に占めるアメリカの援助額の割合は、一九五七年から一九六三年まで平均で二五％にのぼった。

一九六四年六月の選挙でパス＝エンテンソロ大統領は連続再選を果たして三期目も大統領に就任したが、クーデターによって軍事政権にとって代わられた。しかしＭＮＲ政権が一二年間に実施した政策の多くは、軍事政権によって受け継がれた。すでに述べたような教育改革の実績も含めて、ＭＮＲ革命政権が実施した農地改革、東部低地開発、鉱山の国有化などは、ボリビア社会を大きく変化させた。

キューバ革命とカストロの選択

キューバは、一九三〇年代の危機の時代に、軍事独裁者となるバティスタを台頭させていた。世界恐慌により砂糖モノカルチャー経済に大きな打撃を受けたキューバでは、一九二五年に選挙で選ばれたのち憲法を改正して独裁権力を握ったマチャド大統領に対する激しい反政府運動が展開され、労働者の大規模なストライキ攻勢によって一九三三年にマチャド政権が倒れ、バティスタ軍曹の率いる反乱軍と学生・知識人たちの支援によって民族主義を掲げたグラウ政権が誕生した。しかしグラウ政権は「プラット修正条項」を含む一九〇一年の憲法を廃止したため、アメリカのさまざまな圧力と干渉を受け、グラウ大統領を裏切りアメリカ側に寝返ったバティスタによって、政権担当後わずか四ヵ月で倒されるという事態が発生した。

一九三四年にＦ・Ｄ・ローズヴェルト大統領がとった善隣外交政策の一環としてアメリカとキューバの間で結ばれた新条約により、一九〇二年の独立以降アメリカの軍事介入権を認めてきた「プラット修正条項」は撤廃された。そしてアメリカの軍事介入に代わる秩序維持と政治の安定のために設置された国家警備隊を掌握したバティスタはキューバの実質的な支配者となり一九四〇年から一九四四年まで大統領の地位に就いた。さらに一九五二年の大統領選挙に立候補したが、敗北が予想された三月にバティスタはクーデターで政権を奪取し、やがて独裁権力を掌握した。バティスタによる政権掌握に反対したカストロの率いる反乱勢力は一九五三年七月二六日に東部オリエンテ州のモンカダ兵営を襲撃して失敗した。反乱勢力はカストロをはじめとして中間層の若者から成り、兵営を占拠して武器を奪う計画であった。失敗して捕らえられた彼らは、のちに脱獄してメキシコに渡り、ここで革命運動組織「七月二六日運動」を結成した。そして一九五六年一一月に武装蜂起を計画してキューバに向かい、のち東部の山岳地帯に潜入してゲリラ闘争を続けた。はじめに農村部の農民の支持を得たカストロらは、都市部における反政府勢力を結集していき、一九五九年一月一日にバティスタ政権打倒に成功したのである。

カストロ

このような過程を経て成立したキューバ革命は、はじめは民族主義的な社会改革を目指していた。しかし一九五九年五月に農地改革法が制定され、さまざまな改革が実施されはじめると、キューバに莫大な利権を保有していたアメリカはただちに反発した。そしてキューバの社会・経済構造を根本的に変革する諸政策が明らかになるにつれて、キューバとアメリカの対立は急速に深刻化していった。キューバ砂糖の主要な輸出相手国であるアメリカが砂糖の輸入制限策をとると、一九六〇年二月にキューバはソ連と貿易援助協定を結んでアメリカを牽制した。しかしその結果、キューバとアメリカの対立は決定的となり、またキューバ革命も社会主義路線へと決定的な方向転換をした。アメリカはキューバ砂糖の輸入を停止し、キューバはそれに対してアメリカ企業の国有化を断行し、一九六一年一月に両国は外交関係を断絶した。同年四月、アメリカ政府の支援を受けた反革命軍がキューバに侵攻して失敗した。その直前にカストロはキューバが社会主義革命を目指すことを宣言し、やがてソ連をはじめとする社会主義国との関係を強めていった。一九六二年一〇月にソ連のミサイル基地建設をめぐる「ミサイル危機」が発生し、世界は核戦争の一歩手前まで追い詰められた。

この後、キューバ革命はソ連に大きく依存しながらも根本的な社会・経済改革を進め、革命の制度化と経済の再建を目指した。この間にソ連および東欧社会主義国との関係を強めたキューバは、南北アメリカ大陸において孤立したが、同時にラテンアメリカ諸国でゲリラによる武装蜂起を支援する政策をとった。一九六〇年代から一九七〇年代の軍事政権時代に各国の左翼勢力は厳しい弾圧を受け、指導者たちは国外へ亡命したが、彼らを受け入れたのもキューバであった。また各国で軍事政権に反対し社会革命を目指す左翼ゲリラ活動がこの時期に活発となったが、それを支援したのもキューバである。このようなキューバの積極的な攻勢に対して、アメリカは経済・技術・軍事援助を強化してラテンアメリカ諸国政府に左翼ゲリラ活動の殲滅を促し、社会・経済開発を進めさせた。ケネディ大統領時代に創設された「進歩のための同盟」は、ラテンアメリカ諸国の社会経済開発を促して第二のキューバの出現を防止するために策定された政策であり、農地改革・教育と医療公衆衛生の普及・技術援助などの多面的な指導・援助の政策が展開された。アメリカの若者たちが参加する「平和部隊」もその一環であった。

一方、キューバ革命は、キューバ共産党の一党独裁政権の下で徹底した社会・経済改革を実施した。外国資本を接収し、土地所有者と資本家を追放し、人種・性別による社会的差別をなくし、社会保障政策を実現した。教育・医療などの基本的な社会サービスは無料となり、住宅・電気・水道・交通などの料金は低く設定され、基礎的生活物資については配給制度がとられ、国民は平等で公正な社会生活を保障された。しかし砂糖生産に依存するモノカルチャー経済を脱却できず、ソ連と東欧諸国の援助に大きく依存していたキューバ経済は国民の生活を平等にしたが、豊かにすることはできなかった。しかもソ連と東欧で社会主義経済の破綻が明らかになった一九八〇年代後半には、キューバ経済も困窮の度合いを深めた。革命キューバは、これまでに国内の反革命分子を国外へ追放してきたが、革命後三〇年間に約一〇〇万のキューバ人が祖国をあとにしたと推定されている。

ゲリラ闘争の時代と左翼革命運動

一九五九年のキューバ革命の出現から一九七九年のニカラグア革命の成功までの二〇年間を、ラテンアメリカ現代史では「ゲリラ闘争の時代」と呼ぶことができる。キューバ革命の成功に刺激され、またのちにはカストロの革命戦術による支援を受けてラテンアメリカ諸国で社会主義革命を目指す左翼ゲリラ活動が一九六〇年代から一九七〇年代にかけて活発となったからである。

ゲリラ運動家たちが主張したラテンアメリカ革命は必然であるとする展望は、支配層の腐敗・外国資本による支配・絶望的な度合にまで拡大した貧富の格差などが厳然と存在するラテンアメリカ諸国で、社会正義と公平を求める人々に希望を与えた。そしてカストロの率いるキューバ革命の成功は、何にもまして大陸規模での革命を目指す彼らにとっては大きな支えであった。さらに当時進展していたベトナム戦争は、ラテンアメリカにおいてもベトナム人民の反米闘争に呼応した革命蜂起を促した。これらの左翼革命勢力の最も大きな支えとなった革命キューバは、国内に「ラテンアメリカ連帯組織」を設置し、さまざまな国の革命勢力が一堂に会する場を提供するゲリラ勢力の盟主となった。またキューバは各国のゲリラ組織に武器・弾薬を提供して、その活動を支援した。

キューバが支援したゲリラ闘争は、はじめフランス人左翼作家レジス・ドブレの革命戦術である農村部に革命の拠点をつくる戦法がとられた。一九五九年には早くも、パラグアイ、アルゼンチン、ドミニカ共和国の農村に革命拠点がつくられた。一九六〇年代に入ると、ベネズエラ、コロンビア、グアテマラ、エクアドル、ペルー、ボリビア、ブラジルに同様の拠点がつくられ、ゲリラ活動が展開された。ゲリラ組織は学生と中間層出身の知識人らを数多く集め、優れたゲリラ組織の指導者たちを生んだ。ブラジルのゲリラ闘争理論家として名を知られたマリゲーラやコロンビアのカストロ派民族解放軍のゲリラ組織に参加し農民問題に取り組んだカトリック教会司祭出身のトーレスは、そのようなゲリラ活動の指導者である。またキューバ革命の指導者の一人であったチェ・ゲバラはボリビアの山間部にゲリラ戦工作のために潜入して、一九六七年にボリビア軍のゲリラ掃討部隊との戦闘で戦死した。

しかしこれらの農村革命拠点方式によるゲリラ闘争は失敗した。その主要な要因は、ゲリラ側の軍事力が不十分であったこと、国により多様な農村事情を無視したこと、そして各国の軍部が備えていた近代装備と技術およびアメリカ軍部仕込みの反ゲリラ闘争戦術が成功したことである。アメリカ軍はラテンアメリカ諸国の軍部に反ゲリラ戦術を教え込んだだけでなく、農村部の開発に軍部のもつ技術と人材を提供する新しい開発戦略を展開させ、それらの政策を「進歩のための同盟」や平和部隊などの援助政策と連携させて、ゲリラ活動と農民を分断し、農村を舞台にしたゲリラ活動を崩壊させた。

はじめゲリラ闘争は主として農村部が舞台であったが、農村部で失敗したゲリラ組織はやがてブラジル、ウルグアイおよびアルゼンチンでは都市ゲリラとして活動しはじめた。都市部に組織の基盤をつくりあげたゲリラ勢力は、激しい破壊的なゲリラ活動を展開し、これら三国の都市生活に暗い閉鎖的な時代をもたらした。各国とも軍部が政治・司法・経済・教育・文化などあらゆる分野を統括し、弾圧した。ブラジルでは数多くのゲリラ・グループが組織されたが、一九六九年九月に起こったアメリカ大使の誘拐事件が広く報道されたことによって、ゲリラ勢力の存在が国民に知られることになった。

ウルグアイでは一九六八年から一九七二年にかけて、トゥパマロスと称した都市ゲリラ組織がテロ・誘拐・要人の暗殺を繰り広げ、これに対して軍部は国内宣戦布告を出し、二八〇〇人におよぶゲリラを逮捕し、指導者層を処刑して、ゲリラ活動を鎮圧した。アルゼンチンでは一九六九年から一九七六年にかけてモントネロスやトロツキー人民革命軍という名のゲリラ・グループによるテロ活動が活発化し、多くの人的・物的損害を出した。

農村ゲリラも都市ゲリラも、その指導者層は大学教育を受けた中間層出身の若者たちで、彼らは既存の支配勢力をアメリカ帝国主義の手先であるとみなし、国境を越えた連帯意識を強くもっていた。しかし彼らは、ほとんどの国で農村でも都市においても、大衆蜂起を促すことはできなかった。むしろ危機感を強めた軍部による抑圧的な強権支配を促すことになった。一九六〇年代から一九七〇年代にかけてラテンアメリカ諸国に出現した軍部支配の政治は、一部ではこれら世界の冷戦構造に連結した左翼ゲリラ革命運動に対する対応でもあったのである。それにもかかわらず、多くの地域でゲリラ勢力は残存し、ゲリラ活動は続いた。

その理由は、一九六〇年代以降のラテンアメリカのゲリラ活動が米ソの冷戦構造の一部であったこと以上に、この地域の抱える問題から発生していたことにある。とくに中央アメリカでは一九六一年に結成されたサンディニスタ民族解放戦線をはじめとして、エルサルバドルでも、グアテマラでも、ゲリラ組織が結成されたが、この地域ではコスタリカを除くと寡頭勢力が長期にわたって政治と経済を支配し続け、ゲリラ活動による権力への挑戦以外に社会改革の道はほとんどなかった。しかしのちにとりあげるように、ラテンアメリカのこれらの反体制ゲリラ活動が唯一成功したのは、一九七九年のニカラグア革命であった。ニカラグアで革命が成功した背景には、ニカラグア独自の歴史的条件があった。それは一九二〇年代に反米闘争を展開したサンディニスタ運動の存在である。

第9章

現代ラテンアメリカと二一世紀の展望

ネオリベラリズムの象徴・メキシコ証券取引所

1　軍部支配の二〇年間と民政化

ポピュリズム型政治の挫折と軍部の台頭

一九三〇年代に台頭したポピュリズム型政権の下で一九五〇年代を通じてラテンアメリカ諸国の工業化政策は順調に展開するかにみえた。しかしポピュリズム型政権の多くは挫折した。そして一九六〇年代に入るとラテンアメリカの多くの国で軍部が政治を支配し、一九七〇年代を通じて軍部支配の時代が続いた。メキシコ、コスタリカ、コロンビア、ベネズエラは、軍部が政権を掌握しなかった例外的な国である。

各国にはそれぞれ固有の事情と歴史的背景がある。しかしポピュリズム型政権が敗退した背景には、いくつか共通した要因を見出せる。第一の要因は、大衆動員に基づくポピュリズム型政治の本質に求めることができる。前章で述べたようにポピュリズム型政権が目指したものは、利害の異なる階級間の調和と協調による国民統合と経済発展とであった。ポピュリズム政権の時代に中間層と労働者層の台頭はどの国においても目覚ましかったが、これらの階層と上層支配階級との間の調和と強調が壊れた時、軍部による政治への介入が起こった。なぜなら安定した経済開発のためには、民族主義的国民意識に訴えながら大衆の要求に応えるポピュリズム型政治はあまりにも不安定で排他的であり、また、支配勢力が求める外国資本を導入するためには、国内の安定を保持できる強い政府が必要だったからである。

一方、国民の政治参加の拡大、民族主義の追求、工業化、社会福祉政策の拡大による所得の再分配など、すべてを満たそうとしたポピュリズム型政治は、それ自体が行き詰まってしまった。とくに人口の圧倒的多数を占める貧困層の不満を和らげるため、基礎食料品の価格と公共料金を低く抑える政策が長年とられてきたため、財政支出は大きな負担となっていた。さらに無償義務教育の普及、医療制度の確立と公共衛生の普及、労働条件の改善などが政策として取り組まれてきたため、どの国も莫大な財政負担を抱えていた。そのうえ民族主義を経済面で追求した結果として実現した鉄道や資源産業の国有化によって、各国とも大きな財政負担を国家が背負い込むことになった。なぜなら国有化によって追放した外国の資本と技術の空白を、各国とも容易に埋めることができず、いずれも国有化政策は産業の停滞を招き、莫大な赤字を抱えることになったからである。

ポピュリズム型政治を挫折させた別の要因は、一九五〇年代に顕著となった輸入代替工業化政策の行き詰まりと経済不振であった。輸入代替工業化政策は、人口が多く、したがって規模の大きい国内市場を有するブラジル、メキシコ、アルゼンチン、チリ、ベネズエラなどで、はじめ顕著な好成績を収めた。しかし戦後復興が進んで先進工業国の工業製品の輸出力が高まると、産業保護育成政策による過度な保護と低い技術水準の下で育成されたラテンアメリカの新興工業は競争力をもたず、停滞した。また工業化を推進すればするほど、技術も部品も先進諸国に依存することになり、輸入代替の目的が果たされないというジレンマに陥った。

一方、ポピュリズムを強調するあまり労働者や農民の要求を安易に受け入れた政府は、財政支出を拡大させる一方で、経済の競争力を失わせることになった。そのよい例は、アルゼンチンのペロン政権とボリビアのMNR政権の労働政策にみることができる。組織化された労働者はしばしばゼネストに訴えて要求を貫徹したが、労働者側の要求に応え続けた政府は裏づけのない通貨の供給策で対応したため、ハイパー・インフレーションを引き起こした。もちろん前章で述べたようにこの時期に労働者層が獲得した利益と地位は、それまで抑圧され続けてきた労働者を解放したという意味では大きな成果であった。しかしアルゼンチンにおいてもボリビアにおいても、その代償はポピュリズム型政権にとってあまりにも過大な負担となった。

軍事政権の時代

ポピュリズム型政治の挫折のほかに軍部台頭を促したもう一つの要因は、「革命キューバ」の存在である。すでに前章でとりあげたように、一九五九年にバティスタ独裁政権の追放に成功したカストロの率いる勢力は、社会改革に着手するとほとんど同時にアメリカの利害と真っ向から対立し、一九六二年には社会主義革命を目指すことを明確にした。この「革命キューバ」の出現は、ポピュリズム型政治によって目覚めた国民大衆に、バラ色の希望を与えた。とくに一部の中間層や大学生を中心とする知識層にキューバ革命が与えた影響は大きかった。この状況の中でラテンアメリカのキューバ化を恐れるアメリカ合衆国に支援されたラテンアメリカの保守勢力は、軍部の政治介入を促した。

ポピュリズム型政治の破綻と軍部の台頭を明確にしたのは、一九六四年のブラジルとボリビアにおけるクーデターである。この年の四月にクーデターで政権を奪取したブラジルの軍部は、一九八五年三月まで長期にわたって政治を支配した。一方、同年一一月にボリビアではMNR革命政権がクーデターで倒れ、のち一九八二年一〇月まで軍部の政治支配が続いた。ブラジルとボリビアに続いて一九六六年にアルゼンチンで軍部が台頭し、一九八三年にかけて一時中断があったが軍事政権が続いた。一九六〇年代から一九八〇年代初期にかけてラテンアメリカでは、長期独裁政権がこの時期以前から支配していたドミニカ共和国（トルヒーリョ政権、一九三二―六一）、ニカラグア（ソモサ政権、一九三三―七九）、ハイチ（デュヴァリエ政権、一九五七―八六）およびパラグアイ（ストロエスネル政権、一九五七―九〇）を別にしても、ラテンアメリカ諸国の多くの国が長期にわたって、あるいは断続的に軍部支配の政治を経験した。そしてこの時期に前章でとりあげたようにキューバ革命に刺激された各国の左翼勢力がゲリラ闘争を展開し、それを軍事政権が厳しく弾圧したのである。

しかしこの時期に経験した軍部支配の政治は、軍人独裁者による力による抑圧の政治だけでなかったところに特色があった。従来から存在した特定の軍人による個人主義的な独裁と異なった軍部による組織的な支配であることに着目した政治学者たちは、この新しい軍部支配の政治を「官僚主義的権威主義体制」あるいは「権威主義的組合国家主義体制」と呼んでいる。全般的に軍事政権の下では、武力による人権無視の強権政治がしばしば行なわれた。しかし一方でブラジルの軍事政権や一九六八年から一九八〇年まで続いたペルーの軍事政権にみられるように、農地改革をはじめとする大規模な改革の政治を断行して「新しい軍部」あるいは「革新軍部」と呼ばれた軍事政権による改革の政治が行なわれた国もあった。そして軍事政権の下で、テクノクラートと呼ばれる専門家たちによる経済開発と工業化が進められた。このような新しい軍部による改革の政治を、次にペルーの例でみてみよう。

革新軍部と「ペルー革命」

ペルーはラテンアメリカ諸国の中でも、政治に軍部が介入した歴史の長い国である。一八二一年の独立以来一八七二年まで続いたカウディーリョの時代を経て文民政権がはじめて成立したが、二〇世紀に入っても軍部はしばしば政治に介入した。軍部は大土地所有者層を中心とする寡頭勢力と結び、保守派の利益を擁護する勢力として長年政治を左右してきた。しかし第二次世界大戦を境としてペルー軍部の性格に変化が現われ、軍部はペルーの後進性を打ち破ることのできる唯一の組織として注目された。これを可能にしたのは、軍部上層部の中産階級化や軍事教育の内容の変化などによる軍部の性格そのものの変化であった。将官の出身の多様化と中産階級化は、新しい軍事教育ともあいまって、救国と社会正義を追求する「新しい軍部」を形成した。彼らは専門技術を身につけたテクノクラートであり、腐敗した政治家や官僚と異なって、厳しい軍部の階級制と規律の中で育った専門家でもあった。

ペルーの一九六〇年代における軍部の政治介入は、一九六二年七月のクーデターではじまった。六月に行なわれた大統領選挙でいずれの候補も規定の当選得票数を獲得できず、議会における決選投票にもち込まれた時、軍部がクーデターを起こして実権を掌握した。軍部は九ヵ月間実権を握ったあとで人民行動党のベラウンデ政権に実権を譲ったが、南アンデス一帯で激化した農村ゲリラ活動、目にあまる政治家の汚職と腐敗、そして経済が悪化する中で、ベラウンデ政権が議会の決定した国際石油会社の国有化を棚上げしたことから、軍部は一九六八年一〇月に再びクーデターによって政権を奪取した。クーデターによる実権掌握の六日後に国際石油会社所有のペルー最大のタララ精油所が接収され、のちベラスコ将軍とモラレス将軍の二人の軍人大統領の下でペルーは一九八〇年まで数々の急進的な経済・社会改革と取り組んだ。

ベラスコ政権が取り組んだ改革は「インカ計画」と名づけられ、急進的で民族主義的な政策が実施された。一九六九年六月に制定された農地改革法により、ベラスコ政権時代(一九六八―七五)にペルーの大土地所有制はほぼ解体され、接収された土地は協同組合などの集団的生産単位に分配された。一九六九年四月に制定された鉱業改革基本法により鉱業公社が設立され、一九世紀末からペルーの資源を独占してきた外国企業が国有化された。鉱業・漁業・鉄道・電力・通信・流通など主要産業の国有化と企業経営に労働者の参加を認めた新経営方式は、ペルーの経済構造を一挙に変えた。このような旧体制の解体と国家管理の拡大および経営への労働者の参加は、ペルー革命の基本的特徴である。

そして国民統合と近代化のために、識字運動が展開され、農村社会の近代化政策などが大規模に取り組まれた。社会の底辺に置き去りにされてきた先住民の国民統合政策の第一段階として、言語問題と教育の普及のための諸政策が実施された。一九七五年にはケチュア語が第二の公用語となり、識字運動が大々的に展開された。しかしベラスコ政権の急進的な政治は、ペルー経済を混乱させ、悪化の一途をたどらせた。破綻した経済状況の中で一九七五年二月の警察のストライキに端を発し、リマで大暴動が発生した。同年八月に軍部内の穏健派による無血クーデターが起こり、ベラスコ大統領はモラレス将軍にとって代わられた。

モラレス軍事政権下でペルー革命は穏健な改革主義へと転じた。破綻した経済の再建政策では、国有化された産業の一部が民営に移され、労働者の賃金凍結や公共料金の引き下げによる財政の再建化が図られた。しかしベラスコ前政権下で解放され、自主性を認められた農民や労働者は、モラレス政権の危機打開政策に反発し、ストライキに訴えて反政府運動を展開した。ストライキは慢性化し、労働者は職を失い、社会・経済活動が麻痺した。このような状況の中で、モラレス軍事政権は一九七七年二月に民政移管の日程を示した「トゥパック・アマル計画」を発表した。翌一九七八年に憲法制定議会が招集され、約一年にわたる憲法の起草作業を経て一九七九年七月に新憲法が制定された。同憲法では軍事政権下で実施された農地改革などの実績と諸政策の成果が保障され、また非識字者を含む一八歳以上の成人に選挙権が与えられた。一九八〇年五月に行なわれた選挙で、一九六八年に軍部に追放されたベラウンデ人民行動党候補が大統領に当選した。こうして一二年間におよんだ軍部主導の改革の政治は、大きく転換した。

「チリ革命」の挫折と軍部の台頭

軍部が政治に介入した一九六〇年代のラテンアメリカにおいて、チリでは文民政権が一九七三年まで存続したのち、そのあとを継いだ軍事政権が一九九〇年三月まで続いた。この間、一九七〇年から三年間、チリは選挙によって成立した社会主義政権の施政を経験した。それは議会民主制の下で社会主義国家の実現を目指したアジェンデ政権の誕生である。「反帝国主義・平和革命」をスローガンにしたアジェンデ社会主義政権による社会改革の政治は「チリ革命」として世界的な注目を集めた。このようなアジェンデ政権が出現した背景には、左翼勢力が国政レベルに強い影響を与えてきた状況がチリにおいてはすでに一九三〇年代から存在していたことを挙げねばならない。

豊かな鉱物資源の輸出に依存する典型的なモノカルチャー経済のチリは、一九二九年の世界恐慌によって大きな

アジェンデ

打撃を受け、社会的混乱の中でイバニェス大統領が一九三一年七月に辞任してから翌一九三二年一二月に第二次アレサンドリ政権（一九三二―三八）が成立するまでの一八ヵ月間は政権が目まぐるしく交代するという事態を経験した。急進党を中心とする中道勢力の圧倒的な支持を受けて当選したアレサンドリの第二次政権は、経済の復興という大きな課題を抱えており、第7章で述べたような中間層や労働者を優先した革新政治を実施する状況になかった。一九三六年の鉄道労働者のストライキを契機として、社会党の呼びかけにより、そして急進党の主導によって、社会党・急進党・共産党・民主党・労働連合が反政府勢力として連帯し、人民戦線を結成した。そして一九三八年から四一年まで、チリに人民戦線政府が出現した。

人民戦線政府が倒れたのち、チリにおいても第二次世界大戦を通じて輸入代替工業が保護育成されたが、ほかの多くのラテンアメリカ諸国と同様に国内市場の狭さと技術水準の低さから、一九五〇年代末には輸入代替工業化政策は行き詰まった。インフレは慢性化し、国際収支の赤字は拡大の一途をたどった。一九五八年にホルヘ・アレサンドリが保守勢力を結束させて大統領に当選すると、同政権はインフレ抑制のための厳しい緊縮財政・賃金抑制・外国資本の導入・民間主導の経済政策を推進した。しかし一九六四年の選挙でマルクス主義諸党連合が結成され、その勝利を恐れた保守勢力はキリスト教民主党の候補フレイを支持して中道政権を成立させた。フレイ政権は、国民の不満を鎮めるため農地改革を実施し、外国資本が支配してきた銅産業をチリの資本に買い取らせるなどの民族主義的な政策を積極的に推進したが、チリ経済は再びインフレに見舞われ、経済は停滞し、失業者が増大した。こうして一九五〇年代後半から左右に揺れ動いたチリの政治は、一九七〇年の大統領選挙で左翼勢力を統一した人民連合の候補として出馬したアジェンデが少差で大統領に当選したのである。

アジェンデ政権は、資源産業の国有化・民族資本による工業化・農地改革・所得分配の是正など、急進的な政策をつぎつぎと実施した。これらの急進的な政策は、国内の大土地所有層・大企業家から成る保守勢力および国外では多国籍企業とアメリカ政府の強い反発を引き起こした。とくに銅産業の即時無償国有化政策は、アメリカの強い反発を招き、アメリカ政府は備蓄銅の放出、チリ産銅の差し押さえ、チリの銅輸出に対する妨害などを行なったほか、経済封鎖政策をとった。またアメリカのＣＩＡ（中央情報局）はチリ国内の反政府運動に多額の資金を援助し、アジェンデ政権打倒の工作を行なった。一方、チリ国内の極左勢力は、工場や農場を武力で占拠し、急進的な社会改革を政府に要求した。この間、国内経済は民間投資の減退と国際収支の悪化やアメリカによる経済封鎖で混乱し、消費物資の不足と急激なインフレにより、社会・経済の混乱はチリの歴史上最悪の事態にまで進展した。一九七三年九月にピノチェト将軍が率いる軍部によるクーデターが発生し、それに徹底抗戦したアジェンデは大統領官邸で自殺を遂げるという劇的な幕切れでチリの社会主義革命の実験は終った。

ピノチェト陸軍総司令官を首班とする軍事政権は、クーデター直後に布告した戒厳令下で左翼勢力を徹底的に弾圧した。不当逮捕、拷問、長期にわたる不当拘束などによる人権侵害は、国際的にも非難された。一九七七年三月に戒厳令は解除され、一九八〇年八月の国民投票によって新憲法が採択された。同憲法では大統領の権限が大幅に強化され、労働者のストライキ権と言論・表現の自由が制限され、共産党などの左翼政党が実質的に禁止された。同時に国有化されていた企業を民営化し、経済の自由化政策を進め、一九八〇年代前半には比較的高い経済成長を遂げた。しかしピノチェト政権の人権抑圧は緩和されず、また経済の自由化政策は国民の貧民層をいっそう困窮化させた。そしてラテンアメリカ諸国の軍事政権がつぎつぎと民政移管を実施していく中で、ピノチェト大統領もまたチリの民政移管の日程を明示した。一九九〇年三月に実施された選挙によって、チリでは一六年半ぶりに文民政権が出現した。

2　危機の一九八〇年代と民政化

累積債務と経済危機

一九八〇年代は、「失われた一〇年」と呼ばれるように、ラテンアメリカ諸国が深刻な経済危機に陥り、ハイパー・インフレーションに襲われて国民生活が困窮し、一部の国ではゲリラ活動による政情不安を経験した時期となった。このような危機的状況をもたらした直接の原因は、ラテンアメリカ諸国で顕在化した累積債務の問題である。

一九八二年九月に対外債務の返済不能に陥ったメキシコで発生した金融危機は、ラテンアメリカ諸国が抱える対外債務の深刻な状況を表面化させたが、同時に債権国側の先進工業国の政府と金融機関および国際機関を恐怖に陥らせた。なぜならアメリカ合衆国をはじめとする先進諸国および国際金融機関は、莫大な資金を政府借款および民間銀行融資の形で世界の中所得国に貸し付けていたからである。

表7によると、一九八二年末にラテンアメリカ諸国が抱えていた累積債務総額は三一八四億ドルに達していた。これは一九七五年の約四・六倍にあたる。国別でみると、最も多額の債務を負っていたブラジルの場合、一九七五年の二〇八億ドルが一九八二年には八七六億ドルと四倍以上に膨れあがっていた。二番目に多額の債務を負っていたメキシコの場合には、一九七五年の一七三億ドルが一九八二年には八五九億ドルへと約五倍に増大していた。メキシコと同じ石油産出国であるベネズエラとエクアドルは、それぞれ対外債務を七倍と一〇倍に増大させていた。しかし同じ期間に対外債務を急激に増大させていたのは、これら鉱物資源やエネルギー資源に恵まれた国ばかりではなかった。ラテンアメリカのほとんどの国が対外債務を膨張させていたのである。しかもパラグアイの六倍、ア

ルゼンチンの七・三倍というように、その膨張ぶりはブラジルやメキシコなどよりも著しかった。その結果、債務の利子返済額は急増した。利子支払いの輸出総額に占める割合でみると、ラテンアメリカ全体で一九七五年の一三%から一九八二年には三四・三%へと膨らんでいた。一九八二年の利子支払額の割合がこの平均値を上回った国は、アルゼンチン（五六・九%）、チリ（四八・八%）、ブラジル（四五・四%）、メキシコ（三七・四%）であった。

ラテンアメリカ諸国が多額の債務を借り入れた背景については、借りた側の要因と貸し付けた先進諸国側の要因を考えなければならない。まずラテンアメリカ側からみていくと、一九六〇年代にはじまった大規模な経済開発が一九七〇年代に入っていっそう拡大し、ラテンアメリカ諸国は工業化と近代化に必要な資金を海外から過大に借り入れた。それを可能にしたのは、すでに述べたように、一九六〇年代にこの地域の政治を握った軍事政権の存在である。抑圧的な政治によって国内政治の安定と秩序を確立し、外国資本の流入を促したことが債務借り入れを容易にしたからである。一方、先進諸国は、一九七三年の石油危機を契機としてラテンアメリカ諸国の恵まれた資源を一種の担保とする考えに基づいて、積極的に資金を供給した。膨大な石油の埋蔵量をもつメキシコとベネズエラやさまざまな資源を豊富に有するブラジルのような資

表7　ラテンアメリカ諸国の対外債務額（1975～1982年）　（単位億ドル）

国　名	1975年	1982年	倍　率
ラテンアメリカ	685	3,184	4.6
ブラジル	208	876	4.2
メキシコ	173	859	5.0
アルゼンチン	60	436	7.3
チリ	45	171	3.8
ベネズエラ	43	310	7.2
ペルー	41	110	2.7
コロンビア	36	94	2.6
パナマ	12	28	2.3
ウルグアイ	8	43	5.4
ボリビア	8	24	3.0
コスタリカ	7	35	5.0
ニカラグア	7	28	4.0
エクアドル	6	62	10.3
ドミニカ共和国	5	19	3.8
ホンジュラス	4	18	4.5
エルサルバドル	4	17	4.3
グアテマラ	3	15	5.0
パラグアイ	2	12	6.0
ハイチ	0.8	4	5.0

［出所］　国連統計

源大国のみならず、ボリビアのような小国も比較的容易に資金を調達できた。注目すべきことは、ラテンアメリカのほとんどの国が自国の経済規模に比較しても、過大な融資を受けていたことである。

危機発生の原因については、ラテンアメリカ各国の資本が海外へ急激に流出したこと、一九七八年に国際利子率が急上昇して返済額を膨張させたこと、一九八一年になってラテンアメリカ諸国の経済が依存する一次産品の国際価格が低迷したこと、これらがまず挙げられる。海外への資本の逃避は、国民の海外預金や資産の買収などの形で行なわれ、莫大な額にのぼっていた。交易条件の悪化は、多くの国で国際収支を急激に悪化させ、債務の返済に充てる外貨を減少させた。こうして外貨保有額を著しく減少させたラテンアメリカ諸国の債務返済計画は、大幅に狂ってしまったのである。

一九八二年九月に対外債務の返済が不可能となったメキシコが金融危機を引き起こすと、つぎつぎと各国の累積債務問題が顕在化した。危機に対応するために、各国とも債権国政府、国際金融機関、外国民間銀行に債務返済の繰り延べを要請した。繰り延べに応じた債権者側は、債務国がとるべき再建のための国内政策を細かく指示した。対外債務の返済能力を高めるために、財政赤字の大幅な削減や為替レートの引き下げを各国とも実施した。政府の財政赤字を削減するためにほとんどの国が、それまで政府の補助金で低く抑えてきた公共料金を大幅に引き上げ、食料品などへの補助金をカットし、公務員の数を削減し、給与を抑制した。効率の悪い慢性赤字続きの国営企業を整理して民営化をすすめ、増税と新たな課税などを行なった。しかしその結果は、各国とも物価の急上昇を招き、実質賃金を低下させ、ストライキの頻発と企業の倒産が増大し、多数の失業者を生んだ。

このような状況に各国政府がどう対応したかは、国により多様である。多くの国で政権交代が頻発し、インフレーションが進行した。ボリビアのように一九八二年から一九八六年までの四年間に二万七〇〇〇%のハイパー・インフレーションを経験した国もあった。一方、メキシコのようにインフレを経験したが、政府・企業・国民の三者が一致団結して危機をのりこえる努力をし、成功した国もあった。メキシコは、国際通貨基金（ＩＭＦ）が設定した先に述べたような条件を満たすことによって国際機関や国際金融界の支援を受け、危機克服のための努力をした。しかしブラジルやペルーのように、債権国や国際機関の要請を無条件で受け入れない国もあった。ブラジルの場合、一時期利子返済を中止するというモラトリアム政策をとった。その結果、国際金融界の支援を受けにくくなり、累積債務に端を発する経済危機は一九八四年と一九八八年の二度にわたるデノミネーション（通貨単位の変更）を実施するほどインフレが進行し、深刻な状態が続いた。ペルーのように債務返済の支払額を輸出額の一〇％に限定するという政策をとり、国際金融界から不良債務国とされて経済危機を克服するための資金援助の道を自ら閉ざした国もあった。

民政化の波

一九六〇年代にはじまり一九七〇年代を通じてラテンアメリカ諸国を支配した軍事政権は、一九七五年のエクアドルにおける民政移管を皮切りにして、つぎつぎと姿を消していった。一九八〇年にペルーが、一九八二年にはホンジュラスとボリビアが、一九八三年にはアルゼンチンが、一九八四年にはエルサルバドルとパナマが、一九八五年にはドミニカ共和国とブラジルが、一九八六年にはグアテマラが、軍部支配の政治から民政へ転向した。そして一九九〇年三月にチリで民政が一六年ぶりに復帰した。またこれらの国々を支配した軍事政権とは異なる歴史をもつ独裁政権が長期にわたって支配してきたニカラグアで一九七九年にソモサ体制が崩壊し、同じく二九年間におよんだハイチのデュバリエ長期独裁政権が一九八六年に倒れ、また三四年間におよぶ独裁政治が続いたパラグアイでも一九八九年にストロエスネル政権が倒れた。一九八〇年代に顕在化した民政化の現象には、概観すると二つの異なる流れがある。その一つは軍事政権の下で積極的に経済開発を進めた南アメリカ大陸の国々で起こった民政化である。もう一つの民政化の流れは、中米とカリブ海域の国々で起こった長期独裁政権の崩壊による民政化である。最初のグループに属する国々で軍部が政治から撤退した最大の理由は深刻な経済危機であった。先に述べたような経済危機と国民生活が困窮する中で、軍部は政権保持の意欲を失い、政権をむしろ投げ出した。軍部の投げ出した政治を引き受けた文民政権は、どの国でも再建不可能な多額の債務を受け継いでいた。例えば、一九八〇年に民政移管が実現したペルーでは、輸出総額の四五%を債務返済と利子の支払に充てなければならない状態にあった。一九八二年に文民政権が成立したボリビアでもまた、同じく輸出総額のほぼ五〇%を債務返済と利子の支払に充てるという状態にあった。すでに述べたように、これらの二国だけでなくほとんどの国が莫大な対外債務を抱えて、経済と財政の破綻状態に陥っていた。

一方、中米とカリブ海で発生した独裁政権の崩壊は、一九七九年に起こったニカラグアにおけるソモサ独裁政権の崩壊に端を発していたが、本質的には独立以来政治と経済を支配し続けてきた寡頭支配勢力と軍部に対する国民の抵抗と反乱が軍事政権を倒したのである。一九五〇年代にポピュリズム型政権が誕生し文民統治の徹底と軍部の廃止という画期的な改革を成し遂げていたコスタリカを除くと、中米では大土地所有層を中心とする寡頭勢力があらゆる経済活動を支配し、強権政治の下で貧富の格差が極端に大きい社会が長年にわたり存続してきた。ニカラグアでは、第7章でとりあげたように、一九三〇年代に台頭したソモサ一族が政治と経済を独占してきた。エルサルバドルでは、「一四家族」と呼ばれる寡頭勢力が政治と経済を独占していた。グアテマラでは、第8章でとりあげたように一九五〇年代に誕生した革新政権の下で社会改革がはじめられたが、アメリカの介入によって敗退した。その後、グアテマラでは寡頭勢力が復権して政治と経済を独占していた。

このようにこれらの国々では厳しい弾圧と抑圧の政治が維持されたにもかかわらず、左翼勢力を中心とした反政府運動が長年にわたって続けられた。同時にそれまで保守勢力の一角を占めてきたカトリック教会の中からも、困窮する人々の救済と社会正義を実現しようとする聖職者グループが現われ、農民や労働者の解放運動を支援しはじめた。ソモサ独裁政権を倒したニカラグア革命は、このような広い勢力の連帯によって行なわれ、成功したのである。ニカラグアにおける民主化運動は、他の中米諸国の反政府運動に大きな影響を与えた。

ニカラグア革命と中米紛争

一九七九年七月にニカラグアでは、四〇年間におよんだソモサ一族による独裁政治が終り、左翼革命政権が樹立された。このニカラグア革命の成功は、隣国エルサルバドルやグアテマラにおける革命運動を刺激し、やがてベリーズを除く中米諸国をまき込み、約一〇年にわたる激しい武力闘争の時代を出現させた。しかも反共を掲げたアメリカのレーガン政権によって反革命勢力への経済的・軍事的援助が行なわれ、このアメリカ合衆国に対抗してキューバとソ連もまた介入したため、中米地域は東西対決の場ともなった。その結果、紛争は長期化し、人的にも経済的にも多大な損害をこの地域の人々にもたらした。これが中米紛争と呼ばれたものである。

サンディニスタのポスター

すでに第7章と8章で述べたように、ニカラグアは一九二〇年代にサンディーノが率いる反米ゲリラ闘争を経験していたが、その名をとった革命運動組織「サンディニスタ民族解放戦線」がソモサ独裁政権に反対して一九六一年に結成されていた。サンディニスタ民族解放戦線の指導者層は都市部の中間層出身の急進的な青年たちから成り、国境地帯や山岳部でゲリラ活動を開始した。一九七〇年代に入るとゲリラ活動はソモサ一族や政府高官を狙った誘拐作戦をとり、政治犯の釈放・身の代金の要求などによって攻勢をかけ、勢力を拡大させると同時に国民にその存在を認知させるのに成功した。一九七八年一月にリベラルな立場でソモサ体制批判を展開してきた『ラ・プレンサ』紙の編集長チャモロが暗殺された事件を契機として、一般国民の間で反政府運動が急激に高まり、サンディニスタ民族解放戦線を支持する国民が各層に広がっていった。政府に対する武力攻撃が激化し、ゼネストと都市住民の蜂起とにより、ソモサ大統領は一九七九年七月一九日に政権を放棄し、一族とともに国外に亡命した。そして翌日、サンディニスタ革命政権が樹立された。

革命政権は、混合経済体制の確立、非同盟外交および複数政党制の三原則を掲げてニカラグアの社会・経済の改革に着手した。ソモサ一族の財産の接収・農地改革・識字運動・公衆衛生の改善運動などが積極的に実施された。とくにキューバから派遣された教師や医者の支援活動を受けて展開された識字運動と公衆衛生の改善運動は、短期で大きな成果をあげた。しかし一九八一年一月にアメリカでレーガン政権が発足すると、対米関係は急速に悪化し、ニカラグア革命はアメリカに支援された反革命勢力との激しい武力闘争へと進展していった。アメリカ合衆国のレーガン政権は「革命ニカラグア」を共産主義者による第二のキューバの出現と捉え、キューバとニカラグアの社会主義革命がエルサルバドル、グアテマラ、ホンジュラスへと拡張することを恐れた。一九八一年四月にアメリカはニカラグア革命政府への援助を停止し、旧ソモサ勢力を中心にして結成された反革命政府ゲリラを支援した。アメリカの反革命勢力への援助は、秘密工作から明確な援助政策へと転じ、一九八六年には軍事援助と医療・食糧などの人道的援助とを合わせて一億ドルの援助予算を連邦議会で成立させた。そして一九九〇年二月の選挙でサンディニスタ党は敗れ、先の暗殺されたチャモロの未亡人ビオレタ・チャモロが大統領に選出されて、社会主義革命路線を歩んできたニカラグア革命は方向を大きく転換させた。

エルサルバドルとグアテマラにおいても、ニカラグア革命に触発されて内戦が拡大した。エルサルバドルでは一九八〇年にロメロ政権の崩壊とともにファラブンド・マルティ民族解放戦線によるゲリラ活動が活発となり、内戦状態に入った。グアテマラでも一九八二年にゲリラの統一戦線が結成され、内戦状態に入った。ニカラグア革命の成功が周辺諸国の左翼ゲリラ活動を強化させた背景には、すでに述べたようにこの地域が長年抱えてきた共通した問題があったからである。

コスタリカを除くと、中米四ヵ国はコーヒーやバナナの輸出に大きく依存するモノカルチャー経済構造をもち、政治と経済を独占する寡頭勢力によって二〇世紀初期から長い間支配されてきた。貧富の格差が極端なまでに開いた社会を支配する各国の寡頭勢力は、アメリカの軍事的・経済的支援を受け、民主化と貧富の格差の是正を求める勢力を封じ込めてきた。したがってニカラグアにおける反寡頭勢力の成功は、これらの抑圧され続けてきた人々に大きな希望を与えたのである。このような共通する政治・経済構造をもちながらも、ホンジュラスは、軍事援助条約に基づいてアメリカ軍へ基地を提供し、ニカラグア反革命勢力の活動の舞台となった。

泥沼化した中米紛争の解決のために、一九八〇年代のはじめからさまざまな努力が国際的に行なわれた。一九八二年にはメキシコ、パナマ、ベネズエラ、コロンビアの四ヵ国の外相がパナマのコンタドーラ島に集まり、中米紛争の平和的解決策を模索する最初の国際グループを結成した。一方、激しい内戦はニカラグア、エルサルバドル、グアテマラの国内経済を疲弊させ、多数の死者を出し、国境を越えて近隣諸国へ逃れる難民を生んだ。しかし平和的解決を支持して立ち上がったラテンアメリカ諸国の協調介入や国連の仲介によって、中米紛争は紛争解決への道を進みはじめた。

先に述べたようにニカラグアでは一九九〇年に総選挙が実施され、野党連合から立候補したビオレタ・チャモロが大統領に選出された。エルサルバドルでは国連の仲介の下で政府とゲリラ側の話し合いが一九九〇年末から行なわれ、翌一九九一年には国際監視団の下で総選挙が実施された。そして一九九二年二月には政府とゲリラ勢力との間で停戦合意が成立した。グアテマラでは一九八六年に選挙が実施され、一六年ぶりに文民政権が誕生したが、さらに一九九六年には政府とゲリラ勢力であるグアテマラ民族革命連合との間で和平合意が成立した。そして一九九九年一二月には両者の間で完全な和平協定が成立し、一九六一年以来三九年間におよんで二〇万の国民を犠牲にした内戦が終結したのである。

カリブ海域の諸相と混迷

すでに前章でとりあげたように、今日カリブ海域にある国の多くは一九六二年から一九八三年にかけて独立した新興独立国家群である。しかしその多くは、一九世紀に独立したハイチやドミニカ共和国より豊かな国々である。バハマの一人当たり国民所得一万六七〇〇ドル対ハイチの一二七〇ドルに象徴されているように(一九九七年)、経済格差の大きい小国家群がこの地域に存在している。そのうえ社会主義国家キューバがこの地域に位置しており、アメリカ合衆国の厳しい監視の目が光っているのがカリブ海域である。

アメリカは一九八四年にカリブ海域の新たな統合政策を打ち出した。それはカリブ開発計画として提案された、アメリカによる中米・カリブ海域の国々への援助政策の強化であった。こうして一九八〇年代にはカリブ共同体、東カリブ共同体、カリブ共同市場などが設置され、まとまりのあるカリブ海域の開発がはじまった。このようなアメリカ合衆国主導の地域開発は、裏庭としてのこの地域に対するアメリカの政治的・経済的関心からきていた。しかし一九八〇年代のカリブ海域もまた、混迷を深めた。それはハイチにおける民主化と政情不安であり、九〇年代を展望しえない社会主義国キューバの存在である。

ハイチは、社会・経済指標によると、ラテンアメリカ地域における最貧国であり、また国際統計上の分類において低所得国層に入れられているラテンアメリカの唯一の国である。このハイチでは、一九八六年二月に過去二八年間にわたって父子二代によって維持されてきたデュバリエ独裁体制が崩壊した。一八〇四年にラテンアメリカにおいて最初の独立国家となったハイチは、厳しい国家建設の道を歩み、二〇世紀にはアメリカの軍事干渉を受けた。一九五七年に実施された最初の普通選挙で中間層出身の医師であり政治家でもあるデュヴァリエが大統領に選出された。デュヴァリエはトントンマクートの名で知られた秘密警察を創設し、一九六四年には終身大統領制を設置して、弾圧による強権政治を行なった。カストロのキューバ革命とドミニカ共和国に成立した左翼政権の出現で左傾しつつあった一九六〇年代のカリブ海域で、ハイチは反共の砦となり、アメリカ合衆国の支援を受けて、デュヴァリエ体制は存続した。

一九七一年にパパ・ドックとして知られた父デュヴァリエが死亡すると、息子のジャン・クロードが大統領を継いだ。一九七〇年代のハイチは、開放経済政策の下で外国資本を受け入れ、軽工業を発達させた結果、中間層が拡大した。一九八五年一一月に起こった軍隊によるデモ隊への発砲で四人の学生が死亡するという事件を契機として、反政府運動が全国的に広まり、一九八六年二月にデュヴァリエ体制は崩壊した。翌一九八七年に新憲法が制定され、翌年の一月に民政移管のための選挙が実施された。しかしクーデターによる文民政権が倒され、一九九〇年に再び実施された選挙で「改革と民主主義のための国民戦線」に推されて立候補した「解放の神学」を実践するアリスティド神父が選出され、半年後クーデターで倒されるという混乱が続いた。

一方、カストロの率いるキューバは、旧ソ連邦の解体と東欧諸国の社会主義体制の崩壊によって大きな打撃を受けた。ソ連の石油と経済援助に全面的に依存してきたキューバ経済は、エネルギー危機と食糧不足に陥った。しかしあらゆる物不足が深刻化していた一九九一年一〇月に開催された第四回共産党大会において、カストロは社会主義体制の堅持を明確に打ち出した。一九九二年には困窮した多数の市民が手づくりのイカダでキューバを脱出し、フロリダ海峡を渡ってアメリカを目指すという事態が発生した。経済危機を緩和する手段として個人の経済活動を一部認め、観光分野への外国資本の導入などが図られているが、経済封鎖を解かないアメリカ合衆国との対立の中でキューバが直面している現実は厳しい。

3　ネオリベラリズムの時代と一九九〇年代

冷戦の終結とラテンアメリカ

ベルリンの壁の崩壊とそれに続くソ連邦および東欧諸国の社会主義体制の崩壊は、ラテンアメリカにも大きな影響を与えた。東西イデオロギーの対立の弱体化は、その影響を強く受けていた中米紛争においてはゲリラ勢力の孤立化を促し、国際組織の仲介によるゲリラ側と政府側の和平協定がつぎつぎと成立した。一九九六年にグアテマラ政府がゲリラ勢力と和平協定を締結し、三六年におよんだ内戦を終結させたことによって、中米地域の最後の紛争が解決された。しかし長年にわたった内戦の傷跡は地域住民の日常生活の中に生々しく残っており、真の解決は二一世紀に残された課題である。

しかし九〇年代のラテンアメリカには、イデオロギー対決とは異なるタイプのゲリラ闘争が勃発して世界の注目を集めた。メキシコで起こった「サパティスタ民族解放軍」と名のる武装集団は、北米自由貿易協定（NAFTA）に反対してその協定発効当日の一九九四年元旦に武装蜂起した。彼らはカナダとアメリカ合衆国と結んだ自由貿易協定がメキシコの農業に壊滅的な打撃を与え、農民の生活を困窮させるとして反対し立ち上がったが、その背景には長年にわたって先住民が置かれてきた極貧状態と九〇年代のネオリベラリズム経済政策が直撃した農村の変化とがあった。サパティスタ民族解放軍が武装蜂起したメキシコ南部のチアパス州はメキシコ国内でも最貧地帯の一つで、マヤ系先住民が集中している地域である。サパティスタ・ゲリラ勢力は、積極的に内外のメディアや支援者集団に発信を続け、チアパス州の密林の中で蜂起から六年間その勢力を保持している。二〇〇〇年七月に実施された総選挙において七一年間実権を握り続けてきた制度的革命党（ＰＲＩ）の敗北によって成立した、国民行動党政権がどのような和平交渉にのり出すかは二一世紀に残された課題となっている。

コロンビアのゲリラ勢力は麻薬取引と深く関わっており、統治能力を欠いたコロンビアの国家権力と武力衝突をしばしば勃発させている。冷戦時代に輩出したさまざまな左翼ゲリラ勢力の一部が九〇年代に入ってから政府と協定を結び武装解除して市民社会に復帰した。しかし激化したテロ活動の過程で、富裕階層が自らを守るために抱えた武装集団や麻薬に絡んだ犯罪組織は、その後も存在している。

サパティスタ民族解放軍

冷戦の終結は政治の舞台から軍部の撤退を決定的にした。すでにみたように、二〇世紀末のラテンアメリカに軍事政権は存在しない。いくつかの国で軍部の政治干渉が散発的に発生しているが、軍部の非政治化は確実に進んでいる。また冷戦構造の下でラテンアメリカ諸国を西側勢力として束ねてきたアメリカ合衆国の軍事的影響力も、麻薬関係に限定されつつある。一九九九年一二月三一日をもってパナマ運河を全面的にパナマに返還したアメリカ合衆国は、ラテンアメリカにおける軍事的影響力を大幅に低下させている。

ネオリベラリズムとグローバル化

すでに前節でとりあげたように、一九八二年にはじまった累積債務問題と一九八〇年代を通じてラテンアメリカ諸国が直面した経済危機の克服の過程で、ほとんどの国が国家主導の経済体制を放棄することになった。国際通貨基金（ＩＭＦ）と世界銀行の指導の下で、一九八〇年代半ば以降は経済自由主義に基づく経済構造調整のための政策がどの国でもとられ、市場原理の導入と財政の緊縮を目指して、非効率な国営・公営企業の民営化が進められた。このような国営・公営企業の民営化政策を伴う経済の自由化政策は、ネオリベラリズム（新経済自由主義）と呼ばれている。

ネオリベラリズムは、国営・公営企業の民営化に象徴される経済の自由化だけでなく、合理的な経済・社会の枠組を構築することをも意味している。ネオリベラリズムの経済政策は、ラテンアメリカ諸国が一九八〇年代の経済危機を克服することを可能とした。また市場原理の導入によって経済成長が達成されている。しかし同時に、合理化による失業者の増大、補助金削減による公共料金の高騰、治安の悪化、貧富の格差の拡大など、深刻な社会問題が、どの国でも発生している。

一方、グローバル化の流れはラテンアメリカ域内の従来の地域連帯を超えつつある。経済面でみると、古くは中米共同市場やアンデス共同体が、また新しくは一九九五年にアルゼンチン、ブラジル、パラグアイおよびウルグアイの四ヵ国の間で発足した南米南部共同市場（メルコスル）のような地域共同体が強化されつつあると同時に、一九九四年にカナダ、アメリカ合衆国およびメキシコの三ヵ国の間で発足した北米自由貿易協定（ＮＡＦＴＡ）とともに、北米、中南米、欧州を包括した大西洋自由貿易地域の成立に向かっている。

グローバル化は、環境問題をめぐってもラテンアメリカ地域の枠を超えて大きな影響を与えている。一九八〇年代にラテンアメリカ諸国の大都市が経験した大気汚染と生活環境の破壊は、住民の健康を損なうレベルに達していた。しかも生活環境の破壊は都市部だけではなかった。地球規模の問題として注目されている熱帯雨林の破壊は、ラテンアメリカではアマゾン川流域が世界的に注目された。しかしアマゾン川流域だけでなく、多くの地域で自然破壊が進んでいる。一九九二年六月にブラジルのリオデジャネイロで開催された国連主催の地球サミットとして世界の注目を集めた「環境と開発に関する国連会議」では、地球規模での環境問題が議論されたが、その後、ラテンアメリカの多くの国が環境問題と真剣に取り組みはじめた。環境問題と取り組む専任省庁が設置され、研究機関が設けられて多様な政策がとられはじめた。その結果、大気汚染の深刻さで世界的に有名となったメキシコ市が二〇〇〇年にはその汚染度を大幅に改善させたことが知られている。

貧困と暴力への対策を求めるチリの女性デモ

民主政治と市民社会の成熟に向かって

多くの課題を残しながらも、二〇世紀末のラテンアメリカとカリブ海諸国は、ハイチを除くと世界の中進国の位置にあり、民主政治の定着とそれを支える市民社会の成熟化過程にある。すでにとりあげたように、この地域で根強かった軍部による政治介入が排除され、政治の民政化は達成されたが、民主主義の定着には程遠い状況にある。しかし民主政治の定着の可能性は、二〇〇〇年一二月に行なわれたメキシコの政権交代にみられる。同年七月に実施された総選挙で、一九二九年の結党以来政権を独占してきたメキシコの制度的革命党は大統領選挙で敗れ、連邦議会においても両院で議席の過半数が獲得できないという惨敗を経験した。汚職と腐敗と不公正の蔓延に対抗しようと立ち上がった国民の選択の結果に対して、一党独裁体制に依存してきた諸勢力は政権交代を平穏な中で受け入れた。この背景には、一九八〇年代から取り組まれてきた政治改革、地道に進められてきた広範囲な市民活動があった。地域共同体の相互扶助の仕組み、非政府組織（NGO）活動、フェミニズムなどが一九八〇年代と九〇年代のメキシコ社会を特徴づけている。これらの幅広い市民活動の顕在化は、ラテンアメリカ諸国に共通の事象でもある。

なかでもフェミニズム運動は、一九七五年の国連主催の第一回世界女性会議（メキシコ）にはじまる男女平等社会を目指す世界的な動きの中で、多くのラテンアメリカ諸国で女性の解放と社会進出を積極的に支援してきた。社会に進出した女性たちはフェミニズムを超えた社会運動に参加し、人権・環境・先住民・貧困・政治参加などの問題と取り組む市民運動の主要な担い手となっている。二〇世紀最後の四半世紀に、ラテンアメリカ諸国は地味ではあったが着実な改革をも積みあげてきた。

参考文献案内（五〇音順）

Ⅰ．レファレンス

『図説ラテンアメリカ―開発の軌跡と展望』（小池洋一ほか編）日本評論社　一九九九年
『中南米諸国便覧』（外務省中南米局監修）毎年発行
『ラテンアメリカ事典』（ラテンアメリカ協会編）四年毎発行
『ラテンアメリカ・ハンドブック』（加茂雄三編）講談社　一九八五年
『ラテンアメリカを知る事典　新訂増補』　平凡社　一九九九年

Ⅱ．ラテンアメリカ全般

赤沢威・阪口豊・富野幸光・山本紀夫編『アメリカ大陸の自然』三巻　岩波書店　一九九二年
アンドラーデ・中牧弘允編『ラテンアメリカ　宗教と社会』新評論　一九九四年
アンドラーデ・堀坂浩太郎編『変動するラテンアメリカ社会』彩流社　一九九九年
今井圭子編『ラテンアメリカ　開発の思想』日本経済評論社　二〇〇四年
上谷博・石黒馨編『ラテンアメリカが語る近代』世界思想社　一九九八年
大井邦明・加茂雄三『ラテンアメリカ』朝日新聞社　一九九二年
大串和雄『ラテンアメリカの新しい風―社会運動と左翼思想』同文舘出版　一九九五年
大貫良夫編『民族交錯のアメリカ大陸』山川出版社　一九八四年
奥山恭子・角川雅樹編『ラテンアメリカ　子どもと社会』新評論　一九九一年
遅野井茂雄編『冷戦後ラテンアメリカの再編成』アジア経済研究所　一九九三年
加藤薫『ラテンアメリカ美術史』現代企画室　一九八七年

ガレアーノ（大久保光夫訳）『収奪された大地―ラテンアメリカの五〇〇年』藤原書店　一九九一年
クチンスキー（渡辺敏訳）『中南米債務―危機のメカニズムと打開策』サイマル出版会　一九九〇年
国本伊代編『ラテンアメリカ　新しい社会と女性』新評論　一九九九年
国本伊代・中川文雄編『ラテンアメリカ研究への招待』新評論　一九九七年
国本伊代・乗浩子編『ラテンアメリカ　社会と女性』新評論　一九八五年
国本伊代・乗浩子編『ラテンアメリカ　都市と社会』新評論　一九九一年
小池洋一・西島章次編『ラテンアメリカの経済』新評論　一九九一年
後藤政子『新現代のラテンアメリカ』時事通信社　一九九三年
スタベンハーゲン（山崎春成ほか訳）『開発と農民社会　ラテンアメリカ社会の構造と変動』岩波書店　一九八一年
清水透編『ラテンアメリカ―統合圧力と拡散のエネルギー』大月書店　一九九九年
高橋均『ラテンアメリカの歴史』（世界史リブレット26）山川出版社　一九九八年
高橋均・網野徹哉『ラテンアメリカ文明の興亡』（世界の歴史⑱）中央公論社　一九九七年
恒川恵市『ラテンアメリカ論　Ⅱ　中南米』放送大学教育振興会　一九九一年
中川文雄・三田千代子編『ラテンアメリカ　人と社会』新評論　一九九五年
西川大二郎『ラテンアメリカ世界』（世界地理ゼミナール　Ⅶ）大明堂　一九八五年
浜口伸明編『ラテンアメリカの国際化と地域統合』アジア経済研究所　一九九八年
藤田富雄『ラテンアメリカの宗教』大明堂　一九八二年
細野昭雄『ラテンアメリカの経済』東京大学出版会　一九八三年
細野昭雄・畑恵子編『ラテンアメリカの国際関係』新評論　一九九三年
細野昭雄・恒川恵市『ラテン・アメリカ危機の構図』有斐閣　一九八八年
増田義郎『物語ラテンアメリカの歴史』（中公新書）中央公論社　一九九八年
増田義郎・山田睦男編『ラテン・アメリカ史Ⅰ』（新版世界各国史25）山川出版社　一九九九年
増田義郎編『ラテン・アメリカ史Ⅱ』（新版世界各国史26）山川出版社　二〇〇〇年
増田義郎・山田義郎・染田秀藤編『ラテンアメリカ世界　その歴史と文化』世界思想社　一九八四年

松下冽『現代ラテンアメリカの政治と社会』日本経済評論社　一九九三年
松下洋・乗浩子編『ラテンアメリカ　政治と社会』新評論　一九九三年
水野一・西沢利栄編『ラテンアメリカの環境と開発』新評論　一九九五年
三田千代子・奥山恭子編『ラテンアメリカ　家族と社会』新評論　一九九二年
山田睦男・細野昭雄・髙橋伸夫・中川文雄『ラテンアメリカの巨大都市—第三世界の現代文明』二宮書店　一九九四年
乗浩子『宗教と政治変動—ラテンアメリカのカトリック教会を中心に』有信堂　一九九八年
湯川摂子『ラテンアメリカ経済論—経済発展と政策改革』中央経済社　一九九九年
歴史学研究会編『南北アメリカの五〇〇年』全五巻　青木書店　一九九二—九三年

Ⅲ．古代文明

青木晴夫『マヤ文明の謎』（講談社現代新書）講談社　一九八〇年
青山和夫・猪俣健『メソアメリカの考古学』同成社　一九九七年
大井邦明『消された歴史を掘る—メキシコ古代史の再構成』平凡社　一九八五年
落合一泰『マヤ—古代から現代へ』岩波書店　一九八四年
落合一泰・稲村哲也『マヤ文明の謎・インカ文明の謎』学生社　一九八八年
加藤泰建・関雄二編『文明の想像力—古代アンデスの神殿と社会』角川書店　一九九八年
狩野千秋『マヤとアステカ』近藤出版社　一九八三年
ガルシラソ＝デ＝ラ＝ベガ（牛島信明訳）『インカ皇統記』（全二巻）岩波書店　一九八六年
クロード＝ボーデ（落合一泰訳）『失われた都市を求めて』創元社　一九九一年
サブロフ（青山和夫訳）『新しい考古学と古代マヤ文明』新評論　一九九八年
シエサ＝デ＝レオン（増田義郎訳）『インカ帝国史』（大航海時代叢書）岩波書店　一九七九年
島田泉『黄金の都シカンを掘る』朝日新聞社　一九九四年
関雄二『古代アンデスの考古学』同成社　一九九七年
高山智博『アステカ文明の謎』（講談社現代新書）講談社　一九七九年

寺崎秀一郎『図説　古代マヤ文明』河出書房新社　一九九九年
中村誠一『マヤ文明はなぜ滅んだか？　よみがえる古代都市興亡の歴史』ニュートンプレス　一九九九年
ハウストン（上田覚訳）『マヤ文字』学芸書林　一九九六年
ピサロほか（増田義郎ほか訳）『ペルー王国史』（大航海時代叢書）岩波書店　一九八四年
ピース・増田義郎『図説インカ帝国』小学館　一九八九年
ベルナルド（阪田由美子訳）『インカ帝国―太陽と黄金の民族』創元社　一九九一年
増田義郎『太陽と月の神殿』（中公文庫）中央公論社　一九九〇年
増田義郎・島田泉編『古代アンデスの美術』岩波書店　一九九一年
八杉佳穂『マヤ文字を解く』（中公新書）中央公論社　一九八二年
八杉佳穂『マヤ興亡』福武書店　一九九〇年
ル＝クレジオ原訳・序（望月芳郎訳）『チチメカ神話―ミチョアカン報告書』新潮社　一九八七年
ル＝クレジオ原訳・序（望月芳郎訳）『マヤ神話―チラム・バラムの予言』新潮社　一九八一年
レオン＝ポルティーリャ（山崎真次訳）『古代のメキシコ人』早稲田大学出版部　一九八五年

Ⅳ・コロンブスの到来と二つの世界の「出会い」

青木康征『コロンブス』（中公新書）中央公論社　一九八九年
アダムソン（沢崎和子訳）『マヤ文明―征服と探検』法政大学出版局　一九八七年
石原保徳『インディアスの発見―ラス・カサスを読む』田畑書店　一九八〇年
エリオット（越智武臣ほか訳）『旧世界と新世界　一四九二―一六五〇』岩波書店　一九七五年
オゴルマン（青木芳夫訳）『アメリカは発明された―イメージとしての一四九二年』日本経済評論社　一九九九年
サアグン編（小池佑二訳）『メキシコの戦争』（大航海時代叢書）岩波書店　一九八〇年
斎藤晃『魂の征服―アンデスにおける改宗の政治学』平凡社　一九九三年
セプールペダ（染田秀藤訳）『征服戦争は是か非か』（『アンソロジー・世界の挑戦　7』）岩波書店　一九九二年
染田秀藤『ラス・カサス伝―新世界征服の審問者』岩波書店　一九九〇年

染田秀藤・友枝啓泰『アンデスの記録者ワマン・ポマ』平凡社　一九九二年
ソリタ（小池佑二訳）『ヌエバ・エスパーニャ報告書』（大航海時代叢書）岩波書店　一九八二年
ティトウ＝クシ＝ユパンキ（染田秀藤訳）『インカの反乱―被征服者の声』（岩波文庫）岩波書店　一九八七年
トドロフ（大谷尚文ほか訳）『他者の記号学　アメリカ大陸の征服』法政大学出版局　一九八六年
ハンケ（佐々木昭夫訳）『アリストテレスとアメリカ・インディアン』（岩波新書）岩波書店　一九七四年
ハンケ（染田秀藤訳）『スペインの新大陸征服』平凡社　一九七九年
ポシ（寺田和夫監訳）『コルテス　メキシコ征服者の栄光と挫折』（世界を創った人びと）平凡社　一九七八年
ボド・トドロフ編（菊地・大谷訳）『アステカ帝国滅亡記』法政大学出版局　一九九四年
増田義郎『黄金郷に憑かれた人々』日本放送出版協会　一九八九年
増田義郎『コロンブス』（岩波新書）岩波書店　一九七九年
増田義郎『新世界のユートピア』（中公文庫）中央公論社　一九八九年
マン＝ロト（染田秀藤訳）『イスパノアメリカの征服』（文庫クセジュ）白水社　一九八四年
モトリニーア（小林一宏訳）『ヌエバ・エスパーニャ布教史』（大航海時代叢書）岩波書店　一九七九年
八杉佳穂『マヤ文字を解く』（中央新書）中央公論社　一九八二年
八杉佳穂『マヤ興亡』福武書店　一九九〇年
ラス＝カサス（染田秀藤訳）『インディアスの破壊についての簡潔な報告』（岩波文庫）岩波書店　一九八〇年
ラス＝カサス（長南実訳）『裁かれるコロンブス』（アンソロジー・新世界の挑戦　1）岩波書店　一九九二年
ディエゴ＝デ＝ランダ（林屋永吉訳）『ユカタン事物史』（大航海時代叢書）岩波書店　一九八二年
レオン＝ポルティヤ（山崎真次訳）『インディオの挽歌―アステカから見たメキシコ征服史』成文堂　一九九四年
ワシュテル（小池佑二訳）『敗者の想像力―インディオのみた新世界征服』岩波書店　一九八七年

植民地時代

エリオット（藤田一成訳）『スペイン帝国の興亡―一四六九―一七一六』岩波書店　一九八二年
ギブソン（染田秀藤訳）『イスパノアメリカ―植民地時代』平凡社　一九八一年

セーモ（原田金一郎訳）『メキシコ資本主義史―その起源一五二一―一七六三』大村書店　一九九四年
染田秀藤編『ラテンアメリカ史―植民地時代の実像』世界思想社　一九八九年
ピコンサラス（アンドラーデほか訳）『ラテンアメリカ文化史―二つの世界の融合』サイマル出版会　一九九一年
増田義郎『略奪の海カリブ―もうひとつのラテン・アメリカ史』（岩波新書）岩波書店　一九八九年
真鍋周三『トゥパク・アマルの反乱に関する研究―その社会経済史的背景の考察』神戸商科大学経済研究所　一九九六年
メジャフェ（清水透訳）『ラテンアメリカの奴隷制』岩波書店　一九七九年

Ⅵ．ラテンアメリカ諸国の独立と近代

サルセード＝バスタルド（水野一監訳）『シモン・ボリーバル―ラテンアメリカ解放者の人と思想』春秋社　一九八六年
浜忠雄『ハイチ革命とフランス革命』北海道大学図書刊行会　一九九八年
バルカルセル（染田秀藤訳）『アンデスの反乱―独立の先駆者トゥパク・アマル』平凡社　一九八五年
三橋利光『コント思想と「ベル・エポック」のブラジル―実証主義協会の活動』勁草書房　一九九六年

Ⅶ．現代（国別・地域別）

■メキシコ

石井章編『メキシコの農業構造と農業政策』アジア経済研究所　一九八六年
加藤薫『メキシコ壁画運動』平凡社　一九八八年
小林致広編『メソアメリカ』世界思想社　一九九五年
国本伊代『メキシコ　一九九四年』近代文芸社　一九九五年
国本伊代・畑恵子・細野昭雄『概説メキシコ史』有斐閣　一九八四年
黒田悦子『先住民ミへの静かなる変容―メキシコで考える』朝日新聞社　一九九七年
清水透『エル・チチョンの祭り―メキシコにおける近代とアイデンティティ』東京大学出版会　一九八八年
清水透・ポサス『コーラを聖なる水に変えた人々』現代企画室　一九八四年
恒川恵市『従属の政治経済学　メキシコ』東京大学出版会　一九八八年

中岡哲郎『メキシコと日本の間で』岩波書店　一九八六年
並木芳治『メキシコ・サリーナス革命―北米自由貿易協定にかけた大統領』日本図書刊行会　一九九九年
パス（高山智博・熊谷明子訳）『孤独の迷宮―メキシコの文化と歴史』法政大学出版局　一九八二年
バスケス（藤田宏郎訳）『メキシコの外交政策―メキシコの国際法実践』晃洋書房　一九八〇年
増田義郎『メキシコ革命』（中公新書）中央公論社　一九六八年
増田義郎・山田睦男編『ラテン・アメリカ史　I　メキシコ・中央アメリカ・カリブ海』（新版世界各国史　25）山川出版社　二〇〇〇年
マルガダン（中川和彦訳）『メキシコ法発展論』アジア経済研究所　一九九三年
湯川摂子『メキシコ経済論』大明堂　一九八二年
米村明夫『メキシコの教育発展―近代化への挑戦と苦悩』アジア経済研究所　一九八六年
ラモス（山田睦男訳）『メキシコ人とは何か―メキシコ人の情熱の解明』新世界社　一九八〇年
リード（野田隆ほか訳）『反乱するメキシコ』筑摩書房　一九八二年
渡辺建夫『メキシコ革命物語―英雄パンチョ・ビリャの生涯』朝日新聞社　一九八五年

■中米・カリブ海地域

池本幸三・布留川正博・下村晃『近代社会と奴隷制―大西洋システムの中で』人文書院　一九九五年
石井章編『冷戦後の中米―紛争から和平へ』アジア経済研究所　一九九六年
石塚道子編『カリブ海世界』世界評論社　一九九一年
ウィリアムズ（川北稔訳）『コロンブスからカストロまで―カリブ海域史　一四九二―一九六九年』二巻　一九七八年
ウィリアムズ（中山毅訳）『資本主義と奴隷制』理論社　一九八七年
加茂雄三『地中海からカリブ海へ』平凡社　一九九六年
加茂雄三・細野昭雄・原田金一郎編『転換期の中米地域』大村書店　一九九〇年
河合恒生『パナマ運河史』教育社　一九八〇年
小林志郎『パナマ運河―百年の攻防と第二運河構想の検証』近代文芸社　二〇〇〇年

近藤敦子『グアテマラ現代史―苦悩するマヤの国』彩流社　一九九六年
ジェームズ（青木芳夫監訳）『ブラック・ジャコバン―トゥサン＝ルヴェルチュールとハイチ革命』大村書店　一九九一年
島崎博『中米の世界史』古今書院　二〇〇〇年
寿里順平『中米―干渉と分断の軌跡』東洋書店　一九九一年
高橋均『サンディーノ戦記―ジャズ・エイジのヴェトナム戦争』弘文堂　一九八九年
細野昭雄・遅野井茂雄・田中高『中米・カリブ危機の構図―政治・経済・国際関係』有斐閣　一九八七年
マルティ（後藤政子ほか訳）『ホセ・マルティ選集』三巻　日本経済評論社　一九九九年
モレノ＝フラヒナル（本間宏之訳）『砂糖大国キューバの形成―製糖所の発達と社会・経済・文化』エルコ　一九九四年
ダルトンほか（飯島みどり編訳）『禁じられた歴史の証言―中米に映る世界の影』現代企画室　一九九六年

■南アメリカスペイン語諸国

エイサギルレ（山本雅俊訳）『チリの歴史―世界最長の国を歩んだ人びと』新評論　一九九八年
大串和雄『軍と革命―ペルー軍事政権の研究』東京大学出版会　一九九二年
遅野井茂雄編『現代ペルーとフジモリ政権』アジア経済研究所　一九九五年
増田義郎編『ラテン・アメリカ　Ⅱ　南アメリカ』（新版世界各国史　26）山川出版社　二〇〇〇年
松下洋『ペロニズム・権威主義と従属―ラテンアメリカ政治外交史研究』有信堂　一九八七年
マリアテギ（原田金一郎訳）『ペルーの現実解釈のための七試論』拓植書房　一九八八年
モロン＝モンテロ（ラテンアメリカ協会監訳）『ベネズエラ史概説』ラテンアメリカ協会　一九九三年

■ブラジル

アンドウゼンパチ『ブラジル史』岩波書店　一九八三年
金七紀男『ポルトガル史』彩流社　一九九六年
金七紀男・住田育法・高橋都彦・富野幹雄『ブラジル研究入門―知られざる大国五〇〇年の軌跡』晃洋書房　二〇〇〇年
斉藤功・松本栄次・矢ヶ崎典隆編『ノルデステ―ブラジル北東部の風土と土地利用』大明堂　一九九九年

富野幹雄・住田育法『ブラジル―その歴史と経済』啓文社　一九九〇年
堀坂浩太郎『転換期のブラジル』サイマル出版会　一九八七年
丸山浩明『砂漠化と貧困の人間性―ブラジル奥地の文化生態』古今書院　二〇〇〇年
モーロ（金七紀男・富野幹雄訳）『ブラジル史』（クセジュ文庫）白水社　一九八〇年
ロドリゲス（富野幹雄・住田育法訳）『ブラジルの軌跡―発展途上国の民族の願望』新世界社　一九八二年
山田睦男編『概説ブラジル史』有斐閣　一九八六年

Ⅷ．日本とラテンアメリカの関係

スターリング・ツェケリー・堀坂浩太郎編『ラテンアメリカとの共存―新しい国際環境の中で』同文舘出版　一九九一年
田中高『日本紡績業の中米進出』古今書院　一九九七年
日墨交流史編纂委員会編『日墨交流史』ＰＭＣ出版　一九九〇年
日本ブラジル交流史編纂委員会編『日本ブラジル交流史―日伯関係一〇〇年の回顧と展望』日本ブラジル修好一〇〇周年記念事業組織委員会・日本ブラジル中央協会　一九九五年
増田義郎・柳田利夫『ペルー　太平洋とアンデスの国―近代史と日系社会』中央公論新社　一九九九年
水野一編『日本とラテンアメリカの関係―日本の国際化におけるラテンアメリカ』上智大学イベロアメリカ研究所　一九八九年

ラテンアメリカ史年表

西暦	本書に関する出来事
一四九二	コロンブス新大陸に到着する。
一四九四	トルデシーリャス条約が締結される。
一四九八	ヴァスコ＝ダ＝ガマ、喜望峰を回ってインドに到着する。
一五〇〇	カブラル、ブラジルに到着する。
一五〇三	通商院がセビーリャに設置される。 エンコミエンダ制が導入される。
一五一一	サントドミンゴにスペイン植民地最初のアウディエンシアが設置される。
一五一三	バルボア、パナマ地峡の太平洋側に到達する。
一五一九	コルテス、アステカ王国へ向かう。
一五二一	コルテス、アステカ王国を征服する。
一五二四	インディアス枢機会議、設置される。
一五二八	メキシコにアウディエンシアが設置される。
一五三二	ピサロ、カハマルカに到達する。
一五三四	ポルトガル、ブラジルにカピタニア制を導入する。
一五三五	ピサロ、インカ帝国を征服する。ヌエバ・エスパーニャ副王制しかれる。
一五四二	インディアス新法が制定される。ペルーに副王制しかれる。
一五四五	ポトシで銀鉱山発見される。
一五四八	ブラジルに総督制導入される。

世界	
一四九二	グラナダ城、陥落する。
一五一七	スペイン、カルロス一世即位。
一五一九	マゼランの世界周航（〜二二年）。
一五四〇	イエズス会、ローマ教皇に認可される。
一五四三	ポルトガル人、種子島に漂着。
一五四五	トリエント公会議はじまる(〜六三年)。

一五五一	リマおよびメキシコ市に大学が設置される。
一五七〇	リマに異端審問所が設置される。
一五七一	メキシコ市に異端審問所が設置される。
一六二四	オランダ人、ブラジル北東部を占拠する。
一六五五	イギリス人、ジャマイカを征服する。
一六九六	ブラジル、ミナスジェライスで金発見される。
一六九七	フランス、ハイチを獲得する。
一七一七	ヌエバ・グラナダ副王制しかれる。
	アスンシオンでコムネロの反乱勃発する。
一七五九	イエズス会、ポルトガル植民地から追放される。
一七六二	七年戦争で、イギリス、ハバナを占領する。
	ブラジル、国王直属の副王領となる。

一五五六	スペイン、フェリペ二世即位。
一五八〇	スペイン、ポルトガルを併合する。
一五八一	オランダ、独立を宣言する。
一五八八	スペイン、無敵艦隊敗れる。
一六一三	支倉常長一行、メキシコ到着。
一六四〇	ポルトガル、スペインから独立する。
一六四九	イギリス、清教徒革命起こる。
一六九〇	イギリス・フランス植民地戦争勃発する。
一七〇〇	スペイン、ブルボン王朝はじまる。
一七〇一	スペイン王位継承戦争（～一四年）。
一七一三	ユトレヒト条約、締結される。
一七五〇	マドリード条約、締結される。
一七五六	七年戦争はじまる（～六三年）。

一七六三	ブラジルの首都、サルヴァドルからリオデジャネイロへ移転する。
一七六四	スペイン領で最初のインテンデンシア制、キューバに設置される。
一七六五	カルロス三世、植民地の貿易の自由化をはじめる。
一七六七	イエズス会、スペイン植民地から追放される。
一七七六	ラプラタ副王制しかれる。
一七七七	スペイン植民地に民兵制度が創設される。
一七八〇	ペルーでトゥパック・アマルの反乱はじまる。 ヌエバ・グラナダ副王領でコムネロの反乱勃発する。
一七九一	フランス領サンドマングで大規模な奴隷の反乱が発生する。
一八〇四	フランス領サンドマング、独立してハイチとなる。
一八〇八	ナポレオン、イベリア半島を侵略する。 ポルトガル王室、ブラジルへ逃避する。
一八一〇	スペイン領の各地で独立運動はじまる。
一八一一	ベネズエラ独立宣言を発し、ボリーバルの独立運動はじまる。 パラグアイ、独立を達成する。
一八一二	スペイン、カディスで自由主義的憲法公布される。
一八一四	スペイン、フェルナンド七世復位。
一八一六	アルゼンチン、ラプラタ諸州連合として独立を達成する。
一八一八	チリ、独立を達成する。
一八一九	グランコロンビア、独立を達成する。
一八二一	メキシコとペルー、独立を達成する。

一七六三	パリ条約、締結される。
一七七六	アメリカ合衆国、独立を宣言する。
一七七七	サンイルデフォンソ条約、締結される。
一七八九	フランス革命起こる。
一七九二	アダム・スミスの『国富論』出る。
一八〇六	ナポレオン、大陸封鎖令出す。
一八一二	英米戦争（〜一四年）。
一八一五	ヨーロッパで神聖同盟成立する。
一八一九	アメリカ合衆国、スペインよりフロリダ購入する。

一八二二	ブラジル、ドン・ペドロを擁立して君主国として独立する。	
一八二三	中米連合、メキシコから分離独立する。	一八二三 モンロー宣言が出される。
一八二四	ペルー・アヤクチョの会戦でアンデス地域の独立決定的となる。	
一八二五	ウルグアイ川東岸をめぐってアルゼンチンとブラジル開戦する。	
一八二六	ボリーバルの呼びかけによるパナマ会議が開催される。	
一八二八	ウルグアイ川東岸地域、ウルグアイとして独立する。	
一八三〇	グランコロンビア共和国、解体してベネズエラ、エクアドル、コロンビアとなる。	
一八三一	ブラジル、ペドロ一世が退位する。	
一八三六	テキサス、メキシコから分離独立する。	
一八三八	中米連邦、解体して中米五ヵ国となる。	
一八四〇	ブラジル、ペドロ二世が即位する。	一八四〇 アヘン戦争勃発する。
一八四四	ドミニカ、ハイチより独立する。	
一八四五	キューバでラテンアメリカ最初の鉄道が敷かれる。	
一八四六	メキシコ・アメリカ戦争勃発する（～四八年）。	一八四八 カリフォルニアで金鉱発見される。
一八五〇	奴隷貿易が禁止される。	
一八五一	南アメリカ大陸最初の鉄道、リマ・カリャオ間に開通する。	
一八五八	メキシコ、自由主義的憲法をめぐって「三年戦争」に突入する。	一八六一 アメリカ合衆国、南北戦争はじまる。
一八六二	アルゼンチン、ブエノスアイレスが連邦に加入して統一国家となる。メキシコ、英・仏・西の三国干渉を受ける（一八六七年まで仏占領する）。	一八六三 アメリカ合衆国で奴隷制廃止される。
一八六四	ナポレオン三世の送ったマキシミリアノ皇帝、メキシコで即位する。	
一八六五	パラグアイ戦争勃発する（～七〇年）。	
一八六八	キューバ、第一次独立戦争勃発する（～七八年）。	一八六八 日本、明治維新成る。

一八七九	ボリビア・ペルーとチリの間で太平洋戦争勃発（〜八四年）。
一八八六	キューバで奴隷制、廃止される。
一八八八	ブラジルで奴隷制、廃止される。
一八八九	ブラジル、共和革命が成功し、君主制廃止される。
一八九五	キューバ、第二次独立戦争起こる。
一八九八	アメリカ、キューバの独立運動に介入し、米西戦争勃発する。
一九〇二	アクレ戦争勃発する（〜三年）。
	キューバ、アメリカ合衆国の保護国として独立する。
一九〇三	パナマ、コロンビアから分離独立する。
一九一〇	メキシコ革命勃発する。
一九一二	アルゼンチンで男子普通選挙権確立する。
一九一四	パナマ運河開通する。
一九一六	アルゼンチンで急進党、政権をとる。
一九一七	メキシコ、革命憲法制定される。
一九一八	アルゼンチン・コルドバで大学改革闘争はじまる。
一九一九	メキシコにラテンアメリカ最初の共産党が設立される。
一九二四	アヤデラトーレ、アプラ運動を起こす。
一九二七	ニカラグアでサンディーノ率いる反米ゲリラ闘争はじまる。
	メキシコ、カトリック信者によるクリステーロ反乱全国に広がる。
一九二八	ハバナにおける第六回米州諸国会議でアメリカの干渉政策への非難高

一八七二	マリア・ルス号事件。
一八八八	日本・メキシコ通商修好条約締結される。
一八九四	日清戦争勃発する。
一九〇四	日露戦争勃発する。
一九〇八	日本から最初のブラジル移民入国する。
一九一二	中華民国、成立する。
一九一四	第一次世界大戦勃発する。
一九一八	ロシア革命成る。
一九二〇	国際連盟成立する。

まる。
チャコ紛争、戦争へ発展する(〜三五年)。
一九三三　アメリカ合衆国、善隣政策を宣言する。
一九三六　ボリビア、石油を国有化する。
一九三八　メキシコ、石油を国有化する。
チリで人民戦線政府成立する。
一九四〇　第一回米州インディヘニスモ会議開かれる。
一九四七　米州相互援助条約(リオ条約)調印される。
一九四八　米州諸国会議、ボゴダで開催され、米州機構憲章採択される。
一九五〇　グアテマラ、アルベンス政権による改革の政治はじまる(グアテマラ革命)。
一九五二　ボリビア、MNR革命政権が樹立される。
一九五三　キューバ、カストロらによるモンカダ兵営襲撃。反乱はじまる。
一九五四　グアテマラのアルベンス政権、アメリカ合衆国の介入で倒れる。
一九五九　キューバ、革命政権樹立される。
一九六〇　ブラジル、首都をリオデジャネイロからブラジリアに遷都する。
一九六一　キューバ、社会主義革命を宣言する。
アメリカ合衆国「進歩のための同盟」政策を発表する。

一九二九　世界恐慌はじまる。
一九三三　アメリカ合衆国、F・D・ローズヴェルト大統領就任。
一九三六　スペイン内戦はじまる。
一九三九　第二次世界大戦勃発する。
一九四一　日米開戦。
一九四五　第二次世界大戦終結する。
一九四九　中華人民共和国、成立する。
一九五〇　朝鮮戦争勃発する。
一九五一　サンフランシスコ講和会議。
一九五三　アメリカ合衆国、アイゼンハワー大統領就任。
一九六一　アメリカ合衆国、ケネディ大統領就任。

一九六二	ラテンアメリカ自由貿易連合が発足する。 中米共同市場が発足する。 キューバ・ミサイル危機発生する。 ジャマイカとトリニダード・トバゴ、イギリスから独立する。	一九六三	アメリカ合衆国、ケネディ大統領暗殺される。
一九六四	ブラジルとボリビアで軍部が政権を掌握する。	一九六四	東京オリンピック開催。
一九六五	ドミニカ共和国の革新政権、アメリカの軍事介入で倒れる。	一九六五	アメリカ合衆国、北ベトナム爆撃開始。
一九六六	ガイアナとバルバドス、イギリスから独立する。		
一九六七	ラテンアメリカ核兵器禁止条約、調印される。		
一九六八	ペルー、革命軍事政権樹立される。 アンデス共同市場発足する。 メキシコでオリンピック開催される、学生による反政府運動を軍隊が鎮圧する。		
一九六九	エルサルバドルとホンジュラスの間でサッカー戦争勃発する。	一九六九	アメリカ合衆国、ニクソン大統領就任。
一九七〇	チリでアジェンデ社会主義政権発足する。		
一九七三	チリで軍事クーデター成功し、アジェンデ政権倒れる。 バハマ、イギリスから独立する。	一九七三	ベトナム戦争終結する。
一九七四	アルゼンチンでペロン死去し、イサベル・ペロン政権発足する。 ペルー、ベラスコ軍事政権「インカ計画」を発表する。 グレナダ、イギリスから独立する。	一九七四	アメリカ合衆国、ニクソン大統領辞任。
一九七五	ラテンアメリカ経済組織ＳＥＬＡ設立される。 スリナム、オランダから独立する。	一九七五	国際婦人年世界会議、メキシコで開催。
一九七七	パナマ・アメリカ合衆国間で新パナマ運河条約調印される。	一九七七	アメリカ合衆国、カーター大統領就任。
一九七八	ドミニカ、イギリスから独立する。		
一九七九	エクアドルで民政移管が行なわれ、各国の軍事政権の民政化はじまる。	一九七九	イラン、イスラム革命成る。

	ニカラグアでソモサ独裁政権倒れる。 セントルシアとセントヴィンセント・グレナディン、イギリスから独立する。	ソ連、アフガニスタンに侵攻する。
一九八〇	キューバ、多数の亡命者アメリカ合衆国へ渡る。	イラン・イラク紛争、戦争へ発展する。
一九八一	ベリーズとアンティグアバーブーダ、イギリスから独立する。	アメリカ合衆国、レーガン大統領就任。
一九八二	マルビナス（フォークランド）戦争勃発する。 メキシコで金融危機が発生し、ラテンアメリカ諸国の累積債務が顕在化する。 ガルシア＝マルケス、ノーベル文学賞を受賞する。 メキシコの外交官ガルシア＝ロブレス、ノーベル平和賞を受賞する。	
一九八三	アメリカ海兵隊、グレナダに侵攻する。 セントクリストファー・ネービス、イギリスから独立する。	エイズ問題化する。
一九八五	メキシコ大地震発生し、莫大な被害蒙る。 コロンビアで火山ネバド・デル・ルイスが大爆発し、二万人を超す死者を出す。	ソ連、ゴルバチョフ共産党書記長就任。
一九八六	ハイチ、デュバリエ体制崩壊する。	ソ連でチェルノブイリ原発事故起こる。
一九八七	中米紛争の平和的解決に向けた活動が活発となる。 コスタリカのアリアス大統領、ノーベル平和賞を受賞する。	
一九八八	ニカラグア、サンディニスタ派とコントラの停戦協定成立する。	ソ連軍、アフガニスタンより撤退する。
一九八九	アメリカ軍パナマに侵攻し、ノリエガ将軍を拘束する。	アメリカ合衆国、ブッシュ大統領就任。 ベルリンの壁、崩壊する。
一九九〇	メキシコに債務削減構想（プレイディ・プラン）適用され、以後ほかの累積債務国に広がる。 ペルーで日系フジモリ政権発足する。 メキシコのオクタビオ・パス、ノーベル文学賞を受賞する。 ニカラグア、国連監視団の下で総選挙が実施され、チャモロ政権が樹	イラクのクウェート侵攻で湾岸危機。 東西ドイツの統一成る。

立される。

一九九一　エルサルバドル、国連監視団の下で総選挙が実施される。
第一回イベロアメリカ・サミットがメキシコで開催される。

一九九二　エルサルバドル政府とゲリラ間の停戦合意が成立する。
「新大陸発見五〇〇年」記念行事が各地で開催される。
ブラジルのリオデジャネイロで国連地球サミットが開催される。
グアテマラのリゴベルタ・メンチュウ、ノーベル平和賞を受賞する。

一九九四　北米自由貿易協定（ＮＡＦＴＡ）が発足する。
メキシコ南部でサパティスタ武装蜂起する。
ハイチ、アリスティド大統領が多国籍軍の介入により復帰する。

一九九五　南米南部共同市場（メルコスル）が発足する。
エクアドルとペルー、国境紛争で武力衝突する。

一九九六　グアテマラ、和平協定により内戦終結する。
ペルー日本大使公邸人質事件が発生する。

一九九七　キューバ、第五回共産党大会でラウル・カストロ後継体制が確認される。

一九九八　ハリケーン「ミッチ」、中米諸国に大きな被害をもたらす。
ピノチェト元チリ大統領、イギリスで逮捕される。

一九九九　パナマ運河が全面的に返還される。

二〇〇〇　ペルー、フジモリ大統領三選される（のち辞任）。
メキシコ、総選挙で制度的革命党（ＰＲＩ）が完敗する。

一九九一　湾岸戦争勃発する。
ソ連邦解体する。

一九九三　アメリカ合衆国、クリントン大統領就任。

二〇〇一　アメリカ合衆国、ブッシュ大統領就任。

図版出典一覧

クワルト・オスクーロ社提供　p. 24, p. 239.
チリ国立歴史博物館提供　p. 128, p. 192.
テキサス大学ベンソン・ラテンアメリカ専門図書館提供　p. 98, p. 100, p. 127, p. 132, p. 144, p. 191, p. 201, p. 259.
米州機構コロンブス記念図書館提供　p. 44, p. 49, p. 119, p. 124, p. 130, p. 142, p. 143, p. 146, p. 147, p. 181, p. 193, p. 219, p. 220, p. 237, p. 252.
メキシコ国立公文書館提供　1 章扉, p. 31, p. 41, 2 章扉, 3 章扉, p. 121, 5 章扉, p. 141, 6 章扉, p. 167, p. 186, 7 章扉, p. 195, p. 198, p. 204, 8 章扉, p. 218.
原田金一郎氏提供　p. 205.
安井伸氏提供　p. 267.
国本伊代所蔵　p. 73, p. 86, p. 89, p. 94, 4 章扉, p. 111, p. 179, 9 章扉, p. 265.

マ行

ヤ行

ラ行

ワ行

ハ行

タ行

ナ行

カ行

サ行

事 項 索 引

ア行

デュヴァリエ　François DUVALIER　248, 263
トゥサン＝ルーヴェルチュール　F. D. TOUSSAINT L'OUVERTURE　119
徳川家康　23
トルヒーリョ　Rafael L. TRUJILLO　210, 235, 248
トーレス　Camilo TORRES　243
ドレーク　Francis DRAKE　77, 83

ナ行

ナブコ　Joaquim NABUCO　147
ナポレオン　NAPOLEON　115, 116, 119, 120, 136, 154, 155, 156
――――三世　NAPOLEON III　14, 167

ハ行

パエス　José A. PAEZ　142, 143, 144
パス＝エステンソロ　Víctor PAZ ESTENSSORO　236, 237, 238
バスコンセロス　José VASCONCELOS　198
支倉常長　23
バッジェ　José BATLLE　192, 193, 196
バティスタ　Fulgencio BATISTA　210, 213, 238, 239, 248
バルトロメウ＝ディアス　BARTOLOMEU DIAS　29, 31
バルボア　Vasco N. de BALBOA　38, 43, 44
バレダ　Gabino BARREDA　169, 170
ピサロ　Gonzalo PIZARRO　45
ピサロ　Francisco PIZARRO　44, 45, 46
ピノチェト　Augusto PINOCHET　253
ビリャロエル　Gualberto VILLAROEL　236
フアレス　Benito JUAREZ　167, 170
フェリペ五世　FELIPE V　90
フェルナンド国王　FERNANDO　30, 31, 50
――――七世　FERNANDO VII　115, 116, 128, 129
――――六世　FERNANDO VI　90, 91
フジモリ　Alberto FUJIMORI　24, 25, 184
ブッシュ　Germán BUSCH　236
ブッシュ　Gorge BUSH　235
フランシア　José G. R. de FRANCIA　130, 144
フレイ　Eduardo FREI　184, 252
フロンディシ　Arturo FRONDIZI　184
ペドロ一世　PEDRO I　132, 133, 145
――二世　PEDRO II　146
ベラウンデ　Fernando BELAUNDE　250, 251
ベラスケス　Diego de VELASQUEZ　40
ベラスコ　Juan VELASCO　250
ペリェグリーニ　Carlos E. PELLEGRINI　184
ペロン　Juan D. PERON　211, 219, 247
ポインセット　Joel R. POINSETT　157
ホーキンズ　John HAWKINS　83
ボリーバル　Simón BOLIVAR　125, 126, 127, 128, 129, 130, 143, 158, 159
ポンバル侯爵　Marques do POMBAL　105, 106, 107

マ行

マキシミリアノ皇帝　MAXIMILIANO　157, 167
マチャド　Gerardo MACHADO　238
マット＝デ＝トゥルネル　Clorinda MATTO DE TURNER　206
マデロ　Francisco I. MADERO　197
マリアテギ　José C. MARIATEGUI　205, 206
マリゲーラ　Carlos MARIGUERRA　242
マリンチェ　MALINCHE　81
マルティ　José MARTI　178, 200
ミランダ　Francisco MIRANDA　126, 127
モクテスマ二世　MOCTEZUMA II　40, 41
モラサン　Francisco MORAZAN　124, 125
モラレス　Francisco MORAREZ　250, 251
モレロス　José M. L. MORELOS　122, 153, 170
モンテホ　Francisco de MONTEJO　42
モンロー大統領　James MONROE　157

ラ行

ラス＝カサス　Bartolomé de LAS CASAS　48, 49, 205
リベラ　Diego RIVERA　198
リマントゥール　José Y. LIMANTOUR　170
レーガン大統領　Ronald REAGAN　258, 260
レセップス　Ferdinand M. LESSEPS　180
ロサス　Juan M. de ROSAS　142, 143, 144
ローズヴェルト　Franklin D. ROOSEVELT　212, 213, 216, 238
ロペス　Carlos A. LOPEZ　144
――　Francisco S. LOPEZ　144

ワ行

ワスカル　HUASCAR　44

人 名 索 引

ア行

アジェンデ　Salvador ALLENDE　233, 251, 252, 253
アタワルパ　ATAHUALPA　44
アヤデラトーレ　Víctor R. HAYA DE LA TORRE　201, 206
アリスティド　Jean B. ARISTIDE　263
アルセ　Manuel J. ARCE　125
アルベルディ　Juan B. ALBERDI　183
アルベンス　Jacobo ARBENZ　220, 234, 235
アルマグロ　Diego de ALMAGRO　45
アレクサンデル六世　ALEXSANDER VI　30
アレサンドリ　Arturo ALESSANDRI　184, 192, 220, 252
アレサンドリ　Jorge ALESSANDRI　252
アレバロ　Juan J. ALEVALO　234
イサベル女王　ISABEL I　30, 31, 47, 50
イダルゴ　Miguel HIDALGO　121, 153
イトゥルビデ　Agustín de ITURBIDE　122, 123, 124
イバニェス　Carlos IBAÑEZ　252
イリゴージェン　Hipólito YRIGOYEN　191
ヴァスコ＝ダ＝ガマ　VASCO DA GAMA　29, 58, 59
ヴァルガス　Getulio VARGAS　211, 218, 219
ヴァンサン　Stenio J. VINCENT　211
ヴェスプッチ　Amérigo VESPUCCI　13
ウビコ　Jorge UBICO　210, 220, 234
エルナンデス　Maximiliano HERNANDEZ　210
エンリケ王子　HENRIQUE　28
オイギンス　Bernardo O'HIGGINS　128
オゴルマン　Edmundo O'GORMAN　34
オバンド　Nicolás de OVANDO　68
オロスコ　José C. OROZCO　198

カ行

カストロ　Fidel CASTRO　210, 234, 235, 239, 240, 241, 248, 268
カブラル　Pedro A. CABRAL　30, 97
カランサ　Venustiano CARRANZA　197, 204
カリアス　Tiburcio CARIAS　210
カーリェス　Plurtarco E. CALLES　218
ガルシラソ＝デ＝ラ＝ベーガ　El Inca GARCILASO DE LA VEGA　81
カルデナス　Lázaro CARDENAS　206, 211, 218
カルロス一世　CARLOS I　90
――――二世　CARLOS II　90
――――三世　CARLOS III　91, 92, 94
キロガ　Vasco de QUIROGA　51
クビシェッキ　Juscelino KUBITSCHEK　184
グラウ　Ramón GRAU　238
グリハルバ　Juan de GRIJALVA　38
ゲイゼル　Ernesto GUEIZEL　184
ケネディ大統領　John F. KENNEDY　240
ゲバラ　Ernesto GUEVARA　242
ゴメス　Juan V. GOMEZ　211
コルテス　Hernán CORTEZ　36, 38, 40, 41, 42, 43, 46, 47, 54, 81
コルテス　Martín CORTES　81
コルドバ　Francisco H. CORDBA　38
コロンブス　Cristóbal COLON　13, 18, 23, 29, 30, 31, 32, 33, 34, 35, 36, 37, 38, 39, 46, 47, 50
ゴンサレース＝プラーダ　Manuel GONZALEZ PRADA　206
コンスタン　Benjamin CONSTANT　148, 170
コント　Auguste COMTE　169, 170
コンドルカンキ　José G. CONDORCANQUI　110, 111

サ行

サパタ　Emiliano ZAPATA　197, 198
サルミエント　Domingo F. SARMIENTO　169, 181
サンタアナ　Antonio L. de SANTA ANNA　141, 142, 143, 144, 160
サンディーノ　Augusto C. SANDINO　203, 259
サンマルティン　José de SAN MARTIN　129, 130
シケイロス　Dávid A. SIQUEIROS　198
シレス＝スワソ　Hernán SILES SAZO　236
ストロエスネル　Alfredo STROESSNER　248
ソウザ　Tomé de SOUSA　59
ソモサ　Anastasio SOMOZA　210, 213

タ行

伊達政宗　23
チャモロ　Violeta CHAMORRO　260, 261
チャモロ　Pedro J. CHAMORRO　260
ディアス　Porfirio DIAZ　165, 168, 170, 196, 197
ディエゴ　Juan DIEGO　86
デュヴァリエ　Jean-Claude DUVALIER　263

著者紹介

国本伊代（くにもと　いよ）

東京大学大学院社会科学研究科博士課程中退。米国テキサス大学大学院博士課程修了（歴史学博士）。現在、中央大学商学部教授。日本ボリビア協会理事。日本ラテンアメリカ学会理事長（1998—2000）。歴史学、ラテンアメリカ近現代史専攻。『概説メキシコ史』（共著　有斐閣　1984年）。『ラテンアメリカ　社会と女性』（共編著　新評論　1985年）。『ボリビアの「日本人村」――サンタクルス州サンフアン移住地の研究』（中央大学出版部　1989年）。*Un pueblo japonés en la Bolivia tropical : Colonia San Juan de Yapacaní en el departamento de Santa Cruz* (Santa Cruz, Bolivia : Casa de la Cultura, 1990)。『ラテンアメリカ　都市と社会』（共編著　新評論　1991年）。『ラテンアメリカ――悠久の大地・情熱の人々』（総合法令出版　1995年）。『メキシコ1994年』（近代文藝社　1995年）。『ラテンアメリカ　新しい社会と女性』（編著　新評論　2000年）。『メキシコの歴史』（新評論　2002年）。『コスタリカを知るための55章』（編著　明石書店　2004年）。『パナマを知るための55章』（共著　明石書店　2004年）。『改訂新版　ラテンアメリカ研究への招待』（共編著　新評論　2005年）。『コスタリカの歴史』（共訳〈世界の教科書シリーズ16〉明石書店　2007年）。

改訂新版　概説ラテンアメリカ史　（検印廃止）

1992年9月30日　初版第1刷発行
1998年3月20日　初版第7刷発行
2001年2月15日　改訂新版第1刷発行
2007年6月10日　改訂新版第4刷発行
2019年9月10日　改訂新版第5刷発行

著　者　国本伊代
発行者　武市一幸
発行所　株式会社　新評論

〒169-0051　東京都新宿区西早稲田3-16-28
http://www.shinhyoron.co.jp
TEL 03(3202)7391
FAX 03(3202)5832
振替 00160-1-113487

定価はカバーに表示してあります
落丁・乱丁本はお取り替えします

印刷　新栄堂
製本　桂川製本所
装幀　山田英春

ISBN4-7948-0511-X C0022